古代歷史文化研究輯刊

二六編

王明蓀 主編

第8冊

北魏女主政治研究（下）

苗霖霖 著

國家圖書館出版品預行編目資料

北魏女主政治研究（下）／苗霖霖 著 -- 初版 -- 新北市：花
木蘭文化事業有限公司，2021〔民 110〕
目 6+192 面；19×26 公分
（古代歷史文化研究輯刊 二六編；第 8 冊）
ISBN 978-986-518-591-6（精裝）
1. 中國政治制度 2. 女性 3. 北朝史
618   110011818

古代歷史文化研究輯刊
二六編　第 八 冊　　　ISBN：978-986-518-591-6

北魏女主政治研究（下）

作　　者　苗霖霖
主　　編　王明蓀
總 編 輯　杜潔祥
副總編輯　楊嘉樂
編　　輯　許郁翎、張雅淋、潘玟靜　美術編輯　陳逸婷
出　　版　花木蘭文化事業有限公司
發 行 人　高小娟
聯絡地址　235 新北市中和區中安街七二號十三樓
　　　　　電話：02-2923-1455／傳真：02-2923-1452
網　　址　http://www.huamulan.tw 信箱 service@huamulans.com
印　　刷　普羅文化出版廣告事業
初　　版　2021 年 9 月
全書字數　406000 字
定　　價　二六編 32 冊（精裝）台幣 88,000 元　　版權所有・請勿翻印

北魏女主政治研究（下）

苗霖霖　著

目

次

第七章　女主臨朝與國家治理

　　鮮卑族自部落制時代女性就有著極強的參政熱情和意願，尤其是部落領袖之妻，她們大都有著部落背景，一般會通過幫助兒子繼位而參與部落政務。北魏建國後這種狀況仍然存在，進而造成北魏皇太后臨朝現象頻繁發生。尤其是馮太后和胡太后，更以皇太后身份與皇帝共同臨朝，實際掌管著國家的重大事務，為後世女皇的出現打下了基礎。

第一節　皇太后的參政與輔政

　　鮮卑族自部落聯盟時代就逐漸產生了皇權傾向，特別是在東晉皇帝冊封鮮卑部帥為王後，更加速了他們向皇權體制的邁進。在鮮卑國家建立後，部落的最高領袖成為封建帝王，他們的母親也成為太后。鮮卑族女性參政的傳統在此時仍然影響較大，太后較多的參與國家事務，並出現了與皇帝共同臨朝的趨勢。

一、平文皇后王氏的參政

　　東晉末年，拓跋部帥拓跋猗盧由於幫助東晉刺使劉琨平定白部和鐵弗部對新興、雁門二郡的進犯，而被晉懷帝封為大單于、代國公，後又被晉愍帝進封為代王，並以代郡和常山郡作為他的食邑。從此，鮮卑國家始置官屬、興法制，開始了王國時代。

（一）平文帝之死與繼位危機

　　拓跋猗盧晚年由於王位傳承而造成了部落勢力的分裂。當時的拓跋部落

聯盟中，除拓跋猗盧外，拓跋六修、拓跋普根、拓跋郁律三人由於長期的對外征戰，也都有著一定的勢力，最終鎮守外境的拓跋猗㐌子拓跋普根在母族廣寧烏桓的支持下，率部打敗了拓跋六修及其所部，掌握了部落聯盟的最高權力，但「（拓跋）普根立月餘而薨。普根子始生，桓帝後立之。其冬，普根子又薨。」〔註1〕隨即，王位遂為在外統兵的拓跋弗子拓跋郁律所取得。〔註2〕

拓跋郁律在位期間，「西兼烏孫故地，東吞勿吉以西，控弦上馬，將有百萬。」〔註3〕「治兵講武，有平南夏之意。」〔註4〕拓跋普根的母親祁氏則聯合自己的母家，殺害了拓跋郁律，扶植自己的次子拓跋賀傉繼位。北魏建國後對曾任部帥的先祖都追封為帝，拓跋郁律也在此時被追諡為平文帝。

鮮卑族在部落制傳統的影響下，都有著早婚的習俗，且為了保持部落的穩定，一般都實行部落間的聯姻，並較早的就擁有妻子和兒女，拓跋郁律也是如此。根據《魏書·序紀》所載：昭成帝建國四年（341年）「十月，（劉）虎死，子務桓立，始來歸順，以烈帝女妻之。」可見，他至少有一個女兒和兩個兒子，即烈帝拓跋翳槐和昭帝拓跋什翼犍。

祁氏在謀害拓跋郁律，扶植兒子拓跋賀傉繼任過程中，為了防止拓跋郁律的兒子拓跋翳槐和拓跋什翼犍日後借助母家的勢力反撲，意圖將他們一同殺害。《魏書》卷一《序紀·煬帝紀》載：

> 時烈帝居於舅賀蘭部，帝遣使求之。賀蘭部帥藹頭，擁護不遣。
> 帝怒，召宇文部，並勢擊藹頭。宇文眾敗，帝還大寧。

《魏書》卷一三《皇后列傳·平文皇后王氏傳》載：

> 平文皇后王氏，廣寧人也。年十三，因事入宮，得幸於平文，生昭成帝。平文崩，昭成在襁褓，時國有內難，將害諸皇子。後匿帝於褲中，懼人知，咒曰：「若天祚未終者，汝便無聲。」遂良久不啼，得免於難。

在拓跋郁律死後，其長子拓跋翳槐投奔了的舅父賀蘭藹頭，次子拓跋什

〔註1〕《魏書》卷一《序紀·穆帝紀》，中華書局，1974年，第9頁。

〔註2〕此時的鮮卑部帥一般都需要在母族支持下通過武力取得，拓跋普根與拓跋鬱律雖然都掌握兵權，但由於拓跋普根的母家勢力強大而首先繼任，而拓跋鬱律似無勢力強大的母家支持，不僅繼位較普根晚，而且統治期間內還受到祁氏母子的威脅，甚至最後還被祁氏殺害。

〔註3〕《魏書》卷一《序紀·平文帝紀》，中華書局，1974年，第9頁。

〔註4〕《魏書》卷一《序紀·平文帝紀》，中華書局，1974年，第10頁。

翼犍尚在襁褓，在母親的保護下投奔了廣寧烏桓。從二人年齡的差距上看，他們應該一為長子一為幼子。《魏書·序紀》記載「昭成皇帝諱什翼犍立，平受之次子也。」〔註5〕實際上，拓跋郁律還有另外二子，只是他們沒有強大的母族部落背景，在最初的部帥繼任中，被排斥在繼任人選之外。《魏書》卷一四《神元平文諸帝子孫列傳·高涼王孤傳》載：

> 及（翳槐）崩，群臣咸以新有大故，內外未安，昭成在南，來
> 未可果，比至之間，恐生變詐，宜立長君，以鎮眾望。次弟屈，剛
> 猛多變，不如孤之寬和柔順。於是大人梁蓋等殺屈，共推孤。

據此可知，拓跋郁律共有四子，其中拓跋翳槐為長，拓跋屈為次，拓跋什翼犍再次，拓跋孤最小。或是由於拓跋屈和拓跋孤都沒有強大的母家支持，因而祁氏並未將二人視為威脅，其著力剷除者只是有著強大母族部落背景的拓跋翳槐和拓跋什翼犍。也正是由於有著母族的保護，他們才能夠逃過祁氏的殺害，並在後期得以繼任部帥。

拓跋賀傉統部五年而逝，其母祁氏又扶植幼子拓跋紇那繼任，但不久祁氏也逝世。拓跋紇那依靠著宇文部的支持，要求賀蘭部交出拓跋翳槐。雖然拓跋翳槐的母親此時已經逝世，但他的舅舅賀蘭部帥賀蘭藹頭仍然對他給予了保護，最終引發了賀蘭部與宇文部的交戰。在這次戰爭中宇文部的戰敗，拓跋紇那也「出居於宇文部。賀蘭及諸部大人共立烈帝。」〔註6〕拓跋翳槐則順利繼任部帥。

在拓跋翳槐繼任後，由於沒有母親的從中協調，賀蘭藹頭與拓跋翳槐間也產生了矛盾，並最終引發了部落戰爭。《魏書》卷一《序紀·烈帝紀》載：

> 七年，藹頭不修臣職，召而戮之，國人復貳。煬帝自宇文部還
> 入，諸部大人復奉之。

> 煬皇帝復立，以七年為後元年。烈帝出居於鄴，……三年，石
> 虎遣將李穆，率騎五千，納烈帝於大寧。國人六千餘落叛煬帝，煬
> 帝出居於慕容部。

賀蘭藹頭與拓跋翳槐的矛盾導致了拓跋本部與賀蘭部的戰爭，拓跋紇那趁機在宇文部的支持下復位，但不久拓跋翳槐又在鐵弗部帥劉虎的支持下復位，拓跋紇那又再度出逃慕容部。可以說，拓跋翳槐的整個統治時期一直伴隨著

〔註5〕《魏書》卷一《序紀·昭成帝紀》，中華書局，1974年，第11頁。
〔註6〕《魏書》卷一《序紀·煬帝紀》，中華書局，1974年，第10頁。

與拓跋紇那的權位爭奪，其中還夾雜著賀蘭部與宇文部、賀蘭部與拓跋部、拓跋部與鐵弗部間的戰爭。拓跋翳槐也僅復位一年就逝世，為了保證拓跋部不再爆發戰爭，他在實施前安排異母弟拓跋什翼犍繼任。

（二）昭成帝的繼任危機

拓跋郁律死後，他的兩個兒子拓跋翳槐和拓跋什翼犍都為了躲避祁氏及其母族的殺害，而分別投奔自己的母家，此時的拓跋翳槐應該已經成年或接近成年，而拓跋什翼犍尚在襁褓。此後拓跋賀傉統部五年，拓跋紇那又統部五年，至拓跋翳槐繼任時，距拓跋郁律逝世已經過去了十年。此時的拓跋什翼犍也已經接近成年，他不僅有著強大母族的支持，而且他本人「生而奇偉，寬仁大度，喜怒不形於色。」〔註7〕這都使他成為部帥的最佳人選，這些都是拓跋翳槐所忌憚的。為了防止他在自己統部期間借助母家勢力爭奪部落統治權，他借後趙「石勒遣使求和。帝遣弟昭成皇帝如襄國，從者五千餘家。」〔註8〕將對自己威脅最大的弟弟派往後趙為質子。他的這一策略，不僅可以表達與後趙聯盟的誠意，更可以借後趙的力量看管拓跋什翼犍及其屬部，防止他與母家聯絡，有利於保證拓跋部落聯盟的穩固。

至拓跋翳槐逝世時，與他長期進行部帥爭奪的拓跋紇那仍然在世，為了防止他在自己逝世後再回部繼任，部帥需要由母族勢力強大的弟弟或是兒子來繼任。此前鮮卑族部帥繼任的方式主要有「兄終弟及」和「父死子繼」兩種，而此時無論是母族勢力還是個人能力，弟弟拓跋什翼犍都是克制拓跋紇那，防止他再度登位的最佳人選。於是，「烈帝臨崩，顧命曰：『必迎立什翼犍，社稷可安。』」〔註9〕但在他逝世後，部落傳承卻並未完全按照他的設想進行。《資治通鑒》卷九六《晉紀一八》成帝咸康四年條亦載：

> 代王翳槐之弟什翼犍質於趙，翳槐疾病，命諸大人立之。翳槐卒，諸大人梁蓋等以新有大故，什翼犍在遠，來未可必；比其至，恐有變亂，謀更立君。而翳槐次弟屈，剛猛多詐，不如屈弟孤仁厚，乃相與殺屈而立孤。孤不可，自詣鄴迎什翼犍，請身留為質；趙王虎義而俱遣之。十一月，什翼犍即代王位於繁時北，改元曰建國，分國之半以與孤。

〔註7〕《魏書》卷一《序紀·昭成帝紀》，中華書局，1974年，第11頁。
〔註8〕《魏書》卷一《序紀·烈帝紀》，中華書局，1974年，第11頁。
〔註9〕《魏書》卷一《序紀·烈帝紀》，中華書局，1974年，第11頁。

　　雖然拓跋翳槐逝世前安排部落大人赴後趙迎回弟弟拓跋什翼犍，並令他繼任部帥，但為了達到控制部落的目的，梁蓋等部落大人以「什翼犍在遠，來未可必；比其至，恐有變亂，謀更立君。」〔註10〕拒絕等待什翼犍回部繼位。《魏書》卷一四《神元平文諸帝子孫列傳·高涼王孤傳》又載：

　　　　及（翳槐）崩，群臣咸以新有大故，內外未安，昭成在南，來未可果，比至之間，恐生變詐，宜立長君，以鎮眾望。次弟屈，剛猛多變，不如孤之寬和柔順。於是大人梁蓋等殺屈，共推孤。

當時部落中還有翳槐的兩個弟弟，即拓跋屈和拓跋孤。其中拓跋屈能力和威望較大，梁蓋等人覺得他如若繼任部帥，就很難受到自己的控制，於是他們以拓跋屈「剛猛多變」為由將其殺害，意圖令性格較為「柔順」的拓跋孤繼任部帥，以達到借拓跋孤之名控制部落的目的。或是明白了他們的圖謀，拓跋孤卻拒絕了梁蓋等人的要求，他以「吾兄居長，自應繼位」〔註11〕為由，親赴後趙都城襄國，以自己為人質，換回了拓跋什翼犍。同年「十一月，帝即位於繁畤之北，時年十九，稱建國元年。」〔註12〕隨著拓跋什翼犍的繼任，拓跋部有部落聯盟體制進入到了封建王國時代。

（三）國家興建與太后輔政

　　拓跋什翼犍繼任部帥後，不僅確立了屬於自己統治的年號，並於次年「始置百官，分掌眾職。東自濊貊，西及破洛那，莫不款附。」〔註13〕正式確立了王權國家的行政機關、組織機構和勢力範圍，並沿用東晉時期冊封於部落聯盟的「代國」為國名，宣告拓跋部落聯盟國家的正式建立。

　　為了便於對代國的管理，他還於參合陂與諸加盟部落大人會盟，商討建立定居都城事宜。《魏書》卷一三《皇后列傳·平文皇后王氏傳》載：

　　　　昭成初欲定都於灅源川，築城郭，起宮室，議不決。后聞之，曰：「國自上世，遷徙為業。今事難之後，基業未固。若城郭而居，一旦寇來，難卒遷動。」乃止。

在拓跋什翼犍繼任部帥過程中，太后王氏及其母族發揮了重要的作用。史載

〔註10〕《資治通鑑》卷九六《晉紀一八》成帝咸康元年條，中華書局，1956年，第3025頁。
〔註11〕《魏書》卷一四《神元平文諸帝子孫列傳·高涼王拓跋孤傳》，中華書局，1974年，第349頁。
〔註12〕《魏書》卷一《序紀·昭成帝紀》，中華書局，1974年，第11頁。
〔註13〕《魏書》卷一《序紀·昭成帝紀》，中華書局，1974年，第11頁。

「烈帝之崩，國祚殆危，興復大業，后之力也。」足以說明王氏在拓跋什翼犍
繼任之初，憑藉自己的能力以及母家勢力的支持，曾幫助兒子穩固了統治。
也正是由於她的這些功績，使她的意見在國家中有著至關重要的作用，在她
針對遷都問題表明自己的意見並陳述了理由後，拓跋什翼犍等人「乃從太后
計而止」〔註14〕。

　　作為對代國穩固有著重要功績和作用的太后王氏，她雖然對國家有著卓
越的貢獻，但卻沒有過多的插手拓跋什翼犍對國家的統治，而只是在關鍵問
題上提出自己的建議，因而母子關係也較為和諧，沒有因為國家政治問題產
生分歧。王氏家族成員也積極輔助代王拓跋什翼犍，並與之保持了密切的婚
姻關係。《魏書》卷三○《王建列傳》載：

> 王建，廣寧人也。祖姑為平文後，生昭成皇帝。伯祖豐，以帝
> 舅貴重。豐子支，尚昭成女，甚見親待。建少尚公主。登國初，為
> 外朝大人，與和跋等十三人迭典庶事，參與計謀。

太后王氏的弟弟王伯豐在代王拓跋什翼犍統治期間由於皇舅的身份而備受優
待，他的兒子王支娶拓跋什翼犍女為妻，而王建應該也是王太后的曾孫輩成
員，也是王豐的侄輩，他在拓跋珪統治時期也曾娶拓跋珪女為妻，並擔任外
朝大人，成為北魏初期的重要輔臣。可見，王氏家族自拓跋什翼犍時期就已
經開始與拓跋皇室建立姻親關係，並在其國內擔任重要官職，直至北魏初
年，該家族的影響依然存在。

二、太武帝保母竇太后的輔政

　　保母本是專職負責照顧皇子的後宮宮人，本無官品，亦無顯著的地位，但
隨著道武帝制定的「子貴母死」制度的出現，保母在情感上取代了皇子的生
母，並與之形成了實際意義上的母子親情，甚至還會憑藉這種感情優勢，在
新君繼位後得以提升自己的地位，甚至還出現了新君在繼位後，冊封保母為
皇太后的狀況。這些保母在獲得皇帝的冊封後，也開啟了自己的政治生涯。

　　北魏太祖拓跋珪在穩定國家政局後，為了切斷鮮卑族長久以來帝母在新
君繼位後憑藉母子親情參與國家政治，制定了「後宮產子將為儲貳，其母皆
賜死。」〔註15〕第一位由此被賜死者便是道武帝後宮夫人劉氏。

〔註14〕《魏書》卷一《序紀·昭成帝紀》，中華書局，1974年，第12頁。
〔註15〕《魏書》卷一三《皇后列傳·道武宣穆皇后劉氏傳》，中華書局，1974年，第
　　　　325頁。

　　劉氏於登國七年（392 年）在雲中宮生下道武帝皇長子拓跋嗣，至天賜末年她逝世時，拓跋嗣已經十六歲，且已經成人，長期與母親的接觸和共同生活，使他們產生了深厚的感情，因而在劉氏被賜死後，拓跋嗣陷入強烈的悲傷。為了緩解這種痛苦的情緒，自明元帝開始，隨著皇太子制度的引入，賜死繼任者生母的時間也由新君繼任前，改為太子冊立之前。為了便於對皇太子進行執政方面的教導，很多皇子在幼年便被冊封為皇太子，這也使他們很早就失去了生母，他們的生活則由保母或乳母進行照顧，太武帝保母竇氏也由此進入到他的生活。《魏書》卷一三《皇后列傳・世祖保母竇氏》載：

> 世祖保母竇氏，初以夫家坐事誅，與二女俱入宮。操行純備，
> 進退以禮。太宗命為世祖保母。性仁慈，勤撫導。世祖感其恩訓，
> 奉養不異所生。及即位，尊為保太后，後尊為皇太后，封其弟漏頭
> 為遼東王。

竇氏入宮時間不詳，她是由於夫家犯法而與女兒一同入宮為宮人，或是由於她年齡合適，且有過照顧孩子的經驗，因而才被明元帝選為保母，照顧年幼的皇長子拓跋燾。拓跋燾生於天賜五年（408 年），同年其生母杜氏被賜死，竇氏也在此時開始照顧拓跋燾的生活。可以說，在拓跋燾的生命中並沒有任何母親的印象和感情，他心理上的母親便是竇氏。

　　拓跋燾於「泰常七年四月，封泰平王；五月，為監國。」泰常八年（423 年）十月繼位，是為太武帝。同年十二月，太武帝追尊生母杜氏為密皇后。太武帝幼年喪母，使他在繼位後沒有生母需要冊封為皇太后。同時，其父明元帝也沒有冊立皇后，唯一的皇后姚氏也是在死後由明元帝給予的追封，因而他在繼位時也沒有嫡母需要冊封。竇氏又不僅對他有照顧之功，亦與之有母子之情，太武帝在穩定朝局後，自然也想要對竇氏晚年的生活有所照顧和安排。

　　於竇氏本人而言，她雖然與自幼交由她照顧的皇子名義上是主僕關係，但在長期的相處中也形成了實際的母子之情。不僅太武帝會視她如母，她亦會愛之如子。加之竇氏本人「性恬素寡欲，喜怒不形於色」〔註 16〕，恬靜內斂的性格，也為她贏得了周圍人的好感，為她的皇太后之路降低了阻滯。

　　始光二年（425 年），「三月丙辰，尊保母竇氏曰保太后。」〔註 17〕她也是

〔註 16〕《魏書》卷一三《皇后列傳・世祖保母竇氏傳》，中華書局，1974 年，第 326頁。

〔註 17〕《魏書》卷四《太武帝紀上》，中華書局，1974 年，第 70 頁。

北魏歷史上第一位由宮人登上主位的女性。作為保太后的竇氏由此成為北魏後宮中地位最高的女性,但她卻並沒有因此而張揚,加之她「好揚人之善,隱人之過。」〔註 18〕的行事作風,使她在幫助別人免遭處罰的同時也為自己積攢了人脈。延和元年(432 年)正月,太武帝「尊保太后為皇太后,立皇后赫連氏,立皇子燾(晃)為皇太子」〔註 19〕。這一系列動作成為太武帝皇權統治中重要的一筆,無論是正式冊立皇太子,還是正式冊封保太后,都是前代所沒有的新舉措。特別是將竇氏由保太后冊封為皇太后,更開前代未有之局面,正式宣告他與竇氏間的親情上的母子轉變為法理上的母子,也宣告了竇氏徹底擺脫宮人身份,成為後宮中地位最尊貴女性。

此前,太武帝長子拓跋晃於神䴥元年(428 年)出生。同年,拓跋晃的生母賀氏突然逝世,皇子交由保母撫養。特別是太武帝繼位後頻繁發動對外戰爭,並將結盟或戰敗政權的公主納入後宮為嬪妃,進而造成其後宮嬪妃人數較以往有了明顯的增加,此時的太武帝後宮除皇后與夫人外,又「稍增左右昭儀及貴人、椒房、中式數等,後庭漸已多矣。」〔註 20〕在眾多嬪妃中選擇合適人選進行「手鑄金人」預測,並將成功者冊立為皇后也是關鍵的一環。

對於竇太后而言,皇后的候選人必須沒有強大的家世背景以及太武帝的寵愛,這樣才能保證她可以完全掌控後宮。於是,大夏公主赫連氏姊妹便進入到竇太后的視野,最終選定了赫連氏為皇后。在一切都安排妥當後,竇氏、赫連氏和拓跋晃便於同一天分別被冊封為皇太后、皇后和太子。

控制後庭對於竇氏而言,只是作為皇太后的基本權力,在長期以來鮮卑族女性政治熱情的影響下,她也逐漸接觸朝政,甚至出現了「太后訓釐內外,甚有聲稱。」〔註 21〕只是由於太武帝有著較強的執政能力和對外戰爭的決斷力,竇氏並沒有表現出過多的施政才能和政治建樹,她在北魏的影響一般都是在太武帝對外戰爭中,與他進行內外配合中展現出來。《魏書》卷一三《皇后列傳·世祖保母竇氏傳》載:

〔註 18〕《魏書》卷一三《皇后列傳·世祖保母竇氏傳》,中華書局,1974 年,第 326頁。
〔註 19〕《魏書》卷四《太武帝紀上》,中華書局,1974 年,第 80 頁。
〔註 20〕《魏書》卷一三《皇后列傳》,中華書局,1974 年,第 321 頁。
〔註 21〕《魏書》卷一三《皇后列傳·世祖保母竇氏傳》,中華書局,1974 年,第 326頁。

世祖征涼州，蠕蠕吳提入寇，太后命諸將擊走之。

《魏書》卷二七《穆崇列傳附穆壽傳》載：

> 與駕征涼州，命壽輔恭宗，總錄要機，內外聽焉。……世祖謂
> 壽曰：「蠕蠕吳提與牧犍連和，今聞朕征涼州，必來犯塞。……」
> 壽信卜筮之言，謂賊不來，竟不設備。而吳提果至，侵及善無，京
> 師大駭。壽不知所為，欲築西郭門，請恭宗避保南山。惠太后不
> 聽，乃止。遣司空長孫道生等擊走之。世祖還，以無大損傷，故不
> 追咎。

在太武帝對外征戰期間，以太子拓跋晃監國，其時恰逢蠕蠕進兵北魏，由於事先沒有準備，朝局出現了震盪，部分官員甚至想要拓跋晃外出避難，而竇太后的「不聽」，便徹底阻止了朝臣這一決定，更直接彰顯了她在北魏朝堂的影響力。穩固了朝堂以後，她又親自派長孫道生等人率兵與蠕蠕作戰。竇太后能夠在危急時刻迅速調動國家軍隊，也說明她在緊急時刻有著軍事指揮權，這說明由保母登位的皇太后已經與一般皇太后無異。

竇氏最初只是太武帝的保母，在太武帝繼位後以母子親情被封為皇太后，她既非正式的皇室成員，雖然可以享有皇太后的法定地位和權威，但卻無法入葬皇陵。對此，竇太后也有著清醒的認識和明確的安排。《魏書》卷一三《皇后列傳·世祖保母竇氏傳》載：

> 初，后嘗登崞山，顧謂左右曰：「吾母養帝躬，敬神而愛人，若
> 死而不滅，必不為賤鬼。然於先朝本無位次，不可違禮以從園陵。
> 此山之，上可以終託。」

竇氏清醒的認識到自己宮人的身份無論如何也不能入葬皇陵，於是她將自己的墓地安排在崞山，不僅凸顯了自身與眾不同的社會地位，也彰顯了自己的政治才能。

在鮮卑族的傳統認識中，母子親情凌駕於一切情感之上，由保母冊封而來的皇太后，雖然她們與皇帝沒有真正意義上的血緣關係，但是卻有著實際的母子親情，皇帝視其為生母的替代者將她們冊封為皇太后，朝臣也受到鮮卑舊俗的影響，接受皇帝冊封自己情感上認可的母親為皇太后。這個由於皇帝的感情被冊封為皇太后者既可以是皇帝的生母，也可以是皇帝的嫡母，甚至作為皇帝情感上母親的乳母或保母也都在冊封的範圍內，這也造成了北魏後期女主臨朝局面的不斷出現。

第二節 馮太后的祖孫共治

文成文明皇后馮氏在文成帝逝世後便以皇太后的身份與文成子獻文帝共同臨朝，後由於與獻文帝的矛盾，她退出了朝堂，撫育皇儲。獻文帝死後，她又以太皇太后身份再度臨朝，並與孝文帝並稱「二聖」，共同處理朝政，北魏歷史上真正的女主臨朝也由此開始。

一、祖孫親情的形成

文成文明皇后馮氏乃北燕皇室後裔，在北燕滅亡後，其家族開始入仕北魏。馮氏幼年便由於父親犯罪而被納入宮中為宮女。入宮後，馮氏得到了姑母、太武帝左昭儀馮氏的教導和照顧，並在馮昭儀的極力促成下，通過與文成帝保母常氏的同鄉之儀，在太安二年（456 年）正月，馮氏「年十四，高宗踐極，以選為貴人，後立為皇后。」〔註 22〕同年二月，文成帝長子拓跋弘也被冊立為皇太子。

和平六年（465 年）五月，文成帝逝世，時年二十六歲。此時距離馮氏被冊封為皇后也已經過去了九年，此時的馮氏卻只有二十三歲，而出生於興光元年（454 年）的皇太子，此時也只有十一歲。在文成帝逝世後，拓跋弘繼任帝位，尊嫡母馮氏為皇太后。其時朝政為乙渾所掌控，他「位居諸王上，事無大小，皆決於渾。」〔註 23〕天安元年（466 年），獻文帝與馮太后二人合力誅滅了乙渾集團的叛亂，「顯祖年十三，居於諒闇，太后密定大策，誅渾，遂臨朝聽政。」〔註 24〕此後，二人開始共同接管北魏朝政，並開始共同臨朝主政。

馮太后與獻文帝只是名義上的母子關係，二人不僅沒有共同生活的經歷，更沒有任何情感上的交流，他們只是由於共同的利益，才在誅殺乙渾政變中合作。在共同臨朝中，他們也都為了擴張自己的勢力而不懈努力。

馮太后著力提升馮氏家族成員的官品和地位，獻文帝也對妻族李氏家族成員大加任用，以其牽制馮氏外戚家族；馮太后在朝廷中培植自己的勢力，而獻文帝也依靠宗王力量與之抗衡。隨著二人對朝臣和朝政的爭奪，最終造成了帝黨與后黨的直接交鋒。恰逢此時，獻文帝的長子元弘出生，「太后躬親

〔註 22〕《魏書》卷一三《皇后列傳・文成文明皇后馮氏傳》，中華書局，1974 年，第 328 頁。
〔註 23〕《魏書》卷六《獻文帝紀》，中華書局，1974 年，第 126 頁。
〔註 24〕《魏書》卷一三《皇后列傳・文成文明皇后馮氏傳》，中華書局，1974 年，第 328 頁。

撫養。是後罷令，不聽政事。」〔註25〕她的目的是仿照竇太后、常太后般，通過與皇太子的親情關係，在不發生大規模矛盾衝突的前提下，實現帝權與后權的共存。

獻文帝長子元宏出生於皇興元年（467年），此時的皇太后馮氏也只有二十五歲，從身份上看，馮太后與元宏是名義上的祖孫，但從年齡的差距上看，他們更像母子。為了便於與元宏形成實際上的祖孫親情，馮太后不僅退出朝堂，親自撫養孝文帝。同時，為了防止皇子生母李氏的存在妨礙他們親情的培養，皇興三年（469年），年僅三歲的元宏被冊立為皇太子，同年，其母李氏被馮太后以「子貴母死」制賜死。馮太后還對李氏家族成員嚴加防範，由是造成「迄后之崩，高祖不知所生。」〔註26〕徹底切斷了他與母家的聯絡，保證了孝文帝在情感上對自己的完全依賴。

在外戚問題上，元宏的外祖李惠作為獻文帝黨成員核心，「素為文明太后所忌，誣惠將南叛，誅之。惠二弟，初、樂，與惠諸子同戮。後妻梁氏亦死青州。」〔註27〕特別是在馮太后的刻意隱瞞和阻斷下，孝文帝與母家感情淡漠。尤其是隨著李惠之死，他的諸子也隨之被殺，只留下李惠的堂弟李鳳一脈尚存，或是由於他們與孝文帝本身血緣較遠，加之馮太后的刻意阻斷，造成孝文帝「奉馮氏過厚，於李氏過薄，舅家了無敘用。」〔註28〕的現象。

在對孝文帝的培養方面，馮太后也對他進行了言傳身教，不僅對其為人處世方面進行了匡正，更注重對他進行文化方面的培養。皇興五年（471年），孝文帝正式繼皇帝位，此時的馮太后已經通過自己的官僚系統，徹底掌管了國家政務，而獻文帝則稱太上皇，頻繁帶兵進行對外征戰，軍隊也多處於他的控制之下。直至承明元年（476年），獻文帝逝世，孝文帝親政，他尊馮氏為太皇太后，二人開始共同臨朝。馮太后也在此過程中，通過自己處理朝政的實際行動，為年幼的孝文帝日後逐漸參與和掌控朝局提供了借鑒。

在為人方面，孝文帝在馮太后的言傳身教下，不僅善於對身邊之人恩威並施，更注重對外展現自己的善行善舉，為自己贏得了良好的聲譽。如馮太

〔註25〕《魏書》卷一三《皇后列傳·文成文明皇后馮氏傳》，中華書局，1974年，第328頁。

〔註26〕《魏書》卷一三《皇后列傳·文成文明皇后馮氏傳》，中華書局，1974年，第330頁。

〔註27〕《魏書》卷八三《外戚列傳上·李惠傳》，中華書局，1974年，第1825頁。

〔註28〕《魏書》卷八三《外戚列傳上·李惠傳》，中華書局，1974年，第1825頁。

后無論是為貴人，還是被冊立為皇后之後，史書均沒有其與文成帝間互動的記載，她似乎並不得文成帝寵愛，二人間的感情也並不深厚。但在文成帝逝世後，她卻表現出了對文成帝的深情厚誼。《魏書》卷一三《皇后列傳·文成文明皇后馮氏傳》載：

> 故事：國有大喪，三日之後，御服器物，一以燒焚，百官及中
> 宮皆號泣而臨之。后悲叫自投火中，左右救之，良久乃蘇。

馮氏的這種行為無疑是向權臣展現他們夫妻間的深厚情誼，並以此贏得了朝臣對她的認可，也為她日後臨朝打下了基礎。

在馮氏之前的北魏皇后，即便是得封皇太后，也基本上處於僅存名號的傀儡境地，而馮氏則在北魏宗親和朝臣的認可下，成為北魏歷史上第一位掌握實權的先帝皇后。在他撫育下的孝文帝也有相似的行徑，史載：「帝幼有至性，年四歲，顯祖曾患癰，帝親自吮膿。五歲受禪，悲泣不能自勝。」〔註29〕此時的獻文帝為了抑制馮太后的專權，已經有了將皇位傳給叔父京兆王拓跋子推的想法，年幼的元宏一直在馮太后的身邊生活，自然與父親沒有很深的感情，但他卻主動為父親吮膿，表現出了十足的父子情深。一個五歲的孩子自然不會主動有此行為，這應該在馮太后的教導下出現的。他的這一行為無疑贏得了獻文帝的好感，也為他順利繼任贏得了支持。

在文化教育方面，馮太后「太后性聰達，自入宮掖，粗學書計。及登尊機，省決萬機。」〔註30〕雖然她出身宮女，但卻在姑母北燕公主、太武帝左昭儀馮氏的教育下，掌握了較多的文化知識，加之她本人的好學，其文化素養是比較高的，「太后以高祖富於春秋，乃作《勸誡歌》三百餘章，又作《皇誥》十八篇，文多不載。」〔註31〕對於皇子的教育，馮太后也格外重視，她曾下詔曰：

> 自非生知，皆由學誨。皇子皇孫，訓教不立，溫故求新，蓋有
> 闕矣。可於閒靜之所，別置館，選忠信博聞之士為之師，傳以匠成
> 之。

北魏引入漢族士人教授皇子文化知識在明元帝時期就已經出現。文成帝

〔註29〕《魏書》卷七《孝文帝紀下》，中華書局，1974年，第186頁。
〔註30〕《魏書》卷一三《皇后列傳·文成文明皇后馮氏傳》，中華書局，1974年，第328頁。
〔註31〕《魏書》卷一三《皇后列傳·文成文明皇后馮氏傳》，中華書局，1974年，第329頁。

時期，又設專職官員負責對皇子的教導。至馮太后時，還設立了專門的機構，負責教授皇子文化知識，便於在皇室內推廣漢族文化，提升了他們的知識和素養。孝文帝在馮太后的親自培養下，也有著很高的文化造詣。《魏書》卷七《孝文帝紀下》載：

> 雅好讀書，手不釋卷。《五經》之義，覽之便講，學不師受，探其精奧。史傳百家，無不該涉。善談莊老，尤精釋義。才藻富贍，好為文章、詩、賦、銘、頌，有興而作。有大文筆，馬上口授，及其成也，不改一字。

孝文帝的文化素養在北魏諸帝中堪稱魁首，這也為他以後推廣漢族文化、引入漢族制度，打下了堅實的基礎。

在待人方面，馮太后恩威並施，「假有寵待，亦無所縱。……性不宿憾，尋亦待之如初，或因此更加富貴。是以人人懷於利欲，至死而不思退。」〔註32〕「自以過失，懼人議己，小有疑忌，便見誅戮。」〔註33〕長期生活於馮太后身邊的孝文帝也學習到了她的用人之道，甚至在很多事件的處理上，孝文帝也有意識的傚仿馮太后。《魏書》卷一三《皇后列傳·文成文明皇后馮氏傳》載：

> 宰人昏而進粥，有螫蜓在焉，後舉匕得之。高祖侍側，大怒，將加極罰，太后笑而釋之。

《魏書》卷七《孝文帝紀下》載：

> 進食者曾以熱羹傷帝手，又曾於食中得蟲穢之物，並笑而恕之。

對待相同的粥內異物事件，最初孝文帝由於年輕，對此十分憤怒，並要對犯錯人員大加處罰，但掌握朝內外大權的馮太后卻一笑了之，其寬容豁達之心和容人之量在年幼的孝文帝心中留下了深刻的印象。後期在他自己遇到同樣事情時，他也採取了與馮太后同樣的處理方式。

不僅如此，孝文帝對待周邊人員，也表現出了君主難能可貴的大度。《魏書》卷七《孝文帝紀下》載：

> 宦者先有譖帝於太后，太后大怒，杖帝數十，帝默然而受，不

〔註32〕《魏書》卷一三《皇后列傳·文成文明皇后馮氏傳》，中華書局，1974年，第329頁。

〔註33〕《魏書》卷一三《皇后列傳·文成文明皇后馮氏傳》，中華書局，1974年，第329頁。

自申明。太后崩後，亦不以介意。聽覽政事，莫不從善如流。

孝文帝對於曾經離間自己與馮太后關係的宦官，不僅在馮太后逝世前不予追究，在馮太后逝世後亦能寬恕，足見馮太后對孝文帝行為的影響。

在生活習慣方面，馮太后「性儉素，不好華飾，躬御縵繒而已。」〔註34〕而孝文帝也是「性儉素，常服浣濯之衣，鞍勒鐵木而已。」〔註35〕他們也由此贏得了北魏國內外的一致讚譽。

從上述馮太后與孝文帝處事方式的記載中可以發現，孝文帝無論是文化素養、待人處事，還是在生活習慣方面，幾乎都與馮太后如出一轍，這自然與馮太后與孝文帝長期接觸中的言傳身教密不可分。

此外，孝文帝出生於皇興元年（467年），自五歲繼位，至十餘歲時，朝政完全掌握於馮太后手中，他本人由於年幼一直處於馮太后的照顧和教育之下，此時的孝文帝保持了鮮卑族傳統的騎獵傳統，他「少而善射，有膂力。年十餘歲，能以指彈碎羊髀骨。及射禽獸，莫不隨所志斃之。至年十五，便不復殺生，射獵之事悉止。」〔註36〕但至他十五歲時，已經到了太和四年（481年），此時的馮太后對他的培養已經由學識方面的培養，轉向了君主方面的培養，並有意識的逐漸放權於孝文帝，孝文帝也開始將注意力轉移到治國方面。特別是為了提倡漢人文化、緩解民族矛盾，此時的孝文帝已經逐漸由鮮卑君主轉變為真正的皇帝。他意識到對於鮮卑習俗過分熱衷將不利於緩和民族矛盾、穩固統治，於是他便放棄了射獵習俗，完全將自己轉變為適應統治需要和漢人接納的皇帝。

二、后權與皇權的交錯共存

馮太后不僅是孝文帝情感上的母親的投射，也是他成長路上的指引者和領路人。孝文帝在馮太后的悉心照顧和教導下，按照馮太后為他設定的行為方式和成長模式迅速長大。但馮太后與孝文帝畢竟沒有真正的血緣關係，馮太后在撫育孝文帝初期，受到自己與獻文帝間長期以來的矛盾和鬥爭的影響，對孝文帝也有所猶疑。《魏書》卷七《孝文帝紀》載：

五歲受禪，悲泣不能自勝。顯祖問帝，帝曰：「代親之感，內切

〔註34〕《魏書》卷一三《皇后列傳·文成文明皇后馮氏傳》，中華書局，1974年，第329頁。
〔註35〕《魏書》卷七《孝文帝紀下》，中華書局，1974年，第186頁。
〔註36〕《魏書》卷七《孝文帝紀下》，中華書局，1974年，第186頁。

於心。」顯祖甚歎異之。文明太后以帝聰聖，後或不利於馮氏，將
謀廢帝。乃於寒月，單衣閉室，絕食三朝，召咸陽王禧，將立之，
元丕、穆泰、李沖固諫，乃止。帝初不有憾，唯深德丕等。

《魏書》卷一三《皇后列傳・文成文明皇后馮氏傳》載：

太后外禮民望元丕、游明根等，頒賜金帛輿馬，每至褒美睿等，
皆引丕等參之，以示無私。

在孝文帝繼位之初，由於他與獻文帝間的互動較多而使馮太后對他有所提
防，唯恐其長大後會對馮氏家族不利，甚至一度準備改立獻文帝次子元禧為
帝，只是由於遭到元丕等人的反對而止。此時的孝文帝已經到達了懂事的年
紀，對於擁有廢立之權的馮太后，有著既敬愛而懼怕的矛盾心理，從而在行
為上表現出極大的順從。

孝文帝在位時期也是馮太后第二次臨朝聽政的時期。這一時期的馮太后
不僅集朝權於一身，更經過了上一次的臨朝，積累了較多的政治經驗。此時
的孝文帝年幼，他不僅與馮太后有著母子感情。在獻文帝逝世後，馮太后更
成為孝文帝全部的政治依靠。於是馮太后在撫育、教養幼主的同時，也開始
了自己真正意義上的政治生涯。

承明元年（476年），「文明太后令百官舉才堪幹事、人足委此者」[註37]。
此時北魏官員的任命雖然是以孝文帝的詔令發出，但真正的決定權卻完全控
制在馮太后手中。《魏書》卷八三《外戚列傳上・馮熙傳》載：

高祖即位，文明太后臨朝，王公貴人登進者眾。高祖乃承旨皇
太后，以（馮）熙為侍中、太師、中書監、領秘書事。

《魏書》卷一三《皇后列傳・文成文明皇后馮氏傳》載：

自太后臨朝專政，高祖雅性孝謹，不欲參決，事無鉅細，一稟
於太后。太后多智略，猜忍，能行大事，生殺賞罰，決之俄頃，多
有不關高祖者。是以威福兼作，震動內外。

在朝廷官員的任免中，馮太后一方面注重官員的才學和能力，另一方面
也注重他們對自己的忠誠度，並破格提拔了各級各類官員，《魏書》卷一三
《皇后列傳・文成文明皇后馮氏傳》載：

故杞道德、王遇、張祐、苻承祖等拔自微閹，歲中而至王公；
王睿出入臥內，數年便為宰輔，賞賚財帛以千萬億計，金書鐵券，

〔註37〕《魏書》卷四四《苟頹列傳》，中華書局，1974年，第994頁。

許以不死之詔。李沖雖以器能受任，亦由見寵帷幄，密加錫賚，不可勝數。

宦官生活和工作於皇帝與太后身邊，忠誠是第一要務，這也是馮太后任免宦官的主要準則。《魏書》卷九四《閹官列傳·張祐傳》載：

> 世祖末，坐事誅，祐充腐刑。積勞至曹監、中給事，賜爵黎陽男。稍遷散騎常侍，都綰內藏曹。時文明太后臨朝，中官用事。祐以左右供承合旨，寵幸冠諸閹官，特遷為尚書，加安南將軍，進爵隴東公，仍綰內藏曹。與王睿等俱入八議。

> 太后嘉其忠誠，為造甲宅。宅成，高祖、太后親率文武往燕會焉。拜散騎常侍、鎮南將軍、尚書左僕射，進爵新平王，受職於太華庭，備威儀於宮城之南，觀者以為榮。高祖、太后親幸其宅，饗會百官。祐性恭密，出入機禁二十餘年，未曾有過。由是特被恩寵，歲月賞賜，家累鉅萬。

《魏書》卷九四《閹官列傳·抱嶷傳》又載：

> 以忠謹被擢，……以為殿中侍御，尚書領中曹如故，以統宿衛。高祖、太后每出遊幸，嶷多驂乘，入則後宮導引。太后既寵之，乃徵其父睹生，拜太中大夫，賞賜衣馬。

由於長期生活與宮中，身邊閹官的忠誠，對於自己的安全有著至關重要的作用，而馮太后對於閹官的寵信也大都根源於此。

馮太后對於朝臣的選任則主要注重其能力，如李沖「以三正治民，所由來遠，於是創三長之制而上之。……沖為文明太后所幸，恩寵日盛，賞賜月至數千萬，進爵隴西公，密緻珍寶御物以充其第」〔註38〕。學養高深的儒士也是文明太后任重的對象，「高祖初，（游）明根與高閭以儒老學業，特被禮遇，公私出入，每相追隨，而閭以才筆時侮明根，世號高、游焉。」〔註39〕在馮太后任命的這些官員中，不乏方正直言的諫臣，在馮太后的廣納諫言態度之下，他們「言至懇切，未曾阿諛。」〔註40〕他們也未曾受到壓制，反而受到了重視。

在孝文帝長大成人後，為了鍛鍊他的施政能力，馮太后與孝文帝一同

〔註38〕《魏書》卷五三《李沖列傳》，中華書局，1974 年，第 1180 頁。
〔註39〕《魏書》卷五五《游明根列傳》，中華書局，1974 年，第 1215 頁。
〔註40〕《魏書》卷四四《苟頹列傳》，中華書局，1974 年，第 994 頁。

「近集群官，共論政治，平秩民務。」〔註41〕朝臣的上書也會同時呈送二人，「二聖」之稱也在此時首次見於史書。

　　馮太后在與朝臣商議朝政時，孝文帝一般也會參與其中，有時還會發表自己處理意見，這也為他日後的親政積累了經驗。《魏書》卷一九《景穆十二王列傳下‧南安王楨傳》載：

　　　　文明太后、高祖並臨皇信堂，引見王公，太后令曰：「汝陰王天賜、南安王楨不順法度，贖貨聚斂，依犯論坐，將至不測。卿等為當存親以毀令，為欲滅親以明法？」群臣咸以二王託體先皇，宜蒙矜恕。太后不答。高祖乃詔曰：「……今者所犯，事重疇日，循古推刑，實在難恕。皇太后天慈寬篤，恩矜國屬，每一尋惟高宗孔懷之近，發言哽塞，悲慟於懷，且以南安王孝養之名，聞於內外。特一原恕，削除封爵，以庶人歸第，禁錮終身。」

在處理汝陰王拓跋天賜、南安王拓跋楨事件中，文明太后、孝文帝共同與群臣商議處理方法。只是由於馮氏皇太后的身份，在對皇室成員進行處理時，為了防止宗室成員的不滿情緒，最後的決議遂以孝文帝的詔令形式發出。從中可以看出，馮太后雖然執掌朝權，但卻沒有壓制孝文帝的權力，真正體現了后權與皇權的並存。

　　不僅如此，馮太后在出行中，也一般會協同孝文帝同行，處處展現二人間的和諧關係。如太和三年（479 年）二月，孝文帝與馮太后「幸代郡溫泉。問民疾苦，鰥貧者以宮女妻之。」〔註42〕太和七年（483 年）七月，「帝、太皇太后幸神淵池。」〔註43〕太和七年（483 年），孝文帝與文明太后更一同「東巡冀州，親幸其家，存問周至。」〔註44〕二人還一同在東巡時赴外任的宦官家慰問，處處彰顯二人的和諧關係。

　　他們的這種關係也成為國家和社會中著力表現的內容，如興建與此事的雲岡石窟就以一窟二佛的特殊狀態，體現孝文帝與馮太后的共治狀況。「景明初，世宗詔大長秋卿白整準代京靈巖寺石窟，於洛南伊闕山，為高祖、文昭皇太后營石窟二所。」〔註45〕該石窟寺乃是對文成帝時期曇曜五窟的擴建，

〔註41〕《魏書》卷一〇八《禮志三》，中華書局，1974 年，第 2780 頁。
〔註42〕《魏書》卷七《孝文帝紀上》，中華書局，1974 年，第 146 頁。
〔註43〕《魏書》卷七《孝文帝紀上》，中華書局，1974 年，第 152 頁。
〔註44〕《魏書》卷九四《閹官列傳‧王琚傳》，中華書局，1974 年，第 2829 頁。
〔註45〕《魏書》卷一一四《釋老志》，中華書局，1974 年，第 3043 頁。

寺中採用一窟雙佛的形式，展示當時北魏朝堂的「二聖」臨朝之狀。該石窟即現存於山西省大同市的雲岡石窟，也是北魏皇家石窟的代表。

馮太后雖然控制著北魏的最高權力，但她也並沒有完全以后權壓制皇權，而是給予皇帝足夠的權力和尊重。在我國古代王朝，祭祀天地儀式一直是皇帝獨享的最高禮儀，也是他們作為國家統治地位的最直接體現。雖然馮太后掌控國家權力，但是她卻沒有代替孝文帝進行祭祀，而是給予了幼主作為皇帝足夠的尊嚴。「天地、五郊、宗廟二分之禮，常必躬親，不以寒暑為倦。」〔註46〕此外，太和十年（486年），「春正月癸亥朔，帝始服袞冕，朝饗萬國。」〔註47〕這也是馮太后給予成年的皇帝以尊嚴，宣告孝文帝擁有國家的最高權力。在馮太后的清晰的身份意識和極強的政治能力之下，孝文帝不僅沒有對她的存在產生牴觸情緒，反而處處傚仿、學習馮太后的政治經驗，為日後北魏的繁盛創造了條件。

圖二：雲岡石窟二佛並坐圖

三、皇權擺脫后權而獨立

馮太后在獻文帝死後完全集朝權於一身，更將獻文帝倚重的官員「太尉、

〔註46〕《魏書》卷七《孝文帝紀下》，中華書局，1974年，第186頁。
〔註47〕《魏書》卷七《孝文帝紀下》，中華書局，1974年，第161頁。

安樂王長樂為定州刺史，京兆王子推為青州刺史，司空李訢為徐州刺史，並開府儀同三司。」〔註48〕其中京兆王拓跋子推死於赴任途中，而安樂王拓跋長樂和李訢則分別以罪被賜死，獻文帝殘餘勢力被徹底清除，馮氏外戚家族勢力則隨之躍升。

　　馮太后與孝文帝名為祖孫，但無論從年齡，還是相處方式上看，二人的感情和關係都近似與母子，以致一些著述竟將孝文帝記為馮太后之子。孝文帝自幼喪母，從小便在馮太后身邊成長，他不僅學到了馮太后為人處世的態度，也學到了她的治國經驗。此時的馮太后不僅完全掌控朝局，更可以冊立新君。她曾「以帝聰聖，後或不利於馮氏，將謀廢帝。」〔註49〕「幽高祖於別室，將謀黜廢」〔註50〕，意欲改立文成帝次子、咸陽王元禧為新君，只是在元丕、穆泰、李沖等人的勸阻下，她的這一計劃並未獲得實施。這一事件卻在孝文帝心中留下了深刻的印象，也造成他對馮太后又愛又怕的複雜心理，甚至為了展現對於馮太后的孝道，有時甚至還會刻意迎合馮太后的行為。《魏書》卷一三《皇后列傳‧文成文明皇后馮氏傳》載：

> 太后曾與高祖幸靈泉池，燕群臣及藩國使人、諸方渠帥，各令為其方舞。高祖帥群臣上壽，太后忻然作歌，帝亦和歌，遂命群臣各言其志，於是和歌者九十人。

　　根據《魏書‧孝文帝紀》的記載，孝文帝與馮太后曾多次「幸靈泉池」，僅太和十二年（489年）一年，他們就曾三次赴靈泉池。就在同年的二月至四月間，分別有高麗國、宕昌國、吐谷渾國等派遣使臣到達北魏，也就在四月，馮太后與孝文帝也幸靈泉池，與《魏書‧皇后列傳》記載的事件一致，那麼此次宴會發生的時間就應該是在太和十二年四月乙丑日。

　　在此次君臣共慶中，馮太后作歌，而孝文帝和歌，歡慶氣氛濃鬱。這並非是馮太后與孝文帝第一次共同參與樂曲，早在太和五年（481年），「文明太后、高祖並為歌章，戒勸上下，皆宣之管絃。」〔註51〕從史書記載來看，馮太后對於樂舞有著很濃厚的興趣，偶而也會親自參與創作，但從孝文帝在馮太后逝世後沒有再創作或參與歌舞來看，他前期的創作行為乃是為了迎合馮

〔註48〕《魏書》卷七《孝文帝紀上》，中華書局，1974年，第144頁。
〔註49〕《魏書》卷七《孝文帝紀下》，中華書局，1974年，第186頁。
〔註50〕《魏書》卷二七《穆崇列傳》，中華書局，1974年，第662頁。
〔註51〕《魏書》卷一〇九《樂志》，中華書局，1974年，第2829頁。

太后，他本人對此並沒有過多的興趣。

孝文帝對馮太后的迎合遠不僅如此，為了彰顯自己對馮太后的孝心，他還曾下詔曰：

> 朕以虛寡，幼篡寶曆，仰恃慈明，緝寧四海，欲報之德，正覺是憑。諸鷙鳥傷生之類，宜放之山林。其以此地為太皇太后經始靈塔。〔註52〕

馮太后崇佛，孝文帝則罷鷹師曹，以其地建報德佛寺，「為馮太后追福，在開陽門外三里。」〔註53〕

此外，對於馮太后欲傚仿常太后獨自建陵，孝文帝也予以積極配合和實施。《魏書》卷一三《皇后列傳·文成文明皇后馮氏傳》載：

> 太后與高祖遊於方山，顧瞻川阜，有終焉之志。因謂群臣曰：「舜葬蒼梧，二妃不從。豈必遠祔山陵，然後為貴哉！吾百年之後，神其安此。」高祖乃詔有司營建壽陵於方山，又起永固石室，將終為清廟焉。太和五年起作，八年而成，刊石立碑，頌太后功德。

馮太后作為文成帝的妻子，本可以在死後入葬皇陵，但是她與文成帝夫妻感情淡漠，加之她長期臨朝主政，儼然已經擁有了皇帝的身份和尊嚴，她也不想再以皇后身份與皇帝合葬。針對馮太后單獨設陵的想法，孝文帝也予以支持，他不僅在方山為馮太后建造永固陵，更「於永固陵東北里餘，豫營壽宮，有終焉瞻望之志。」〔註54〕表達了自己即便死後也要與馮太后相依相伴之心。

特別是在馮太后逝世後，孝文帝更時時處處彰顯對馮太后的感情和敬重，並為其實施了最高等級的葬禮。《魏書》卷一三《皇后列傳·文成文明皇后馮氏傳》載：

> 高祖酌飲，不入口五日，毀慕過禮。諡曰文明太皇太后。葬於永固陵，日中而反，虞於鑒玄殿。詔曰：「山陵之節，亦有成命，內則方丈，外裁掩坎，脫於孝子之心有所不盡者，室中可二丈，墳不得過三十餘步。今以山陵萬世所仰，復廣為六十步。辜負遺旨，益

〔註52〕《魏書》卷一三《皇后列傳·文成文明皇后馮氏傳》，中華書局，1974年，第330頁。
〔註53〕《洛陽伽藍記》卷三《城南·報德寺》，中華書局，2006年，第135頁。
〔註54〕《魏書》卷一三《皇后列傳·文成文明皇后馮氏傳》，中華書局，1974年，第330頁。

以痛絕。其幽房大小，棺槨質約，不設明器。至於素帳、縵茵、瓷
瓦之物，亦皆不置。此則遵先志，從冊令，俱奉遺事。……」及卒
哭，孝文服衰，近臣從服，三司已下外臣衰服者，變服就練，七品
已下盡除即吉。設祔祭於太和殿，公卿已下始親公事。高祖毀瘠，
絕酒肉，不內御者三年。

馮太后於太和十四（490 年）年九月逝世，十月入葬永固陵。同年，孝文帝曾
三次赴永固陵拜謁，至太和十五年（491 年），孝文帝又四赴永固陵，足以彰
顯他對馮太后的情誼，並贏得了馮太后屬僚的敬重。此外，在三年居喪其滿
後，他還接受了太尉元丕等人的建議，於太和十七年（493 年）冊立馮太后的
侄女為皇后，贏得了馮氏家族的支持和認可，為他日後遷都洛陽，徹底擺脫
馮氏勢力和鮮卑貴族的影響打下做足了準備。

擺脫馮氏家族的第一步，便是隔斷皇太子元恂與馮氏家族間的聯繫。孝
文帝的長子元恂，「生而母死，文明太后後撫視之，常置左右。年四歲，太皇
太后親為立名恂，字元道，於是大赦。」〔註 55〕馮太后按照撫育孝文帝的方
式撫育其長子元恂，意圖幫助他成為太子，並最終登基，不僅培養其政治素
質，更使其成為與孝文帝一樣厚待馮氏家族的皇帝。在馮太后逝世後，孝文
帝雖然於太和十七年（493 年），分別冊封馮太后侄女馮氏為皇后、元恂為皇
太子，但卻隔絕了馮后與元恂的聯繫，由自己親自教養太子元恂。太和十八
年（494 年），孝文帝又以馮太后侄馮誕「無師傅獎導風」〔註 56〕為由解除了
他的太子太師之職，從而徹底隔絕了馮氏家族與年幼的太子間的聯繫。

北魏自建國以來便定都於平成，其地鮮卑貴族根基深厚，加之馮太后曾
於此地兩度臨朝，馮氏家族的根基亦盤踞於此。為了推廣漢化、擺脫馮氏家
族對皇權的掣肘，孝文帝乃遷都洛陽，他於方山永固陵所建的壽宮也被廢棄，
甚至出現「乃自表瀍西以為山園之所，而方山虛宮至今猶存，號曰『萬年堂』
云。」〔註 57〕

太和十九年（495 年）九月，孝文帝後宮成員及文武盡遷洛陽。為了斷絕

〔註 55〕《魏書》卷二二《孝文五王列傳·廢太子恂傳》，中華書局，1974 年，第 587
　　　　頁。
〔註 56〕《魏書》卷八三《外戚列傳上·馮熙傳附馮誕傳》，中華書局，1974 年，第
　　　　2680 頁。
〔註 57〕《魏書》卷一三《皇后列傳·文成文明皇后馮氏傳》，中華書局，1974 年，第
　　　　330 頁。

遷都後的臣民對故都的想念，他更下「詔遷洛之民，死葬河南，不得還北。於是代人南遷者，悉為河南洛陽人。」〔註58〕至此，北魏遷都正式完成，也宣告著孝文帝徹底擺脫了馮太后勢力的影響，實現的皇權的最終獨立，為他日後在全國範圍內進行徹底的漢化變革打下了基礎。

第三節　胡太后的母子共治

孝明帝元詡乃宣武帝獨子，在宣武帝逝世後，他年幼繼位，其母胡氏乃以皇太后身份臨朝聽政。胡太后與孝明帝雖為親生母子，但由於二人早期沒有共同生活的經歷造成了母子感情淡漠，加之胡太后臨朝後對朝權的過度掌控也引起了孝明帝的不滿。母子間矛盾急劇惡化，並最終導致了北魏末年的軍事政變。

一、被架空的皇權

孝明帝元詡乃宣武帝次子，永平三年（510年）三月出生，由於宣武帝長子元昌早亡，加之宣武帝又頻喪皇子，使宣武帝對獨子元詡倍加呵護。延昌元年（512年）十月，年僅三歲的元詡就被冊立為皇太子。延昌四年（513年）正月，宣武帝逝世，年僅四歲的皇太子元詡繼位。元詡生母胡氏也在後宮中聯合領軍于忠、侍中崔光等人誅滅了宣武皇后高氏勢力，並配合於他們誅殺了高氏之兄高肇，逼迫高氏出家瑤光寺。孝明帝生母充華嬪胡氏則先被冊封為皇太妃，後又被冊封為皇太后，成為北魏歷史上第一位以帝母身份獲封的皇太后。

此時的孝明帝由於年幼，遂「詔太保、高陽王雍入居西柏堂，決庶政，又詔任城王澄為尚書令，百官總己以聽於二王。」〔註59〕在誅殺了高肇後，孝明帝又下詔以「太保、高陽王雍進位太傅、領太尉，司空、清河王懌為司徒，驃騎大將軍、廣平王懷為司空。」〔註60〕這樣就使朝政完全集中於元雍、元澄、元懌和元懷等北魏宗王手中。

此外，對於後宮政變中對胡氏有功的于忠和崔光等人，胡太后也給予了優待，以「車騎大將軍于忠為尚書令，特進崔光為車騎大將軍，並儀同三

〔註58〕《魏書》卷七《孝文帝紀下》，中華書局，1974年，第178頁。
〔註59〕《魏書》卷九《孝明帝紀》，中華書局，1974年，第221頁。
〔註60〕《魏書》卷九《孝明帝紀》，中華書局，1974年，第221頁。

司。」〔註61〕于忠和崔光也在此時進入國家統治的核心。胡太后還借于忠與元雍間的矛盾，「廢雍，以王歸第。朝有大事，使黃門郎就諮訪之。」〔註62〕將其趕出了權力中心，由清河王元懌接管其勢力。至此，胡太后已經完全控制了朝政。延昌四年（515年）八月，「群臣奏請皇太后臨朝稱制」〔註63〕，同年九月，「皇太后親覽萬機」〔註64〕，開始了第一次臨朝聽政。

此外，出於提升家族門第、地位的考量，胡太后不斷提升父親胡國珍的官職，並使之「出入禁中，參諮大務。」〔註65〕進入到了國家核心集團。胡太后的妹夫元叉「深為靈太后所信委」〔註66〕，不僅擔任領軍，更兼任嘗食典御，不僅掌握軍權，還負責後宮飲食安全，更以其擔任司空一職，進入到了國家的權力核心。清河王元懌由於容顏俊美而深得胡太后青睞，胡太后臨朝後「逼幸清河王懌，淫亂肆情」〔註67〕，胡太后對於元懌也極為信賴，「以懌肅宗懿叔，德先具瞻，委以朝政」〔註68〕，從而使其「外膺上臺，內荷遺輔，權寵攸歸，勢傾京野」〔註69〕，元懌也隨之成為胡太后的臂膀。

隨著孝明帝的逐漸長大，不再甘當母親執政的傀儡，他也開始有意識的與朝臣接觸，籠絡官員、積聚自身實力。高陽王元雍在胡太后臨朝後被貶，「肅宗覽政，除使持節、司州牧，侍中、太師、錄尚書如故。」〔註70〕熙平二年（517年）八月，「詔侍中、太師、高陽王雍入居門下，參決尚書奏事。」〔註71〕此

〔註61〕《魏書》卷九《孝明帝紀》，中華書局，1974年，第221頁。
〔註62〕《魏書》卷二一《獻文六王列傳上・高陽王雍傳》，中華書局，1974年，第554頁。
〔註63〕《魏書》卷九《孝明帝紀》，中華書局，1974年，第222頁。
〔註64〕《魏書》卷九《孝明帝紀》，中華書局，1974年，第222頁。
〔註65〕《魏書》卷八三《外戚列傳下・胡國珍傳》，中華書局，1974年，第1833頁。
〔註66〕《魏書》卷一六《道武七王列傳・京兆王黎傳附元叉傳》，中華書局，1974年，第404頁。
〔註67〕《魏書》卷一三《皇后列傳・宣武靈皇后胡氏傳》，中華書局，1974年，第339頁。
〔註68〕《魏書》卷二二《孝文五王列傳・清河王懌傳》，中華書局，1974年，第592頁。
〔註69〕趙超：《漢魏南北朝墓誌彙編》，《李璧墓誌》，天津古籍出版社，2008年，第153頁。
〔註70〕《魏書》卷二一《獻文六王列傳上・高陽王雍傳》，中華書局，1974年，第556頁。
〔註71〕《魏書》卷九《孝明帝紀》，中華書局，1974年，第226頁。

後，元雍又被任為丞相，「總攝內外，與元叉同決庶政。」〔註72〕但元雍卻並沒有按照孝明帝的設想，成為他在核心官僚體系中的助力。恢復官職後的元雍「不能守正匡弼，唯唯而已。」〔註73〕此時北魏朝權基本集中於元叉和元懌二人手中。權力欲望極強的元懌與元叉二人，由於爭奪朝政控制權而發生了矛盾，加之孝明帝又不甘心為胡太后所控制，於是發生了元叉、劉騰相互配合，幽禁胡太后的宮廷政變。最終，胡太后在元雍等人的幫助下，解決了元叉和劉騰的政變，於孝昌元年（525年）再度臨朝聽政。

　　為了防止孝明帝一方勢力壯大，胡太后乃「內為朋黨，防蔽耳目。」〔註74〕防止孝明帝與外朝官員聯繫，完全將其處於傀儡境地。《魏書》卷一三《皇后列傳·宣武靈皇后胡氏傳》載：

> 有蜜多道人，能胡語，肅宗置於左右。太后慮其傳致消息，三月三日於城南大巷中殺之。方懸賞募賊，又於禁中殺領左右、鴻臚少卿谷會、紹達，並帝所親也。母子之間，嫌隙屢起。

為了徹底將孝明帝控制在自己身邊，充當自身臨朝的傀儡，胡太后對孝明帝身邊的官員大肆殺戮，這也直接導致了孝明帝與胡太后關係的徹底破裂。

　　孝明帝與胡太后雖然是親生的母子，但是由於他自出生起就在宣武帝的嚴加看護下由保母和乳母在別宮撫養長大，他並沒有與胡太后一同生活的經歷，二人也沒有形成深厚的母子感情。在孝明帝繼位後，胡太后又積極的掌控朝權、鞏固控制，無暇顧及母子感情的培養，這也使孝明帝與胡太后母子交流較少，母子間相處的也並不和諧，因而二人共同外出或處理朝政等互動也較少。

　　二人共同外出，只發生於孝明帝剛剛繼位時期，此時孝明帝與胡太后母子關係尚且良好，延昌四年（515）十二月，丁卯，孝明帝與皇太后拜謁宣武帝景陵，藉此宣告二人正式執政。此外，《魏書》卷一六《道武七王列傳·京兆王黎傳》載：

> 及靈太后臨朝，繼子叉先納太后妹，復繼尚書、本封，尋除侍

〔註72〕《魏書》卷二一《獻文六王列傳上·高陽王雍傳》，中華書局，1974年，第556頁。

〔註73〕《魏書》卷二一《獻文六王列傳上·高陽王雍傳》，中華書局，1974年，第557頁。

〔註74〕《魏書》卷一三《皇后列傳·宣武靈皇后胡氏傳》，中華書局，1974年，第339頁。

中、領軍將軍，又除特進、驃騎將軍，侍中、領軍如故。繼頻表固
讓，許之。……靈太后以子又姻戚，數與肅宗幸繼宅，置酒高會，
班賜有加。

《魏書》卷一三《皇后列傳・宣武靈皇后胡氏傳》載：

太后與肅宗幸華林園，宴群臣於都亭曲水，令王公已下各賦七
言詩。太后詩曰：「化光造物含氣貞。」帝詩曰：「恭己無為賴慈英。」
王公已下賜帛有差。

雖然史書並未明確記載孝明帝與胡太后一同赴江陽王元繼家以及於後宮設置
宴會的時間，但根據後文顯示可知，這些事件分別發生於元繼和胡國珍逝世
前。根據《魏書・孝明帝紀》所載，元繼和胡國珍二人均逝世於神龜元年
（518年）四月，據此可知此二事件應該發生於神龜元年之前，此時的孝明帝
尚處於孩童時期，也是他接受胡太后教養的階段，孝明帝很多詔令也都體現
出這一特點，如神龜元年八月，孝明帝更下詔曰：

朕沖昧纂曆，未閑政道，皇太后殷憂在疚，始覽萬幾。故獄犴
淹枉，百姓冤弊，言念繁刑，思存降省，京師見囚殊死以下可悉減
一等。〔註75〕

神龜二年（519年）正月，孝明帝又下詔曰：

朕以沖眇，纂承寶位，夙夜惟寅，若涉淵海。賴皇太后慈仁，
被以凤訓。自臨朝踐極，歲將半紀，天平地成，四海寧乂。天道高
遠，巍巍難名，猶以摅挹自居，稱號弗備，非所以崇奉坤元，允協
億兆者也。宜遵舊典，稱詔宇內，以副黎蒸元元之望。〔註76〕

這兩次雖然都是胡太后以孝明帝名義所頒發的詔書，但內容上卻無不以孝明
帝的語氣對胡太后的臨朝臨朝行為予以認可。從表面上看，這些詔令是孝明
帝對胡太后執政能力的肯定，但實際上則是此時的孝明帝母子關係出現裂
痕，胡太后為了避免朝臣的離心，展現自己與孝明帝的和諧關係而刻意所
為。此後，元叉與劉騰發動的政變，則徹底摧毀了他們的表面和諧。

元叉和劉騰分別是胡太后的近親與後宮寵臣，他們的對於孝明帝與胡太
后的關係有著較多的瞭解，因而才會借助孝明帝對胡太后完全掌控朝政、置
自己於傀儡境地的不滿，在孝明帝的默許下發動了宮廷政變。雖然政變被胡

〔註75〕《魏書》卷九《孝明帝紀》，中華書局，1974年，第229頁。
〔註76〕《魏書》卷九《孝明帝紀》，中華書局，1974年，第229頁。

太后一黨最終平息，但卻也造成了孝明帝與胡太后母子互不信任狀況的加劇。此後雙方更急劇擴張自己的勢力，都力圖實現自己的完全控制朝局，母子間的感情也在這種爭奪中愈加淡漠。

二、凌駕於皇權之上的后權

　　胡氏由嬪妃得封皇太后並開始執掌朝政憑藉的是她與孝明帝間的母子關係，而這種關係也使她對孝明帝的控制欲增強，而對他作為獨立帝王的尊重不夠。孝明帝繼位時年紀尚幼，胡太后以其生母的身份臨朝聽政、幫助皇帝穩固朝權，在北魏也屬常態，本也無可厚非。但她卻在執政過程中完全置孝明帝於傀儡境地，不僅較少使其參與國家政治的商討，更多有僭越行為。如胡太后「臨朝聽政，猶稱殿下，下令行事。後改令稱詔，群臣上書曰『陛下』，自稱曰『朕』。」〔註77〕在國家對外戰爭勝利後，「靈太后璽書勞勉。」〔註78〕「朕」是皇帝專用的自稱，「陛下」則是朝臣對皇帝的敬稱，而璽書則是皇帝專用文書。從這細節中可以看出，胡太后只是將孝明帝當做自己的兒子而不是君主，她的一系列做法都已經超越了皇太后的權力，並跨出了掌控皇權的步伐，嚴重威脅到了皇權的尊嚴。

　　在我國古代的社會認知中，「國之大事，唯祀與戎」〔註79〕，祭祀活動也是皇權尊嚴的最直接體現，但胡太后臨朝後，不僅控制了朝政，就連皇帝專享的祭祀活動她也有所觸及。《魏書》卷一三《皇后列傳·宣武靈皇后胡氏傳》載：

> 太后以肅宗沖幼，未堪親祭，欲傍《周禮》夫人與君交獻之義代行祭禮，訪尋故式。門下召禮官、博士議，以為不可。而太后欲以幃幔自鄣，觀三公行事，重問侍中崔光。光便據漢和熹鄧后薦祭故事，太后大悅，遂攝行初祀。

胡太后以孝明帝年幼的名義，想要代替他進行祭祀。此時的北魏經過的孝文帝漢化改革，其禮制已經基本完備，而此前主持祭祀者一般都是皇帝或太子，即便是文明太后執政期間，也沒有僭越皇權，代替孝文帝進行祭祀。而胡太后卻憑藉與孝明帝的母子血緣關係，「詔依漢世陰鄧二后故事，親奉廟祀，與

〔註77〕《魏書》卷一三《皇后列傳·宣武靈皇后胡氏傳》，中華書局，1974 年，第 329 頁。
〔註78〕《魏書》卷六六《李崇列傳》，中華書局，1974 年，第 1469 頁。
〔註79〕《魏書》卷一〇八《禮志二》，中華書局，1974 年，第 2762 頁。

帝交獻。景乃據正，以定儀注，朝廷是之。」〔註80〕她代替孝明帝進行祭祀的行為，儼然已經成為完全意義上的北魏皇帝。

特別是在胡太后對生母皇甫氏和生父胡國珍的追封方面都有嚴重的僭越行為，這也是她企圖以女君身份登頂北魏權力巔峰的直接體現。《魏書》卷八三《外戚列傳‧胡國珍傳》載：

> 追崇國珍妻皇甫氏為京兆郡君，置守冢十戶。……靈太后、肅宗率百僚幸其第，宴會極歡。又追京兆郡君為秦太上君。太上君景明三年薨於洛陽，於此十六年矣。太后以太上君墳塋卑局，更增廣，為起塋域門闕碑表。侍中崔光等奏：「……今秦太上君未有尊謚，陵寢孤立，即奏君名，宜上終稱，兼設掃衛，以慰情典。請上尊謚曰孝穆，權置園邑三十戶，立長丞奉守。」太后從之。
>
> （胡國珍）追崇假黃鉞、使以持節、侍中、相國、都督中外諸軍事、太師、領太尉公、司州牧，號太上秦公，加九錫；葬以殊禮，給九旒鑾輅，虎賁、班劍百人，前後部羽葆鼓吹，輼輬車；謚文宣公；賜物三千段、粟一千五百石。

「太上」乃古代社會中對於卸任皇帝的特有稱謂，如獻文帝傳位於孝文帝後，乃改稱太上皇。胡太后將自己的生母皇甫氏追封為秦太上君、生父胡國珍追封為太上秦公，其「太上」二字更直接宣告了他們與皇位繼承人的父子血緣關係，而這種血緣關係自然是存在於胡國珍夫婦與胡太后之間，這也是胡太后以女皇姿態臨朝的重要體現。

在元叉和劉騰政變被平定後，孝明帝與胡太后的母子關係也變得更加緊張。一方面，已經成年的孝明帝期待獨立掌權，維護皇權的獨立和尊嚴；另一方面，胡太后則仍以帝母的身份繼續掌權，並一直將后權凌駕於皇權之上，甚至表現出了部分男性君主的特徵。《魏書》卷六七《崔光列傳》載：

> 靈太后臨朝，每於後園親執弓矢，光乃表上中古婦人文章，因以致諫曰：「孔子云：『士志於道，據於德，依於仁，游於藝。』藝謂禮、樂、書、數、射、御。明前四業，丈夫婦人所同修者。若射、御，唯主男子事，不及女。古之賢妃烈媛，母儀國家，垂訓四海，宣教九宗，可秉道懷，率遵仁禮。

〔註80〕《魏書》卷八二《常景列傳》，中華書局，1974 年，第 1803 頁。

《魏書》卷一八《太武五王列傳‧臨淮王譚傳》載：

> 靈太后臨朝，宦者干政，孚乃總括古今名妃賢后，凡為四卷，秦之。

崔光和元孚作為胡太后的屬僚和北魏宗親，分別上書表述古今賢后的品行，展現他們對后權過於擴張的擔憂，並通過這種方式希望胡太后能夠效法前代名妃賢后般輔政而不是自己臨朝，甚至是稱帝。

胡太后臨朝後的行為不僅遭到的北魏宗親的非議，連自己的親信崔光也提出了異議，這也使胡太后更加警惕。為了防止孝明帝拉攏宗室以及朝臣，胡太后「內為朋黨，防蔽耳目。」〔註81〕有意識的減少孝明帝參與外部活動，而她本人的寵臣「鄭儼手運天機，口吐王制。李軌、徐紇刺促以求先，元略、元徽喔咿以競入。」〔註82〕胡太后在大肆提拔自己寵臣的同時，對於孝明帝的寵臣則大加殺戮，「有蜜多道人，能胡語，肅宗置於左右。太后慮其傳致消息，三月三日於城南大巷中殺之。方懸賞募賊，又於禁中殺領左右、鴻臚少卿谷會、紹達，並帝所親也。」〔註83〕她的目的在於徹底瓦解孝明帝勢力，將皇權牢牢控制在自己手中。

雖然胡太后在執政期間努力效法馮太后，但卻取得了東施效顰的效果。她仿傚馮太后將自己的侄女送至孝明帝身邊為皇后或嬪妃，但她的侄女不但不得孝明帝寵愛，即便是後期胡太后為了增加孝明帝子嗣而擴充後宮，也還是受到孝明帝的抵制，最終造成孝明帝的子嗣凋零；她又效法馮太后增強皇帝與外戚家族的親情聯繫，頻繁將家族成員帶入皇宮，但卻出現「太后好以家人禮與親族宴戲，虔常致諫，由是后宴譴多不預焉。出為涇州刺史，封安陽縣侯。」〔註84〕馮太后通過將自己家族成員引入宮中與新君一同成長的方式，自然奠定二者間的情感聯繫，而胡太后則通過是家人禮宴飲招待親族。她的這種方式不僅遭到孝明帝和北魏宗親的抵制，就連她自己的侄孫胡虔都提出了反對。

不僅如此，在她執政期間還由於施政不力，更直接導致「素族名家，遂

〔註81〕《魏書》卷一三《皇后列傳‧宣武靈皇后胡氏傳》，中華書局，1974 年，第339 頁。
〔註82〕《魏書》卷七四《尒朱榮列傳》，中華書局，1974 年，第 1657 頁。
〔註83〕《魏書》卷一三《皇后列傳‧宣武靈皇后胡氏傳》，中華書局，1974 年，第339 頁。
〔註84〕《魏書》卷八三《外戚列傳下‧胡國珍傳》，中華書局，1974 年，第 1836 頁。

多亂雜，法官不加糾治，婚宦無貶於世」〔註85〕，「私利畢舉，公道盡亡，遐邇怨憤，天下鼎沸。」〔註86〕最終造成了北魏末年的權臣當道，「文武解體，所在亂逆，土崩魚爛」〔註87〕，以尒朱榮為代表的鮮卑勢力進入朝堂，北魏也在此後陷入分裂。

三、外臣的介入與主政

胡太后在平定了元叉和劉騰的政變後，重新奪回了對朝政的控制權。此後她對孝明帝勢力多方壓制，更減少了他的對外活動，只有孝昌二年（526）二月，孝明帝和胡太后一同臨大夏門，親覽冤訟，此後史書中再沒有孝明帝母子二人共同行動的任何記載，雙方間勢同水火的關係已經昭然若揭。《魏書》卷五八《楊播列傳附楊椿傳》載：

> 以蕭寶夤代椿為刺史、行臺。椿還鄉里，遇子昱將還京師，因
> 謂曰：「寶夤不藉刺史為榮，吾觀其得州，喜悅不少，至於賞罰云為，
> 不依常憲，恐有異心，關中可惜。汝今赴京，稱吾此意，以啟二聖，
> 並白宰輔，更遣長史、司馬、防城都督。欲安關中，正須三人耳。
> 如其不遣，必成深憂。」昱還，面啟肅宗及靈太后，並不信納。

蕭寶夤被任命為雍州的時間不詳，但據《魏書·孝明帝紀》所載，孝昌三年（527年）正月，「蕭寶夤、元恒芝大敗於涇州」〔註88〕，而蕭寶夤接替楊椿擔任刺史就發生於此後不久。同年十月「雍州刺史蕭寶夤據州反，自號曰齊，年稱隆緒。」〔註89〕那麼，楊椿子楊昱面呈胡太后與孝明帝，也就應該發生於孝昌三年（527年）二月至九月之間。此時的孝明帝與胡太后雖然仍然保持著「二聖」之稱，但他們之間的關係卻已經極為緊張，二人各有自己的打算，進而造成對蕭寶夤防備的鬆懈，最終導致其反叛的發生。

此外，孝明帝與胡太后的權力爭奪也使他們無暇顧及邊疆，北魏歷史上最嚴重的邊疆問題也在這一時期出現，但此時的朝中將領和兵力嚴重不足，只能以邊疆部落軍參與平叛。《魏書》卷九《孝明帝紀》載：

〔註85〕《魏書》卷五六《鄭義列傳》，中華書局，1974 年，第 1243 頁。

〔註86〕《魏書》卷七四《尒朱榮列傳》，中華書局，1974 年，第 1657 頁。

〔註87〕《魏書》卷一三《皇后列傳·宣武靈皇后胡氏傳》，中華書局，1974 年，第 340 頁。

〔註88〕《魏書》卷九《孝明帝紀》，中華書局，1974 年，第 245 頁。

〔註89〕《魏書》卷九《孝明帝紀》，中華書局，1974 年，第 246 頁。

正光五年八月，丁酉，南秀容牧子於乞真反，殺太僕卿陸延。別將尒朱榮討平之。

孝昌二年三月，甲寅，西部敕勒斛律洛陽反於桑乾，西與河西牧子通連。別將尒朱榮擊破之。

正光年間的尒朱榮還只是北魏的「別將」，並未真正進入到北魏官僚系統，但是他卻在頻繁的征戰中擴張了自己的勢力，以致「孝昌三年冬，榮使（樊）子鵠詣京師。靈太后見之，問榮兵勢，子鵠應對稱旨，太后嘉之。」〔註90〕見到尒朱榮勢力不斷壯大，國家也只能採取拉攏的方式，先後授予他衛將軍、討虜大都督、車騎將軍、儀同三司等官職，更將他的長女納入皇宮為孝明帝嬪。

元叉政變後，胡太后大肆任用寵臣參與國家事務，「（徐）紇既處腹心，參斷機密，勢傾一時，遠近填湊。與鄭儼、李神軌寵任相亞，時稱徐、鄭焉。」〔註91〕而攀附他們者也比比皆是，如「尒朱榮，（元）略之姑夫，略素所輕忽。略又黨於鄭儼、徐紇，榮兼銜之。」〔註92〕元略與尒朱榮的相互態度中也可以看出尒朱榮與徐紇、鄭儼等人不和。由於此時的朝中已經沒有能夠與徐紇、鄭儼等人抗衡的勢力，於是孝明帝將眼光投向了外部，期待利用外部的軍事力量達到逼迫胡太后歸還政治的目的。此時的尒朱榮在外部執掌兵權，其女尒朱氏又在宮中為嬪妃，便於內外聯絡，尒朱榮遂成為幫助孝明帝實現政治抱負的最佳人選。

在胡太后的嚴密控制下，尒朱榮與孝明帝的聯絡也最終被胡太后知曉。《魏書》卷七五《尒朱彥伯列傳》載：

尒朱榮表請入朝，靈太后惡之，令世隆詣晉陽慰喻榮，榮因欲留之。世隆曰：「朝廷疑兄，故令世隆來。今若遂住，便有內備，非計之善者。」榮乃遣之。

為了切斷孝明帝的對外聯絡，胡太后對孝明帝和他周邊的嚴加限制，尤其是掌握兵權的尒朱榮入洛面君的請求，更直接激怒了胡太后。

尒朱榮本意欲按照孝明帝之請，以清理佞臣鄭儼等人為名起兵，達到迫

〔註90〕《魏書》卷八〇《樊子鵠傳》，中華書局，1974年，第1777頁。
〔註91〕《魏書》卷九三《恩倖列傳·徐紇傳》，中華書局，1974年，第2008頁。
〔註92〕《魏書》卷一九《景穆十二王列傳下·南安王楨傳附元略傳》，中華書局，1974年，第507頁。

使胡太后歸政於孝明帝。孝明帝則廢皇后胡氏，改立尒朱氏為皇后，以尒朱氏家族為外戚家族，取代胡氏家族的地位，尒朱榮本人也可以成為朝廷的宰輔。為了防止孝明帝利用掌握兵權的朝臣，將自己趕下臨朝之位，胡太后也採取了極端的方式進行處理。《魏書》卷一〇五《天象志四》載：

> 太后淫昏，天下大壞，上春秋方壯，誅諸佞臣。由是鄭儼等竦懼，遂說太后鴆帝。既而尒朱氏興於并州，終啟齊室之運，卜洛之業遂丘墟矣。

《魏書》卷一三《皇后列傳·宣武靈皇后胡氏傳》又載：

> 母子之間，嫌隙屢起。鄭儼慮禍，乃與太后計，因潘充華生女，太后詐以為男，便大赦，改年。

> 肅宗之崩，事出倉卒，時論咸言鄭儼、徐紇之計。於是朝野憤歎，太后乃奉潘嬪女言太子即位。經數日，見人心已安，始言潘嬪本實生女，今宜更擇嗣君。遂立臨洮王子釗為主，年始三歲，天下愕然。

孝明帝的突然逝世、新君的迅速繼位，打亂了孝明帝和尒朱榮的計劃。「榮聞之大怒，謂鄭儼、徐紇為之，與元天穆等密議稱兵入匡朝廷，討定之。」〔註93〕於是在同年二月，「尒朱榮抗表請入奔赴，勒兵而南。」〔註94〕此時的尒朱榮已經為胡太后所不容，於是他也只能也不顧胡太后的阻滯，而帶兵入洛。

　　由於此時北魏的外部叛亂不斷，加之胡太后毒殺孝明帝，而以皇女詐稱皇子等一系列的事件，引起舉國的震驚和憤慨。尒朱榮長期統兵作戰，不僅兵力充足而且有著較多的戰爭經驗，其率領所部勢如破竹的進入洛陽。面對這一局面，胡太后已經無力挽回敗局，只得「盡召肅宗六宮皆令入道，太后亦自落髮。榮遣騎拘送太后及幼主於河陰。」〔註95〕胡太后的出家及求饒並沒有改變尒朱榮的態度，尒朱榮不僅殺死了胡太后和幼主，更誅殺了北魏宗親和藩王，嚴重動搖了北魏的統治根基。《魏書》卷一〇《孝莊帝紀》載：

> 榮以兵權在己，遂有異志，乃害靈太后及幼主，次害無上王

〔註93〕《魏書》卷七四《尒朱榮列傳》，中華書局，1974年，第1646頁。
〔註94〕《魏書》卷九《孝明帝紀》，中華書局，1974年，第248頁。
〔註95〕《魏書》卷一三《皇后列傳·宣武靈皇后胡氏傳》，中華書局，1974年，第340頁。

劭、始平王子正，又害丞相高陽王雍、司空公元欽、儀同三司元恒
芝、儀同三司東平王略、廣平王悌、常山王邵、北平王超、任城王
彝、趙郡王敏、中山王叔仁、齊郡王溫，公卿已下二千餘人。

武泰元年（528 年）四月，尒朱榮稱兵渡河，控制了北魏朝權，並殺害了胡太
后、幼主以及宗室、朝臣二千餘人。他冊立彭城王元勰子元子攸為新君，自
己則集軍、政大權於一身，其女亦被新君冊封為皇后。由是，尒朱榮最終實
現了將自己處於朝政核心、將家族轉變為外戚家族的目的，北魏也隨之走向
衰亡。

　　北魏在鮮卑女性較高地位的影響下，有著皇太后參與朝政的傳統，最初
的皇太后只是處於輔政地位，在皇帝的施政中給予自己的建議，在皇帝外出
時也可參與軍政事宜。自獻文帝以幼主繼位以來，馮太后以皇太后和太皇太
后身份兩度臨朝，開啟了皇太后與皇帝共同執政的局面，也在北魏出現了皇
太后與皇帝並稱「二聖」的局面。此後，胡太后也仿傚馮太后，再度開啟皇太
后臨朝局面。但馮太后和胡太后這兩位臨朝的皇太后，卻對北魏歷史的發展
產生了截然不同的影響。由於馮太后本人執政能力較強且用人得當，開創了
北魏的新局面，而胡太后雖然處處仿傚馮太后的執政方式，但由於她本人執
政能力不足，且用人不當，最終只能東施效顰，更將北魏推向了衰敗覆滅的
道路。

第八章　北魏女主政治的特徵

　　北魏自建國以來，就多有皇太后參政現象，特別是文成文明皇后馮氏和宣武靈皇后胡氏二人，先後以皇太后身份臨朝聽政，且與皇帝並稱「二聖」，將北魏女主政治提升到了新的高度，也為唐朝女皇制的出現打下了基礎。通過對這些參與政治的女性進行分析可以發現，北魏女主政治臨朝時期，一般會在社會中出現了與之明顯的女主政治特徵。

第一節　外戚勢力的興起

　　北魏外戚勢力隨著女主政治的博興以及皇太后與皇帝共同主政的出現而出現。皇太后在臨朝後，為了維持自己家族在國家中的卓越地位，一般都會採取一些提升家族成員官職、爵位的措施，造成外戚家族的地位與宗室地位等同，甚至有時還會高於宗室貴冑。由於外戚家族地位是建立在他們與皇帝的血緣和親情基礎之上，因而也表現出極大的不穩定性。

一、官職的提升

　　北魏皇太后地位的初次展現發生在道武帝時期。道武帝在其母賀氏及其家族的支持下建立了北魏。但他為了防止部落制時代「母強子立」傳承模式引發戰爭和母族勢力對朝政的干涉，先以「離散諸部，分土定居，不聽遷徙，其君長大人皆同編戶。」[註1]的方式解散了以賀蘭部為首的部落首領對部民的管轄權，賀蘭部的部帥賀訥雖「以元舅，甚見尊重，然無統領。以壽終於

〔註1〕《魏書》卷八三《外戚列傳上‧賀訥傳》，中華書局，1974 年，第 1812 頁。

家。」〔註2〕而後,他又制定「子貴母死」制度,徹底解除了母權對君權的影響。自此,北魏新君在被冊立為皇太子時母親就會被殺,他們繼位後一般也都會追封生母為皇后。這一時期的北魏皇帝在執政期間內較少對母家進行封授,外戚家族在此時尚未在北魏形成。

北魏對皇太后家族成員的封授始自太武帝。太武帝在繼位後,不僅追封生母杜氏為皇后,更加封保母竇氏「為保太后,後尊為皇太后,封其弟漏頭為遼東王。」〔註3〕竇氏的弟弟被封為王,開了北魏外戚封授之先河。但由於此時北魏官制不甚完備,加之國家的重心仍然放在對外征戰上,外戚家族勢力尚未成型。

文成帝以皇太孫身份繼位,其母則在他繼位前就被以「子貴母死」制賜死。但由於他與母親共同生活的時間較長,形成了深厚的母子親情。因而他在繼位後追封母親為皇后的同時,還封母舅閭毗為平北將軍,賜爵河東王;閭紇為寧北將軍,賜爵零陵王,「自餘子弟賜爵為王者二人,公五人,侯六人,子三人,同時受拜。所以隆崇舅氏,當世榮之。」〔註4〕與此同時,文成帝還尊保母常氏為皇太后,並也對常太后家人進行了封授。《魏書》卷八《外戚列傳上·常英傳》載:

> 高宗以乳母常氏有保護功,既即位,尊為保太后,後尊為皇太后。興安二年,太后兄英,字世華,自肥如令超為散騎常侍、鎮軍大將軍,賜爵遼西公。弟喜,鎮東大將軍、祠曹尚書、帶方公。三妹皆封縣君,妹夫王睹為平州刺史、遼東公。追贈英祖、父,苻堅扶風太守亥為鎮西將軍、遼西蘭公,勃海太守澄為侍中、征東大將軍、太宰、遼西獻王,英母許氏博陵郡君。

常太后不僅使文成帝冊封自己的兄弟、妹妹、妹夫官爵,甚至連自己的父親、祖父以及嫡母也都得到了封授,此後文成帝還對常太后的堂兄以及侄子也進行了加封,並「詔以太后母宋氏為遼西王太妃」〔註5〕。

文成帝不僅對自己的生母郁久閭氏家族進行了封授,也對當朝皇太后竇氏家族進行了封授。但由於此時他的生母已死,最終造成常太后家族成為朝

〔註2〕 《魏書》卷八三《外戚列傳上·賀訥傳》,中華書局,1974年,第1812頁。

〔註3〕 《魏書》卷一三《皇后列傳·世祖保母竇氏傳》,中華書局,1974年,第326頁。

〔註4〕 《魏書》卷八三《外戚列傳上·閭毗傳》,中華書局,1974年,第1816頁。

〔註5〕 《魏書》卷八三《外戚列傳上·常英傳》,中華書局,1974年,第1817頁。

中的新貴，外戚家族興盛亦始於此。此後的北魏皇帝大都延續文成帝的做法，在追封生母為皇后的時候，也對外祖家庭進行封授，而臨朝皇太后也會對自己家族成員進行封授，並使自己的家族成為外戚家族之首。

北魏真正意義上對外戚家族地位的提升開始於馮太后臨朝之後。馮太后即文成文明皇后馮氏，其父親在她年幼時就以罪被殺，馮氏也與兄馮熙自幼離散。她在被文成帝冊封為皇后之後，便「使人外訪，知熙所在，征赴京師，拜冠軍將軍，賜爵肥如侯。尚恭宗女博陵長公主，拜駙馬都尉。出為定州刺史，進爵昌黎王。」〔註6〕文成帝逝世後，馮氏以皇太后身份與獻文帝共同臨朝，「以熙為侍中、太師、中書監、領秘書事。」〔註7〕不僅馮熙本人位居高位，他的兒子馮誕、馮修、馮聿和馮風等人皆位居高官，且都被封為王、公或伯等不同爵位，其家族興盛可見一斑。

宣武帝生母高氏死於孝文帝遷都途中，宣武帝繼位後不僅追封生母高氏為皇后，他還「追思舅氏，徵肇兄弟等。」〔註8〕為了提升母族高氏家族的地位，他追贈祖父高揚左光祿大夫，賜爵勃海公；祖母蓋氏為清河郡君。「又詔揚嫡孫猛襲勃海公爵，封肇平原郡公，肇弟顯澄城郡公。三人同日受封。」〔註9〕雖然宣武帝肇興盛母家的目的在於以外戚家族勢力壓制輔政諸王，但卻客觀上造成了高氏家族成員以外戚身份躍居高位。

按照慣例，新君母家獲得的任用一般不會維繫很久，便會被他們的妻族所取代。宣武帝繼位後，冊立出自鮮卑世族的于氏為皇后，卻也將高肇弟弟高偃女兒納為貴嬪夫人。就在于氏被冊封為皇后不久，未及于氏取代高氏成為外戚家族新貴，高肇便聯合侄女毒殺了于氏，「（于）勁雖以后父，但以順后早崩，竟不居公輔。」〔註10〕高氏也在于氏死後被冊封為皇后，其家族也由此一直穩居外戚之位。宣武帝追贈高皇后的父親高琨為安東將軍、都督、青州刺史，母王氏為武邑郡君。此後，高皇后的叔父高肇於前朝得到宣武帝的信賴，官居顯位；高皇后在後宮得寵，掌控後宮，其家族勢力一時無二。

宣武帝逝世後，高肇被殺、高皇后也被迫出家，高氏家族隨即衰落。孝明帝生母胡太后臨朝，胡氏家族也取代了高氏家族，成為北魏外戚家族中的

〔註6〕《魏書》卷八三《外戚列傳上・馮熙傳》，中華書局，1974年，第1819頁。

〔註7〕《魏書》卷八三《外戚列傳上・馮熙傳》，中華書局，1974年，第1819頁。

〔註8〕《魏書》卷八三《外戚列傳下・高肇傳》，中華書局，1974年，第1829頁。

〔註9〕《魏書》卷八三《外戚列傳下・高肇傳》，中華書局，1974年，第1829頁。

〔註10〕《魏書》卷八三《外戚列傳下・于勁傳》，中華書局，1974年，第1832頁。

新貴。胡太后父胡國珍本為河州刺史、武始伯，孝明帝繼位後被封為光祿大夫，徵召回朝任職，胡太后更將胡氏外戚地位推至新高。《魏書》卷八三《外戚列傳下·胡國珍傳》載：

> 靈太后臨朝，加侍中，封安定郡公，給甲第，賜帛布綿谷奴婢車馬牛甚厚。追崇國珍妻皇甫氏為京兆郡君，置守家十戶。……尋進位中書監、儀同三司，侍中如故，賞賜累萬，又賜絹歲八百匹，妻梁四百匹，男女姊妹兄弟各有差，皆極豐贍。國珍與太師、高陽王雍，太傅、清河王懌，太保、廣平王懷，入居門下，同釐庶政。

在胡太后臨朝後，胡國珍的官職不斷提升，並進入到朝廷核心，與高陽王元雍、清河王元懌以及廣平王元懷共同輔政。不僅如此，對於家族中的女性，胡太后也給予封授。她追封自己的生母皇甫氏為京兆郡君，後又加封為秦太上君；冊封生父胡國珍的繼室梁氏為趙平郡君；自己的妹妹為馮翊郡君；「又詔贈國珍祖父兄、父兄，下逮從子，皆有封職。」〔註11〕胡國珍子胡詳以及養子胡僧洗也都於朝中任職，並都獲得封爵。此外，胡太后的妹夫元叉、堂姐夫司馬元興和舅舅皇甫集、皇甫度等人也都在此時均得到了任用。

北魏外戚是隨著皇太后或皇后掌控後宮和皇帝抑制宗室需要而興起的。外戚家族興起之時，其家族成員無論品行優劣和官職高低都會迅速平步青雲，這也在史書中有著較多的記載。《魏書》卷八三《外戚列傳下·高肇傳》載：

> 高肇，字首文，文昭皇太后之兄也。……景明初，世宗追思舅氏，徵肇兄弟等。

> 世宗未與舅氏相接，將拜爵，乃賜衣幘，引見肇、顯於華林都亭。皆甚惶懼，舉動失儀。數日之間，富貴赫弈。是年，咸陽王禧誅，財物、珍寶、奴婢、田宅多入高氏。

《北史》卷八〇《外戚列傳·胡國珍傳》載：

> （皇甫）度，字文亮，封安縣公，累遷尚書左僕射，領左衛將軍。度頑蔽，每與人言，自稱僕射，時人方之毛嘉。

宣武帝的舅舅高肇、胡太后的舅舅皇甫度等人無論是學識還是人品都不夠，

〔註11〕《魏書》卷八三《外戚列傳下·胡國珍傳》，中華書局，1974年，第1835頁。

他們只是由於外戚家族成員的身份，以及與皇帝或臨朝皇太后的血緣或親情關係而得到的官職和爵位，甚至還獲得了皇帝的寵信和任用。但由於他們大都沒有執政經驗，加之外戚家族也有著極大的排他性，基本保持著每朝一個新的外戚家族的基本狀態，即便有兩個外戚家族在同一時期出現，也會在家族勢力的對決中以失敗者的離場而告終。如獻文帝繼位後，馮太后著力提升自己的母家馮氏家族，而獻文帝則著力提升妻族李氏家族，一時間在北魏朝堂形成了兩個外戚家族，並演化為以馮熙為首的后黨和以李惠為首的帝黨勢力，最終導致「（李）惠素為文明太后所忌，誣惠將南叛，誅之。惠二弟，初、樂，與惠諸子同戮。後妻梁氏亦死青州。盡沒其家財。惠本無釁，故天下冤惜焉。」〔註12〕在孝文帝繼位後，雖然李氏家族是其母家，但是由於朝堂一直處於馮太后的掌控之下，孝文帝根本無法實現對母家的冊封，進而出現「高祖奉馮氏過厚，於李氏過薄，舅家了無敘用。」〔註13〕

外戚家族成員大都由於血緣或親情無功而獲封，由於他們的官職、爵位得來的容易，也造成他們一般都會「恃外戚之親，多為非法。」〔註14〕更有甚者，在朝廷糾結朋黨，如高肇「既無親族，頗結朋黨，附之者旬月超昇，背之者陷以大罪。又說世宗防衛諸王，殆同囚禁。」〔註15〕

由於外戚家族的地位源自其家族女性的皇后或皇帝生母的身份，為了維持和鞏固自身的地位，他們都會幫助自己家族的女性在後宮爭寵，如渤海高氏家族的代表高肇為了提升家族地位，幫助其侄女登位皇后，二人內外聯合毒害了宣武順皇后于氏，對於順皇后于氏與宣武帝之子，「皇子昌薨，僉謂王顯失於醫療，承肇意旨。」〔註16〕

北魏外戚家族的興起是為了抑制宗室勢力而出現，其主要通過提升家族成員的官職、爵位等手段迅速提升家族成員的地位，但在家族勢力擴張過程中，為了維繫家族勢力的穩固，需要通過聯姻的方式實現與北魏宗親間的一榮俱榮一損俱損，如長樂馮氏家族、安定胡氏家族等都多有家族成員與北魏宗室聯姻，進而在血緣方面密切了雙方的關係，避免在自身家族在皇位更迭中遭到徹底清算而全家覆滅。

〔註12〕《魏書》卷八三《外戚列傳上·李惠傳》，中華書局，1974年，第1825頁。
〔註13〕《魏書》卷八三《外戚列傳上·李惠傳》，中華書局，1974年，第1825頁。
〔註14〕《魏書》卷四四《費于列傳》，中華書局，1974年，第1003頁。
〔註15〕《魏書》卷八三《外戚列傳下·高肇傳》，中華書局，1974年，第1829頁。
〔註16〕《魏書》卷八三《外戚列傳下·高肇傳》，中華書局，1974年，第1829頁。

二、對外聯姻的推進

外戚家族由於與皇帝或皇太后的血緣關係而獲得特權，其家族興盛更與皇帝或太后抑制宗室政策密切相關，如宣武帝時期就通過提升外戚高氏家族的地位，借助高肇及其黨羽的力量，驅逐輔政宗王勢力，實現皇權的徹底獨立。但更多的時候，外戚家族為了自身的利益和家族穩定，大都會與北魏皇室聯姻，進而實現自身家族與皇室宗親血緣上的融合，避免其家族在皇帝逝世後的迅速衰敗。

外戚家族與皇室的聯姻始自昭成帝生母、平文皇后王氏。昭成帝繼位後，廣寧王氏家族也隨之成為實際意義上的外戚，家族成員也有多人與北魏宗室聯姻，如其侄子王支「尚昭成女，甚見親待。」〔註17〕侄孫王建「少尚公主。登國初，為外朝大人」〔註18〕。由於此時鮮卑族政權仍處於興起階段，外戚家族並未獲得過多的特權，雙方的聯姻也不頻繁。

北魏建國後，由於「子貴母死」制度的實行，加之建國初期皇后地位不顯，外戚家族也並未真正興起，雖然後續出現了太武帝保母竇氏和文成帝乳母常氏分別以撫養之恩而被封為皇太后，但她們都由於家人犯罪而被沒入皇宮，雖然後來登上高位，但最初的家人罪行也造成了其家族中人員較少，且都處於社會底層，雖然她們憑藉個人的力量抵達高位，但卻未能實現家族的迅速復興。北魏實際意義上的外戚家族只有馮太后的母家長樂馮氏家族、獻文帝的母家中山李氏家族、宣武皇后高氏的母家渤海高氏家族以及胡太后的母家安定胡氏家族等四個家族。

長樂馮氏家族本為北燕皇室，後由於其政權覆滅而進入北魏。而後，隨著馮朗的獲罪，該家族成員也都不同程度的受到牽連，馮朗女也以罪臣家屬身份被沒入皇宮充當宮女。只是由於其姑母為太武帝左昭儀，在她和太武帝惠太后常氏的幫助下，馮氏最終登上后位，並於獻文帝和孝文帝時期兩度臨朝，她也成為北魏主政時間最長的皇太后。在她執政期間，不僅提升了兄長馮熙的官爵，還實現了家族成員與北魏皇室成員的廣泛聯姻，使長樂馮氏家族成為北魏國內地位最高的一個異姓家族。其家族成員中的男性多娶公主，而女性成員則多嫁於宗王。其中馮熙「尚恭宗女博陵長公主，拜駙馬都尉。」〔註19〕

〔註17〕《魏書》卷三〇《王建列傳》，中華書局，1974年，第709頁。
〔註18〕《魏書》卷三〇《王建列傳》，中華書局，1974年，第709頁。
〔註19〕《魏書》卷八三《外戚列傳上・馮熙傳》，中華書局，1974年，第1819頁。

馮熙子馮誕「與高祖同歲，幼侍書學，仍蒙親待。尚帝妹樂安長公主，拜駙馬都尉、侍中、征西大將軍、南平王。」〔註20〕馮誕子馮穆「尚高祖女順陽長公主，拜附馬都尉，歷員外、通直散騎常侍。」〔註21〕馮熙另一子馮風也曾求婚於孝文帝，欲娶孝文帝妹彭城長公主〔註22〕，但卻由於遭到公主的反對而未能實現。

　　從輩分上看，馮熙乃孝文帝祖父輩，其妻子博陵長公主乃景穆帝女，為孝文帝祖姑；馮誕雖然與孝文帝處於不同輩分，但二人卻同歲，其妻乃獻文帝女、孝文帝妹樂安長公主；馮穆是孝文帝的晚輩，其妻乃孝文帝女順陽長公主。馮熙、馮誕、馮穆祖孫三人不僅都娶公主為妻，且都是皇帝的親生女兒，而非宗室家庭獲封的公主，這也是馮氏家族地位尊崇的直接體現。

　　在男性家庭成員普遍迎娶公主的同時，長樂馮氏家族的女性成員也都與皇室聯姻。《魏故樂安王妃馮氏墓誌銘》載：

> 長姊南平王妃。第二第三姊並為孝文皇帝后。第四第五姊並為孝文皇帝昭儀。第六姊安豐王妃。第七姊任城王妃。妃諱季華，長樂郡信都人也。太宰之孫。太師之第八女。〔註23〕

長樂馮氏家族參與聯姻的女性均為馮熙的女兒。根據史書記載，馮熙有兩位妻子，八個女兒。他的嫡妻為景穆帝女博陵長公主，妾室為常氏「本微賤，得幸於熙，熙元妃公主薨後，遂主家事。」〔註24〕馮熙的女兒中有三人被送入孝文帝後宮，她們分別是孝文廢皇后、幽皇后與左昭儀，其餘的女兒也都與北魏宗王聯姻，實現了北魏皇室與長樂馮氏家族血脈融合。

　　此外，馮氏家族還與鮮卑貴族進行過聯姻。《魏書》卷八三《外戚列傳下·馮熙傳附馮修轉》載：

> 誕與修雖並長宮禁，而性趣乖別。誕性淳篤，修乃浮競。誕亦

〔註20〕《魏書》卷八三《外戚列傳上·馮熙傳》，中華書局，1974 年，第 1821 頁。

〔註21〕《魏書》卷八三《外戚列傳上·馮熙傳》，中華書局，1974 年，第 1823 頁。

〔註22〕彭城長公主，出嫁於南朝宋宗室後裔劉承緒，承緒死後，改封為陳留長公主。孝文帝時馮夙欲娶之，公主不從；宣武帝時高肇亦欲娶之，公主亦不從；最終宣武帝「詔（王）肅尚陳留長公主，本劉昶子婦彭城公主也」，她最終嫁於北歸的世族王肅，其應為美貌之人。

〔註23〕趙超：《漢魏南北朝墓誌彙編》，《魏故樂安王妃馮氏墓誌銘》，天津古籍出版社，2008 年，第 156 頁。

〔註24〕《魏書》卷一三《皇后列傳·孝文幽皇后馮氏傳》，中華書局，1974 年，第 332 頁。

> 未能誨督其過，然時言於太后。高祖嚴責之，至於楚棰。由是陰懷
> 毒恨，遂結左右有憾於誕者，求藥，欲因食害誕。事覺，高祖自詰
> 之，具得情狀。誕引過謝，乞全修命。高祖以誕父老，又重其意，
> 不致於法，撻之百餘，黜為平城百姓。修妻，司空穆亮女也，求離
> 婚，請免官。高祖引管蔡事，皆不許。

穆氏家族乃鮮卑貴族中地位最高的一個家族，並於孝文帝漢化改革中被列為
鮮卑八大世族之首，該家族男性也多與公主聯姻。馮氏家族成員與該家族聯
姻，不僅是馮氏家族與北魏皇室聯姻的延續，更由此與鮮卑貴族結成了聯盟
關係，贏得了他們的支持。

宣武帝繼位後，為了抵制輔政諸王對朝政的控制，大肆任用母族，由是
渤海高氏家族取代了長樂馮氏家族，成為北魏新的外戚家族。該家族成員也
在普遍入仕為官的同時，進入了皇室婚姻圈。其家族代表高肇首先與皇室聯
姻，其聯姻對象自然為北魏公主。《魏書》卷六四《張彝列傳》載：

> 陳留公主寡居，彝意願尚主，主亦許之。僕射高肇亦望尚主，
> 主意不可。肇怒，譖彝於世宗，稱彝擅立刑法，勞役百姓。詔遣直
> 後萬二興馳驛檢察。二興，肇所親愛，必欲彝深罪。

陳留公主即孝文帝妹彭城長公主，她初嫁於南朝宋宗室後裔劉承緒為妻。在
劉承緒死後，其被改封陳留長公主。其時，孝文幽皇后馮氏同母弟、北平公
馮夙希望娶其為妻，但卻遭到了她的反對，幽皇后乃強迫二人成婚，最終導
致她投奔在外征戰的孝文帝，並舉報了幽皇后與高菩薩的淫亂之舉，直接造
成了長樂馮氏家族的衰敗，他們的婚事也由此作罷。

宣武帝繼位後，其舅父高肇也想要娶陳留長公主，但公主卻更屬意張
彝，高肇的聯姻計劃也最終沒能成功。於是他乃「尚世宗姑高平公主，遷尚
書令。」〔註25〕高肇的侄子高猛亦以外戚家族成員的身份，「尚長樂公主，即
世宗同母妹也。拜駙馬都尉，歷位中書令。出為雍州刺史，有能名。」〔註26〕
渤海高氏家族的女性成員中，除了高肇弟高偃女先為宣武帝貴嬪夫人，後被
冊立為皇后外，再無女性與皇室聯姻，其家族也最終在宣武帝逝世後，隨著
高肇的被殺而迅速衰敗。

孝明帝繼位後，胡太后母家安定胡氏家族取代了渤海高氏家族，成為北

〔註25〕《魏書》卷八三《外戚列傳下·高肇傳》，中華書局，1974 年，第 1829 頁。
〔註26〕《魏書》卷八三《外戚列傳下·高肇傳》，中華書局，1974 年，第 1831 頁。

魏的新興世族家族，其家族成員也迅速展開了與皇室的聯姻。胡太后臨朝時，其父胡國珍已經年老，且他在胡太后生母皇甫氏逝世後，已經迎娶了繼室梁氏，因而胡氏家族與皇室聯姻者以胡太后的弟妹以及姪女等人為主。其中馮太后的妹妹馮翊郡君，嫁於京兆王元繼子元叉，其弟胡詳「妻長安縣公主，即清河王懌女也。」〔註27〕其堂姐嫁於漢人世族河內司馬氏家族成員司馬仲明。胡太后還先後將兩個姪女納入皇宮，分別為孝明帝皇后和左昭儀，另有兩姪女分別嫁給趙郡王元幹子元謐〔註28〕以及清河王元懌子元亶〔註29〕。

　　北魏外戚家族與宗室的聯姻一般採取同輩聯姻，且聯姻方式為外戚家族男性迎娶皇室公主，而外戚女性嫁入皇宮或宗王之家，但在家族成員適宜聯誼人數較少的情況下，皇太后的堂兄弟姊妹及其子女亦可加入聯姻，但他們的聯姻對象也由帝女降為宗王之子女。這也可視為北魏時期外戚家族中實行的特殊的等級婚姻。

　　與皇帝以及皇室宗親聯姻實現了外戚家族與北魏皇室的血緣融合，但為了能維繫家族的長盛不衰，外戚家族與當朝君主以及繼任君主間的情感聯繫也極為重要，這對於保證該家族在臨朝太后逝世後，仍能保持現有地位和特權也有著重要的作用。

三、家人情誼的培養

　　外戚家族與皇帝及其繼承者親情關係的培養，大都會發生於太后臨朝時期。其間，皇太后為了實現自己的家族在自己離開後仍能保持長盛不衰，一方面選納自己家族女性成員送入皇帝身邊，成為皇后或嬪妃，以期通過家族女性獲寵而維繫家族勢力；另一方面，她們也極為重視家族中男性成員與皇太子或新君感情的培養，使家族成員能夠由皇太子或新君的幕僚。

（一）馮太后對於新君家人情誼的培養

　　馮太后對於家庭成員與孝文帝間情誼的培養極為重視，甚至在孝文帝被冊封為太子時期就已經著手安排。《魏書》卷八三《外戚列傳・馮熙傳》載：

　　　　誕，字思政；修，字寶業，皆姿質妍麗。年才十餘歲，文明太

〔註27〕《魏書》卷八三《外戚列傳下・胡國珍傳》，中華書局，1974 年，第 1834 頁。

〔註28〕《魏書》卷二一《獻文六王列傳・趙郡王幹傳附元謐傳》載：「謐妃胡氏，靈太后從女也。未發，坐毆其妃免官。」

〔註29〕《北史》卷八〇《外戚列傳・胡國珍傳附胡僧洗傳》載：胡真「女為清河王亶妃，生孝靜皇帝。」

后俱引入禁中，申以教誡，然不能習讀經史，故兄弟並無學術，徒
整飾容儀，寬雅恭謹而已。誕與高祖同歲，幼侍書學，仍蒙親待。

　　聿同產弟風，幼養於宮，文明太后特加愛念。數歲，賜爵至北
平王，拜太子中庶子，出入禁閨，寵侔二兄。

馮太后在以皇太后的身份第一次臨朝中，與執政的獻文帝關係緊張，這也使
她意識到與皇帝之間親情關係的重要性。在孝文帝出生後，馮太后不僅親自
撫養他，更在孝文帝繼位後，將兄馮熙之子馮誕、馮修以及馮風帶入宮中撫
養，使他們與孝文帝一同學習和生活，目的在於使他們長期接觸、共同成
長，產生兄弟般的情誼。馮太后的用意在於她逝世後，這些家族男性成員可
以憑藉與孝文帝共同成長的情誼而獲得重用，即便是犯罪後也能得到皇帝的
寬宥。

　　此外，為了加深家族成員與皇太子的感情，使其家族成員可以在孝文帝
逝世後，也能維繫家族地位，馮太后還以馮誕為太傅，負責教育孝文帝的皇
太子元恂，期待著馮誕可以在元恂繼位後，仍能以師生感情維繫家族權勢。
馮太后的安排也取得了積極的效果，其家族成員與孝文帝間形成了較密切的
關係。《魏書》卷八三《外戚列傳‧馮熙傳》載：

　　高祖寵誕，每與誕同輿而載，同案而食，同席坐臥。彭城王勰、
　　北海王詳，雖直禁中，然親近不及。十六年，以誕為司徒。高祖既
　　深愛誕，除官日，親為制三讓表並啟，將拜，又為其章謝。

　　（馮風）出入禁閨，寵侔二兄。

孝文帝與馮熙諸子共同成長的經歷使他們結成了深厚的友情，特別是對於馮
誕，孝文帝與他的感情甚至超越了自己的親兄弟。至此，馮太后的計劃得到
了部分實現。

　　但在她逝世後，其兩個侄女先後失寵，其中一人被廢，一人被幽，而該
家族中得寵於孝文的二人，馮誕又被孝文帝以「無師傅獎導風」〔註30〕撤除
了太傅之職，切斷了他與儲君元恂的聯繫；馮風也在「高祖親政後，恩寵稍
衰，降爵為侯。幽后立，乃復敘用。后死，亦冗散。」〔註31〕從這一結果中
分析，孝文帝雖然與他們有著一定的感情，但從孝文帝與馮氏家族成員的情
感互動多發生於馮太后臨朝時期，在馮太后逝世後，孝文帝則對他們給予冷

〔註30〕《魏書》卷八三《外戚列傳上‧馮熙傳》，中華書局，1974年，第1821頁。
〔註31〕《魏書》卷八三《外戚列傳上‧馮熙傳》，中華書局，1974年，第1823頁。

遇等方面分析，孝文帝與他們的感情和互動更多的是出於對馮太后勢力的畏懼而刻意表現出的感情，並非出自他本心的情感。以致在孝文帝晚年，馮氏家族成員已經完全被排除在國家決策層之外。

（二）胡太后對於新君家人情誼的培養

胡太后與孝明帝雖然為親生母子，但是在孝明帝出生後，宣武帝便將其交由保母照顧，使孝明帝與胡太后只保持著血緣上的母子關係，而無真正的母子感情。孝明帝繼位後，胡太后也著力培養孝明帝與自己家族成員的感情，她一方面使胡國珍「與侍中崔光俱授帝經，侍直禁中。」〔註32〕胡國珍為胡太后的父親、孝明帝的外祖，崔光則以保護之功深受胡太后信賴，雖然他們二人的學識並不豐厚，「（胡）國珍少好學，雅尚清儉。」〔註33〕「崔光、邢巒之徒以文史達」〔註34〕，但胡太后依然任命他們負責教授年幼的孝明帝，目的在於培養他們與孝明的師生感情，並通過他們教導孝明帝對自己的孝敬和服從。

同時，為了培養胡氏家族與孝明帝的感情，胡太后不僅多次帶孝明帝赴胡國珍府邸相聚，更「好以家人禮與親族宴戲」〔註35〕。在後宮與自己家族成員的頻繁相聚，雖然是胡太后為了培養感情而產生的行動，但在已經完全漢化的北魏，君臣之別觀念也已經深入人心，孝明帝與胡氏家族成員終究不可能成為完全意義上的家人而必須是君臣關係，胡太后的這些行為只是關注了家人關係的培養而忽略了君臣、主僕身份的區分，因而也引起了部分朝臣的不滿。甚至連胡太后的姪子「（胡）虔常致諫，由是后宴謔多不預焉。」〔註36〕胡太后的培養胡氏家族與孝明帝感情之舉，也最終以完全失敗告終。

外戚家族的興起大都與皇太后提升家族門第以及皇帝抑制宗室有關，但外戚家族成員大都自身能力不強，這也造成了北魏後期官吏體系的混亂。《魏書》卷八三《外戚列傳·高肇傳》載：

> （高）肇既當衡軸，每事任己，本無學識，動違禮度，好改先

〔註32〕《魏書》卷八三《外戚列傳下·胡國珍傳》，中華書局，1974年，第1834頁。
〔註33〕《魏書》卷八三《外戚列傳下·胡國珍傳》，中華書局，1974年，第1834頁。
〔註34〕《魏書》卷八四《儒林列傳》，中華書局，1974年，第1841頁。
〔註35〕《魏書》卷八三《外戚列傳下·胡國珍傳》，中華書局，1974年，第1836頁。
〔註36〕《魏書》卷八三《外戚列傳下·胡國珍傳》，中華書局，1974年，第1836頁。

朝舊制，出情妄作，減削封秩，抑黜勳人。由是怨聲盈路矣。昌初，
遷司徒。雖貴登臺鼎，猶以去要，怏怏形乎辭色。眾咸嗤笑之。

《北史》卷八〇《外戚列傳·胡國珍傳》載：

（皇甫）度頑蔽，每與人言，自稱僕射，時人方之毛嘉。……
孜孜營利，老而彌甚。遷授之際，皆自請乞。靈太后知其無用，以
舅氏難違之。然所歷官，最為貪盡。

高肇乃宣武皇后高肇的叔、宣武帝的舅舅，皇甫度則是胡太后的舅舅，他們
分別是在宣武帝抑制宗室和胡太后提升母族的前提下升任官職，但由於二人
出身低微、能力不足，但有為人貪鄙、結黨營私的行為，不僅鬧出很多笑話，
而且也引發了很多朝臣的不滿。

外戚家族成員「特以太后姻婭，早蒙寵擢。曾不懷音，公行反噬，肆茲
悖逆，人神同憤。」〔註37〕最終導致了北魏「養虺成蛇，悔無及矣。」〔註38〕
國家的衰亡亦由此始。

第二節　後宮屬官的形成

後宮屬官是專門任職於後宮的官員，尤其是在女主臨朝時期，後宮屬官
就更加完備和豐富，不僅出現了以往的皇后宮中屬官，亦設置了皇太后宮中
的專門屬官，女官也在這一時期興起，這也是北魏皇太后臨朝前後後宮官員
方面最顯著的變化。

一、太后宮中署官

皇太后是整個後宮中地位最高的女性，特別是在儒家孝義思想的指導
下，我國古代皇帝都十分重視對皇太后盡孝，皇太后宮中署官便是皇帝在尊
敬母后的心態下，對於她們生活的保障。尤其是在皇太后臨朝聽政後，後宮
屬官更不斷增加，這也是她們女主身份的最直接展示。

（一）太后三卿的設置

自漢代以來，皇太后宮中便設了專門的署官，稱為「太后三卿」，專為皇

〔註37〕《魏書》卷一六《道武七王列傳·京兆王黎傳》，中華書局，1974 年，第 406
頁。
〔註38〕《北史》卷五〇《高道穆列傳》，中華書局，1974 年，第 1827 頁。

太后的生活服務。《晉書》卷二四《職官志》載：

> 太后三卿，衛尉、少府、太僕，漢置，皆隨太后宮為官號，在同名卿上，無太后則缺。魏改漢制，在九卿下。及晉復舊，在同號卿上。

自漢代以來，衛尉、少府和太僕就已經出現，且有了三后三卿之名。但東晉以來的社會動盪，徹底摧毀了業已基本完備的後宮體系。北魏的後宮制度創立後，太后三卿也僅存衛尉與太僕二卿。他們的地位「在同號卿上，有后則置，無后則闕。」〔註39〕雖然北魏後宮制度創設時間較長，但真正的皇太后則只有獻明皇后賀氏、太武帝保母竇氏、文成帝保母常氏、文成文明皇后馮氏和孝明帝皇后胡氏等五位，其中前三位皇太后冊封時，北魏後宮體系尚不完備，太后宮中屬官情況不詳，因而考察皇太后宮中的署官，一般只能從馮太后和胡太后兩位臨朝太后時期著手。其中馮太后臨朝雖然時間較長，但是其在位時期北魏仍處於制度的創設時期，後宮制度不甚完備，直至孝文帝漢化改革後，北魏後宮制度也最終定型，因而胡太后宮中的署官，更能反映出當時北魏皇太后宮官員設置情況。

漢代開始專門為皇太后宮中設立獨立官員，主要有衛尉、少府、太僕，合成「太后三卿」，由於前朝亦有衛尉、太僕等職，為了加以區分，規定太后三卿皆「隨太后宮為官號，在同名卿上，無太后則缺。」〔註40〕

衛尉又稱衛尉卿，自秦朝就已經出現，「掌宮門衛屯兵，有丞。」〔註41〕至西漢分職，不僅有護衛宮廷安全的衛尉，亦為皇太后宮專設衛尉，負責皇太后宮廷安全，始有長樂、建章、甘泉衛尉等職，任職的皇太后宮中的衛尉以其負責範圍而在官職名稱前加皇太后宮名，「隨太后宮為官號，在同名卿上，無太后則缺。」〔註42〕

北魏官制多沿襲漢晉制，也延續了這一傳統，但有單獨宮廷名號並以其作為代稱者，只有宣武皇后高氏和宣武靈皇后胡氏二人。其中高氏是宣武帝的皇后，其居所為崇憲宮，因而又稱崇憲太后；胡氏是孝明帝生母，居所為崇訓宮，因而又稱崇訓太后。崇憲太后高氏雖然是宣武帝的嫡妻，但她卻在

〔註39〕《通典》卷二七《職官・諸卿下》內侍省條，中華書局，1988 年，第 756 頁。

〔註40〕《晉書》卷二四《職官志》，中華書局，1974 年，第 737 頁。

〔註41〕《漢書》卷一九《百官公卿表上》，中華書局，1964 年，第 728 頁。

〔註42〕《晉書》卷二四《職官志》，中華書局，1974 年，第 737 頁。

孝明帝繼位後不久便出家，其在位時間較短，宮中並未設立專職官員，對於皇太后宮官員的考察，只能以崇訓太后宮中官員進行考察。由於其居於崇訓宮，其宮廷衛尉遂稱崇訓衛尉，職責為守衛皇太后居所安全。《魏書》卷三一《于栗磾傳附于忠傳》載：

> 既尊靈太后為皇太后，居崇訓宮，忠為儀同三司、尚書令、領崇訓衛尉，侍中、領軍如故。

于忠在宣武帝逝世後，不僅「夜中與侍中崔光遣右衛將軍侯剛，迎蕭宗於東宮而即位。」〔註43〕而且在高太后與胡太后的後宮統治權爭奪中，對胡太后有保護之功。孝明帝繼位後，胡太后臨朝，「（于）忠既居門下，又總禁衛，遂秉朝政，權傾一時。」〔註44〕出於對于忠的信任，胡太后任命他負責護衛自己的居所，由是于忠乃兼任崇訓衛尉。

北魏皇太后宮中除衛尉外，還設有太僕一職，亦隨太后宮名為官名。《魏書》卷九四《閹官列傳·封津傳》載：

> 封津，字醜漢，勃海蓨人也。……父令德，娶黨寶女，寶伏誅，令德以連坐從法。津受刑，給事宮掖。積官久之，除崇訓謁者僕射，遷奉車都尉。……孝昌初，除中侍中，加征虜將軍，仍除崇訓太僕，領宮室都將，冀州大中正。超拜金紫光祿大夫。二年，封東光縣開國子，食邑二百戶，鎮南將軍，兼中關右慰勞大傳。出為散騎常侍、征東將軍、濟州刺史。永安初，中侍中、衛將軍，尋轉大長秋、左光祿大夫。

封津雖然出身宦官，但卻深受孝明帝和胡太后的信賴，不僅擔任胡太后宮中署官崇訓太僕，更獲得了朝廷官職和爵位的封授，其受寵程度可見一斑。

關於太僕的職掌，史書中卻沒有明確的記載，但可從相關史料中也可以加以瞭解。《漢書》卷一九《百官公卿表上》載：

> 太僕，秦官，掌輿馬，有兩丞。……中太僕掌皇太后輿馬，不常置也。

漢代皇太后宮中就已經設立了太僕，專門掌管皇太后的車馬事宜，兩晉時期對該官職也有所沿用，並最終被北魏所繼承。因此，北魏皇太后宮中太僕亦為專掌皇太后車馬之官。至於太僕的署官，就目前史料來看，似在北魏也有

〔註43〕《魏書》卷三一《于栗磾傳附于忠傳》，中華書局，1974年，第742頁。

〔註44〕《魏書》卷三一《于栗磾傳附于忠傳》，中華書局，1974年，第743頁。

設置，史書中雖對其失載，但卻提及了太僕的副職——太僕少卿。《魏書》卷九四《閹官列傳・王溫傳》載：

> 王溫，字桃湯，趙郡欒城人。父冀，高邑令，坐事被誅。溫與兄繼叔俱充宦者。

> 世宗之崩，群官迎肅宗於東宮。溫於臥中起肅宗，與保母扶抱肅宗，入踐帝位。高陽王雍既居冢宰，慮中人朋黨，出為鉅鹿太守，加龍驤將軍。

> 靈太后臨朝，徵還為中常侍、光祿大夫，賜爵欒城伯，安東將軍，領崇訓太僕少卿。

王溫雖然為宦官，但卻在孝明帝繼位事件中對其有擁立之功，並由此擔任朝廷官員。胡太后臨朝後，出於對宮廷政變中保護她們母子的官員的信賴，不僅提升了他的官職、賜予他爵位，更令他兼任崇訓太僕少卿，在自己身邊任職。

關於太僕少卿的職掌，史書中沒有明確記載、出土資料也沒有提及，目前還無法得知。但根據皇太后宮中太僕掌皇太后車馬，作為太僕副職的太僕少卿職責也應大體如此。

另據《隋書》卷二六《百官志上》中也記載了西晉羊太后所居弘訓宮，其宮中官員的任職情況，或可成為參考：

> 太僕卿，位視黃門侍郎，統南馬牧、左右牧、龍廄、內外廄丞。又有弘訓太僕，亦置屬官。

> 衛尉卿，位視侍中，掌宮門屯兵。卿每月、丞每旬行宮徼，糾察不法。統武庫令、公車司馬令。又有弘訓衛尉，亦置屬官。

羊太后本西晉景獻帝的皇后，「武帝受禪，居弘訓宮，號弘訓太后。」〔註45〕根據其居所弘訓宮設有弘訓太僕、弘訓衛尉二職且二者皆有屬官可知這個屬官當為丞，北魏亦有此官職。《魏書》卷九四《閹官列傳・賈粲傳》載：

> 賈粲，字季宣，酒泉人也。太和中，坐事腐刑。頗涉書記。世宗末，漸被知識，得充內侍。自崇訓丞為長兼中給事中、中嘗藥典御，轉長兼中常侍。遷光祿少卿、光祿大夫。

〔註45〕《晉書》卷三一《后妃列傳上・景獻羊皇后傳》，中華書局，1974年，第950頁。

北魏時期的宦官賈粲曾在胡太后臨朝時期，在其宮中擔任崇訓丞。至於其所擔任的是崇訓衛尉的屬官，還是崇訓太僕的屬官，〔註46〕由於相關記載有限，暫不可知。

至於太后三卿中的少府卿，雖然也在西漢時期設立，歷經兩晉、南朝前期都有所沿用，至南朝齊「文安太后即尊號，以宮名置宣德衛尉、少府、太僕。梁有弘訓太后，亦置屬官。陳亦有太后三卿。」〔註47〕但北魏卻沒有這一官職的任何記載，究竟是北魏不再設立這一官職，還是史書對此記載不足，尚不可知。

（二）太后三卿的選任

皇太后作為後宮中地位最高的女性，不僅有獨立的居所，而且還設立有專職官員為其生活、安全乃至統管後宮服務，而皇太后作為皇帝的生母或嫡母，其宮中官員也與為了防止穢亂後宮而在皇后、嬪妃宮中專以宦官或女官任職不同，皇太后宮中官員的身份呈現出多樣性。

在衛尉和太僕卿的任用方面，其擔任者既有鮮卑世族亦有宦官，更有宗室後裔。《魏書》卷三一《于栗磾列傳附于忠傳》載：

> 初，世宗崩後，高太后將害靈太后。劉騰以告侯剛，剛以告忠。忠請計於崔光，光曰：「宜置胡嬪於別所，嚴加守衛，理必萬全，計之上者。」忠等從之，具以此意啟靈太后，太后意乃安。故太后深德騰等四人，並有寵授。

《魏書》卷九四《閹官列傳・劉騰傳》載：

> 劉騰，字青龍，本平原城民，徙屬南兗州之譙郡。幼時坐事受刑，補小黃門，轉中黃門。高祖之在懸瓠，騰使詣行所。高祖問其中事，騰具言幽后私隱，與陳留公主所告符協，由是進冗從僕射，仍中黃門。……後為大長秋卿、金紫光祿大夫、太府卿。……靈太后臨朝，以與于忠保護之勳，除崇訓太僕，加中侍中，改封長樂縣開國公，食邑一千五百戶。

劉騰和于忠都在宣武帝逝世後的宮廷變亂中對胡太后有保護之功，胡太后以帝母身份得封皇太后，「居崇訓宮，忠為儀同三司、尚書令、領崇訓衛尉，侍

〔註46〕崇訓衛尉的屬官應稱為崇訓衛尉丞，崇訓太僕的屬官應稱為崇訓太僕丞。
〔註47〕《通典》卷二七《職官典・諸卿下》內侍省條，中華書局，1988年，第755頁。

中、領軍如故。」〔註48〕劉騰則以保護之功而擔任崇訓太僕。從二人出身上看，于忠乃鮮卑部落勿忸於部後人，孝文帝時被列入鮮卑八大世族之一，他也是宣武順皇后于氏的堂兄，家庭出身較高。劉騰則只有由於家人犯罪而受刑成為宦官，孝文帝時期開始在皇后身邊任職，並參與舉報幽皇后穢亂宮闈而獲賞，後又在宣武帝時期擔任大長秋卿。

此外，宗室家庭成員由於血緣關係容易受到皇帝或皇太后的信賴，有時也會兼任皇太后宮中的官員。《魏故使持節散騎常侍車騎大將軍儀同三司尚書左僕射冀州刺史元公墓誌銘》載：

> 君諱昭，字幼明，河南洛陽人也。昭成皇帝之玄孫，使持節征西大將軍定州刺史常山簡王第三子。……除給事黃門侍郎司徒左長史散騎常侍御史中尉平南將軍侍中撫軍將軍，領崇訓太僕。〔註49〕

元昭是北魏宗室後裔，有著較高的出身。胡太后臨朝後，委任他為崇訓太僕，使之成為皇太后宮中的官員，不僅可以保護自身的安全，更可以借助他宗室後裔的身份，展現胡太后對宗室的看重。

二、皇后宮中屬官

在我國古代社會中，皇后作為皇帝的嫡妻，不僅有著極為尊崇的地位，更是後宮的直接掌管者。但北魏由於受到鮮卑族傳統認識中母子關係優於夫妻關係的影響，皇太后成為了後宮的直接掌管著，皇后在很長一段時間內都只具備禮儀上的尊位，只有在皇太后缺位的情況下，皇后才能承擔起掌管後宮的職責，因而皇后宮中官員設置的較少。

《晉書》卷二四《職官志》：

> 太常、光祿勳、衛尉、太僕、廷尉、大鴻臚、宗正、大司農、少府、將作大匠、太后三卿、大長秋，皆為列卿，各置丞、功曹、主簿、五官等員。

最初的太后三卿與大長秋是並列存在的後宮官職，但至南朝梁後期，太后三卿中少府的大部分屬官已轉歸大長秋統領，北魏在仿傚南朝制度變革後宮制度中，其太后三卿中少府也不再設立，其職能轉歸大長秋卿。

〔註48〕《魏書》卷三一《于栗磾傳附于忠傳》，中華書局，1974 年，第 742 頁。
〔註49〕趙超：《漢魏南北朝墓誌彙編》，《魏故使持節散騎常侍車騎大將軍儀同三司尚書左僕射冀州刺史元公墓誌銘》，天津古籍出版社，2008 年，第 144 頁。

《晉書》卷二四《職官志》又載：

> 大長秋，皇后卿也，有后則置，無后則省。

《唐六典》卷一二《內侍省》注引《漢書百官表》亦載：

> 太后所居宮卿少府，職如長秋，位在同名卿上。魏改在九卿下。
>
> 晉大長秋卿有后則置，無后則省。宋、齊因之。梁大長秋主諸宦者，
>
> 以司宮闈之職，統中署、奚官、暴室、華林等署。陳氏亦同。

可見，大長秋本為專設於皇后宮中的官員，後亦設立於皇太后宮中，並取代了少府，成為太后三卿之一，其官職亦隨皇太后的冊封而設置，以宮名為官名。自南朝梁開始，大長秋開始統領後宮內的宦官，主管宮廷事務。另據北魏的「大長秋掌顧問應對，自文明馮后，閹官用事，大者令、僕，小者卿、守。」〔註50〕可知其職能與南朝大體相同，即為主管後宮事務。

此外，大長秋卿還可以接受皇帝或皇后的指令，參與宮外的事務。《魏書》卷一一四《靈徵志》載：

> 景明初，世宗詔大長秋卿白整準代京靈巖寺石窟，於洛南伊闕山，為高祖、文昭皇太后營石窟二所。初建之始，窟頂去地三百一十尺。至正始二年中，始出斬山二十三丈。至大長秋卿王質，謂斬山太高，費功難就，奏求下移就平，去地一百尺，南北一百□□尺。

宣武帝繼位後不僅追封生母為皇后，更於多處開鑿石窟、刊刻孝文帝與文昭皇后高氏之像，一方面表達自己的哀思，更重要的是強化生母高氏作為孝文帝的嫡妻的地位。宣武帝為孝文帝和文昭皇后修建的石窟，便先後由大長秋白整和王質負責。

關於二人的任職時間，《魏書》卷八三《閹官列傳‧白整傳》載：

> 白整者，亦因事腐刑。少掌宮掖碎職，以恭敬著稱，稍遷至中常侍。太和末，為長秋卿，賜爵雲陽男。世宗封其妻王氏為□□縣君。卒，贈平北將軍、并州刺史。

可見，白整於孝文帝末年，也就是幽皇后馮氏掌控後宮時擔任大長秋卿。至宣武帝繼位後，也就是順皇后于氏掌管後宮時期，他應該也仍然擔任此職。至於王質的任職時間，史書記載的就不甚明確。《魏書》卷八三《閹官列傳‧王質傳》載：

> 馮司徒亡，廢馮后，陸睿、穆泰等事，皆賜質以璽書，手筆莫不

〔註50〕《通典》卷二七《職官典九‧諸卿下》內侍省條，中華書局，1988年，第756頁。

委至，同之戚貴。質皆寶掌以為榮。入為大長秋卿，未幾而卒。

根據這些記載可知，王質在孝文帝太和末年還未擔任大長秋，他應該是在白整死後接替他擔任大長秋，並承擔了他尚未完成的修建石窟的工作。

根據《通典・職官》後漢官秩條記載：東漢時期大長秋的屬官有「大長秋丞、大長秋中宮謁者令、大長秋中宮尚書、大長秋中宮私府令、大長秋中宮永巷令、大長秋中宮黃門冗從僕射、大長秋中宮署令」〔註51〕等，及至北魏大長秋的屬官則變為了內者令。《唐六典》卷一二《內侍省・內府局》注曰：

> 漢少府屬官有內者令、丞。後漢長秋屬官有中宮私府令，主中藏幣帛諸物，裁衣被、補浣皆主之。後魏有內者令。北齊中侍中省有內者丞一人。隋內侍省統內者局令、丞各二人。皇朝改置內府令、丞。

內者令設立於西漢，東漢時期劃歸大長秋屬官，主管後宮財務事宜，為北魏所沿用，至隋唐時期其職能增加，名稱也最終改為內府令，但職責卻並未本質發生變化，「掌中宮藏寶貨給納名數」〔註52〕。

大長秋卿作為皇后宮中的主要屬官，其任職者以馮太后時期為分界，形成了截然不同的兩類人群。《魏書》卷三〇《王建列傳》載：

> 王建，廣寧人也。祖姑為平文後，生昭成皇帝。伯祖豐，以帝舅貴重。豐子支，尚昭成女，甚見親待。建少尚公主。登國初，為外朝大人，與和跋等十三人迭典庶事，參與計謀。……建兄豆居以建功賜爵即丘侯，無子，建以子斤襲兄爵。太宗初，給事中，任職用事。輔大長秋。

王斤家族出身廣寧烏桓，其曾祖姑為平文皇后王氏，祖王支、父王建分別尚公主。王斤被父親過繼於伯父，並繼承伯父王豆居的爵位，還於明元帝時期擔任大長秋。另據《魏書・皇后列傳》記載，明元帝時期並未正式冊封皇后，其後宮由夫人姚氏統領，姚氏也「出入居處，禮秩如后」〔註53〕，其宮中設置大長秋輔佐管理後宮也屬正常。

〔註51〕《通典》卷三六《職官典・秩品一》後漢官秩條，中華書局，1988 年，第 988 頁。

〔註52〕《唐六典》卷一二《內侍省・內府局》，中華書局，1992 年，第 361 頁。

〔註53〕《魏書》卷一三《皇后列傳・明元昭哀皇后姚氏傳》，中華書局，1974 年，第 325 頁。

孝文帝時期開始，隨著宦官人數的增加，大長秋也改由宦官擔任。《魏書》卷九四《閹官列傳‧秦松傳》：

> 秦松，不知其所由。太和末，為中尹，遷長秋卿，賜爵高都子。有罪免。世宗復其爵，起為光祿大夫，領中常侍。遷平北將軍，領長秋卿。出為散騎常侍、安北將軍、并州刺史。

秦松乃為後宮宦官，並兩度擔任大長秋卿。他第一次擔任大長秋時在太和末，此時正是孝文幽皇后馮氏管理後宮，他在此時輔佐她管理後宮。而後，孝文帝以淫亂之罪幽禁馮氏，他或是馮氏的黨羽，或是對馮氏淫亂行為知情不報，因而在皇后馮氏被囚禁後也以罪被免官。宣武帝繼位後，他再度被任命為大長秋，宣武帝第一位皇后于氏執掌後宮時間較短，其對後宮的掌控也不甚完備，那麼，秦松擔任大長秋應該也是在宣武帝第二位皇后，即宣武皇后高氏統管後宮時期。

可見，太后宮中官員自漢代就已經出現，北魏只是對前代皇太后宮中官員的延續，其任職者一般由宦官或是皇室宗親擔任，主要功能在於保障皇太后的安全，並輔佐其管理後宮提供。

三、負責嬪妃生活的官員

北魏時期負責後宮嬪妃生活的官員一般由士人、宦官與女官共同構成，但由於北魏中、後期女官自成體系，筆者將在後文中單獨進行探討，此處主要探討由宦官和士人擔任的後宮職官。

（一）尚衣典御

《魏書》卷九三《恩倖‧侯剛傳》載：

> 後剛坐掠殺試射羽林，為御史中尉元匡所彈，廷尉處剛大辟。……（太后）曰：「廷尉執處侯剛，於法如猛。剛既意在為公，未宜便依所執。但輕剿民命，理無全捨，可削封三百戶，解尚衣典御。」剛於是頗為失意。

據此可知，北魏設有尚衣典御一職，且由士人擔任。隋代「採漢、晉舊儀，置六尚、六司、六典，遞相統攝，以掌宮掖之政。」〔註54〕始設尚服局，掌服章寶藏，至唐代又分為尚衣與尚服二局。尚衣局主管皇帝的衣冠，而尚服則主後宮諸人的服飾。由於隋唐制度大體沿襲北魏、北齊制度，可以推知，北魏

〔註54〕《隋書》卷三六《后妃傳》，中華書局，1973年，第1106頁。

時期尚衣典御即與隋代尚服職責相同，主管皇帝與後宮人員的服飾的事務。

（二）嘗食（尚食）典御與中嘗食（尚食）典御

　　根據《魏書》的記載可知，北魏還設有嘗食（尚食）典御與中嘗食（尚食）典御二職。嘗食典御又稱尚食典御〔註 55〕。關於該官職的職掌，《楊暐墓誌》載：

> 魏故使持節都督雍州諸軍事衛將軍儀同三司雍州刺史楊公墓誌……孝昌元年，轉嘗食典御，綺肴桂酒，羽傳皇羅，珠目貝齒，咸所嘗眖。〔註 56〕

可見該官職責為「綺肴桂酒，羽傳皇羅，珠目貝齒，咸所嘗眖」。

　　另據《資治通鑒》卷一四九《梁紀》武帝普通二年條胡三省注載：

> 尚食典御，唐為尚食奉御。進御必辨時禁，先嘗之。

據此可知，嘗食（尚食）典御主要職責是負責皇宮內的飲食，為了保證皇帝、后妃的食物安全，嘗食（尚食）典御要在他們進食時先品嘗食物。

　　除嘗食（尚食）典禦外，北魏還設有中嘗食（尚食）典御一職。《魏書》卷九四《閹官‧王溫傳》：

> 王溫，字桃湯，趙郡欒城人。父冀，高邑令，坐事被誅。溫與兄繼叔俱充宦者。高祖以其謹慎，補中謁者、小黃門，轉中黃門、鉤盾令。稍遷中嘗食典御、中給事中，給事東宮，加左中郎將。

　　關於嘗食（尚食）典御與中嘗食（尚食）典御的區別，雖然《魏書》不載，但《唐六典》中卻略有提及。《唐六典》卷一五《光祿寺‧太官署》載：

> 晉光祿勳屬官有太官令。宋侍中屬官有太官令一人，齊因之。梁門下省領太官，陳因之。後魏、北齊分太官令為尚食、中尚食。尚食，門下省領之；中尚食，集書省領之；太官，光祿卿領之。尚食、中尚食掌知御膳，太官掌知百官之饌。

晉代太官令是光祿勳的屬官，主管後宮的膳食，至北魏時期，太官令分為嘗食（尚食）典御與中嘗食（尚食）典御二職，分歸門下省與集書省管轄，且嘗

〔註 55〕《資治通鑒》卷一四九《梁紀五》武帝普通二年條記載：「尚食典御奚混與康生同執刀入內，亦坐絞」。但《魏書》卷七三《奚康生傳》卻記載：「嘗食典御奚混與康生同執刀入內，亦就市絞刑。」這說明，嘗食典御與尚食典御為同一官職。

〔註 56〕羅新、葉煒：《新出魏晉南北朝墓誌疏證》，中華書局，2005 年，第 141 頁。

食（尚食）典御、中嘗食（尚食）典御都設有屬官——知御膳。

關於知御膳一職，出土墓誌中也有提及。《傅姆王遺女墓誌》：

> 傅姆姓王，諱遺女，勃海陽信人。……顯祖文明太皇太后擢知
> 御膳。至高祖幽皇后，見其出處益明，轉當御細達。世宗順后，善
> 其宰調酸甜，滋味允中，又進嘗食監。至高太后，以女歷奉三后，終
> 始靡怨，蔣訓紫闈，光諷唯闈，故超昇傅姆焉。又賜品二。〔註57〕

王遺女本為知御膳，但由於她「宰調酸甜，滋味允中」而進嘗食監，說明知御
膳的是嘗食（尚食）典御或中嘗食（尚食）典御的屬官，且地位低於嘗食監，
並可由女官擔任。

關於嘗食（尚食）典御、中嘗食（尚食）典御在職責上的區別，由於史料
的缺乏，尚有待研究。但據《唐六典》卷一一《殿中省·尚食局》：

> 北齊，門下省統六局，尚食局有典御二人，丞、監各四人；又有
> 集書省，統三局，有中尚食局典御二人、監四人，品與尚食同。

北齊嘗食（尚食）典御、中嘗食（尚食）典御都設有屬官即典御丞和典御監。
北齊制度大都沿襲北魏，則北魏嘗食（尚食）典御、中嘗食（尚食）典御的屬
官也應是典御丞和典御監。

《魏書》卷九四《閹官·成軌傳》又載：

> 成軌，字洪義，上谷居庸人。少以罪刑，入事宮掖，以謹厚稱。
>
> 景明中，嘗食典御丞，僕射如故。轉中給事中、步兵校尉，敕
> 侍東宮。延昌末，遷中常侍、中嘗食典御、光祿大夫，賜始平伯，
> 統京染都將，轉崇訓太僕少卿。遭母憂，詔遣主書常顯景弔慰。又
> 起為本官，進安東將軍、崇訓衛尉卿。久之，超遷中侍中、撫軍將
> 軍，典御、崇訓如故。

成軌由嘗食（尚食）典御丞提升為中嘗食（尚食）典御，王遺女由知御膳提升
為嘗食監（即嘗食典御監），說明在北魏嘗食典御與中嘗食典御的屬官已經設
立，且二者的屬官並未完全分離。

（三）嘗藥（尚藥）典御與中嘗藥（尚藥）典御

與嘗食（尚食）典御、中嘗食（尚食）典御設立情況相似，北魏還設有嘗

〔註57〕趙超：《漢魏南北朝墓誌彙編》，《傅姆王遺女墓誌》，天津古籍出版社，2008
年，第124頁。

藥（尚食）典御與中嘗藥（尚食）典御二職。《魏書》卷九三《恩倖・侯剛傳附侯祥傳》：

> （侯）剛長子詳，自奉朝請稍遷通直散騎侍郎、冠軍將軍、主衣都統。剛以上谷先有侯氏，於是始家焉。正光中，又請以詳為燕州刺史，將軍如故，欲為家世之基。尋進後將軍。五年，拜司徒左長史，領嘗藥典御、燕州大中正。興和中，驃騎將軍、殷州刺史。

《魏書》卷九四《閹官・楊範傳》：

> 楊範，字法僧，長樂廣宗人也。高宗時，坐宗人劫賊被誅，範宮刑，為王琚所養，恩若父子，往來出入其家。……靈太后臨朝，徵為常侍、崇訓太僕卿，領中嘗藥典御，賜爵華陰子。

可見，北魏王朝中的嘗藥（尚藥）典御、中嘗藥（尚藥）典御的任職者可以是士人，也可以是宦官。根據「前職員令」[註58]的記載，北魏嘗藥（尚藥）監，官品為從五品下。《唐六典》卷一一《殿中省・尚藥局》又載：

> 尚藥局：奉御二人，正五品下；直長四人，正七品上；侍御醫四人，從六品上；主藥十二人；藥童三十人；司醫四人，正八品下；醫佐八人，正九品下；按摩師四人；咒禁師四人；合口脂匠二人。尚藥奉御掌合和御藥及診候之事；直長為之貳。……凡合和御藥，與殿中監視其分、劑，藥成，先嘗而進焉。侍御醫掌診候調和。司醫、醫佐掌分療眾疾。主藥、藥童掌刮、削、擣、篩。按摩師、咒禁師所掌如太醫之職。

嘗藥（尚藥）典御、中嘗藥（尚藥）典御，在唐代為正五品下，主管後宮醫藥事物，凡皇后、后妃所用之要其必先嘗之，以確定藥物的安全。由於唐代後宮官制沿襲自北齊和隋朝，而北魏又是北齊官制的發端，據此可以推知，北魏嘗藥（尚藥）典御、中嘗藥（尚藥）典御也是主管后妃用藥安全的官員。

第三節　內寵的出現

內寵，最初既包括皇帝寵愛的姬妾[註59]，也包括皇太后或皇后的親眷、宦官和情人，後專指國家女性領袖在後宮中豢養的情人，又稱男寵。內

[註58]《魏書》卷一一三《官氏志》，中華書局，1974年，第2986頁。
[註59]《後漢書》卷一〇《皇后紀》注引《左傳》曰：桓公多內寵，有如夫人者六人：長衛姬、少衛姬、鄭姬、葛嬴、密姬、宋華子也。

寵大都出現在先帝逝世、新君繼位，女主控制朝政時期，特別是皇太后臨朝時期。北魏內寵的身份雖多為朝臣，但也有宗親貴冑成為內寵。他們由於與皇太后的私情而受到任用，因而經常受到社會的非議，但卻也由此迅速提升了官職，為自己和家人獲得了實際利益。

一、內寵的身份

我國古代社會中，一般表現為一夫一妻多妾制的家庭結構，在皇宮中更直接體現為皇帝擁有眾多的嬪妃，家庭中的男性成員也可在嫡妻外還有諸妾。由於女性在家庭中處於從屬地位，尤其是在儒家文化影響下，女性只能對丈夫一人保持絕對的忠誠，即便是夫妻不睦或是丈夫擁有妾室，女性也不能再與他人保持關係，她們只能在丈夫逝世後通過改嫁，擺脫自己的不幸婚姻。但作為皇帝妻妾的皇后和嬪妃，即便是在皇帝死後，她們也不能再嫁，情感的空虛和生活的寂寞使這些女性在執掌權力後，多會通過豢養內寵來填補自己的情感空虛。

內寵自先秦時期就已經出現，比較著名的如秦宣太后之魏醜夫〔註60〕，西漢呂太后之審之其〔註61〕等人都是其中的代表，此後各代的後宮女性在皇帝逝世後強勢臨朝，如若在盛年守寡，大都有男寵在側，這些男寵中多數是以皇太后的玩物般存在，充當她們情感的宣洩，但也有人更會成為皇太后執政的臂膀。北魏時期臨朝的皇太后中，竇太后與常太后都以保母登位，她們與皇帝沒有血緣關係，雖然位居高位但卻由於出身較低，必然會約束自己的行為，而馮太后以先帝皇后身份登位皇太后、太皇太后，胡太后則以新帝生母身份登位皇太后。二人均青年守寡，且都在皇帝逝世後，攜新君一同臨朝主政，為了排解情感空虛，她們都有再後宮置內寵的行為。

關於馮太后的內寵，史書中提及了多人。《北史》卷一三《后妃列傳上·文成文明皇后馮氏傳》

太后行不正，內寵李弈，獻文因事誅之。太后不得意，遂害帝。

《魏書》卷一三《皇后列傳·文成文明皇后傳》載：

故杞道德、王遇、張祐、符承祖等拔自微閹，歲中而至王公；

〔註60〕《戰國策》卷四《秦策二》載：秦宣太后愛魏醜夫。太后病將死，出令曰：「為我葬，必以魏子為殉。」魏子患之。

〔註61〕《漢書》卷四三《朱建列傳》載：「辟陽侯行不正，得幸呂太后」。

> 王睿出入臥內，數年便為宰輔，賞賚財帛以千萬億計，金書鐵券，
> 許以不死之詔。李沖雖以器能受任，亦由見寵帷幄，密加錫賚，不
> 可勝數。后性嚴明，假有寵待，亦無所縱。

據此可見，在馮太后首次臨朝中，便出現了內寵李弈，但李弈的身份不詳，或也沒有參與國家政治，因而史書只留其名。馮太后於孝文帝執政時期再度臨朝，她不僅對杞道德、王遇、張祐、苻承祖等宦官加以任用，王睿和李沖等朝臣也在此時得到了提升，這些人都頻繁出入宮廷，以致史書誤將他們都算作了馮太后的內寵。

　　就一般而言，後宮女性能置內寵者，必然居於高位。皇太后和皇后則以極高的地位，有著置內寵的可能，而這些女性在內寵存續期間，為了避免自己的行為為外界所知，一般都會以宦官為心腹，用以維持自己對外的形象。如孝文幽皇后馮氏「高祖頻歲南征，后遂與中官高菩薩私亂。及高祖在汝南不豫，后便公然醜恣，中常侍雙蒙等為其心腹。」〔註62〕馮太后在臨朝期間，也對宦官加以提拔和任用，並通過他們掌控後宮，這些宦官也由是獲得了大量封賞，其中「（王）遇與抱嶷並為文明太后所寵，前後賜以奴婢數百人，馬牛羊他物稱是，二人俱號富室。」〔註63〕張祐於「文明太后臨朝，中官用事。祐以左右供承合旨，寵幸冠諸閹官，……與王睿等俱入八議。」〔註64〕馮太后對於宦官的任用是一般性政治性行為，不僅通過他們協助處理後宮事宜，也借助他們阻止流言在朝中蔓延。

　　根據史書記載，馮太后「年十四，高宗踐極，以選為貴人」〔註65〕，其時間當在興安元年（452年），至和平六年（465年）五月文成帝逝世，其間又過去了十三年，此時的馮太后已經二十六歲，而獻文帝也已經十一歲，二人也於此時開始共同臨朝。由於二人沒有任何感情基礎，共同臨朝後也摩擦不斷，而此時的馮太后也已經有了內寵李弈在側。或是出於對馮太后的不滿，獻文帝誅殺了李弈，導致雙方關係的徹底破裂。雖然內寵李奕之死雖然不是馮太后毒殺獻文帝的直接原因，卻也可成為其毒殺獻文帝事件的導

〔註62〕《魏書》卷一三《皇后列傳·孝文幽皇后馮氏傳》，中華書局，1974年，第333頁。
〔註63〕《魏書》卷九四《閹官列傳·王遇傳》，中華戶數，1974年，第2024頁。
〔註64〕《魏書》卷九四《閹官列傳·張祐傳》，中華戶數，1974年，第2020頁。
〔註65〕《魏書》卷一三《皇后列傳·文成文明皇后馮氏傳》，中華書局，1974年，第328頁。

火索，最終導致了承明元年（476 年）太上皇獻文帝的逝世、馮太后攜幼主臨朝。

　　孝文帝繼位時，馮太后年僅三十八歲，孝文帝則只年僅 9 歲，失去了父親作為依靠的幼帝，無論政治上，還是生活上，都只能完全依靠和聽命於他的祖母馮太后，以致於他「雅性孝謹，不欲參決，事無鉅細，一稟於太后。」〔註66〕此時的馮太后身邊也有了兩位能夠自由出入她宮廷的寵臣，其中「王睿出入臥內，數年便為宰輔，賞賚財帛以千萬億計，金書鐵券，許以不死之詔。李沖雖以器能受任，亦由見寵帷幄，密加錫賚，不可勝數。」〔註67〕從她對王睿和李沖的態度上看，她真正的情感依託則在王睿。王睿「率常以夜帷車載往，閹官防致，前後鉅萬，不可勝數。」〔註68〕這也是皇太后對待自己情人最常用的方式和態度。而李沖只能算做馮太后的寵臣，最多也就只能算作馮太后政治上的夥伴和生活中的知己。李沖才學出眾，「魏初工書者，崔盧二門。淵與僕射李沖特相友善。」〔註69〕其性格也「沉雅有大量」〔註70〕、「機敏有巧思」〔註71〕，在馮太后的執政生涯中，李沖也扮演著重要的角色。李沖與馮太后互動的記載一般多集中在政治方面，並沒有任何的情感或生活交集。因此，李沖最多只能算做馮太后的寵臣而非內寵，馮太后真正的內寵則是王睿。

　　王睿出身不詳，但據其父王橋「涼州平，入京，家貧，以術自給。」〔註72〕來看，其家庭地位應該不高，史載其出自太原王氏家族，應該是在他發跡後的冒認郡望，如同出身高麗的高肇亦曾冒認為渤海高氏後裔一般，都是為了提升自身門第進行的攀附先祖。關於王睿的早期經歷，《魏書》卷九三《恩倖列傳・王睿傳》載：

　　　　睿少傳父業，而姿貌偉麗。恭宗之在東宮，見而奇之。興安初，
　　　擢為太卜中散，稍遷為令，領太史。承明元年，文明太后臨朝，睿

〔註66〕《魏書》卷一三《皇后列傳・文成文明皇后馮氏傳》，中華書局，1974 年，第329 頁。
〔註67〕《魏書》卷一三《皇后列傳・文成文明皇后馮氏傳》，中華書局，1974 年，第329 頁。
〔註68〕《魏書》卷九三《恩倖列傳・王睿傳》，中華書局，1974 年，第 1988 頁。
〔註69〕《魏書》卷四七《盧玄列傳附盧淵傳》，中華書局，1974 年，第 1050 頁。
〔註70〕《魏書》卷五三《李沖列傳》，中華書局，1974 年，第 1179 頁。
〔註71〕《魏書》卷五三《李沖列傳》，中華書局，1974 年，第 1187 頁。
〔註72〕《魏書》卷九三《恩倖列傳・王睿傳》，中華書局，1974 年，第 1988 頁。

因緣見幸，超遷給事中。俄而為散騎常侍、侍中、吏部尚書，賜爵
太原公。於是內參機密，外豫政事，愛寵日隆，朝士懾憚焉。

王睿入仕之初為太武帝太子拓跋晃的東宮官員，但由於拓跋晃早逝未能真正
繼位，其子拓跋濬以皇太孫身份繼任帝位，王睿也由於曾為拓跋晃東宮官員
之故得到文成帝的信賴和任用。至文成帝孫、孝文帝拓跋宏繼位後，馮太后
臨朝主政，王睿也由此為馮太后熟識。由於他容貌俊美，還受到了馮太后的
喜愛，成為其內寵。

北魏歷史上第二位臨朝的皇太后即宣武靈太后胡氏，她也在臨朝期間有
過內寵。孝明帝生於永平三年（510年），延昌四年（515年）繼位時年僅五
歲，朝政為其生母胡太后控制，此時與她接觸較多的為高陽王元雍、任城王
元澄、清河王元懌和廣平王元懷等輔政宗王。隨著接觸的日益增多，胡太后
對清河王元懌逐漸產生了感情。

元懌乃孝文帝之子，由於他「幼而敏惠，美姿貌」〔註73〕，深得孝文帝
的喜愛。但在宣武帝繼位後，採取了疏薄宗室、任用外戚的方式抑制輔政宗
王的勢力，元懌也由此終宣武帝朝一直未得重用。孝明帝繼位後，元懌以輔
政宗王的身份進入宰輔，「時太后得志，逼幸清河王懌，淫亂肆情，為天下所
惡。」〔註74〕此後又爆發了元叉、劉騰的宮廷變亂，幽禁胡太后，誅殺元懌。
雖然這場宮廷變亂最終被平定，胡太后也再度臨朝，但卻造成了孝明帝母子
感情的疏離，胡太后也在臨朝後更加肆無忌憚的任用宦官和內寵。《魏書》卷
一三《皇后列傳·宣武靈皇后胡氏傳》載：

太后復臨朝，大赦，改元。自是朝政疏緩，威恩不立，天下牧
守，所在貪婪。鄭儼污亂宮掖，勢傾海內；李神軌、徐紇並見親侍。
一二年中，位總禁要，手握王爵，輕重在心，宣淫於朝，為四方之
所厭穢。文武解體，所在亂逆，土崩魚爛，由於此矣。

再度臨朝的胡太后吸取了之前的教訓，她在拉攏朝臣的同時也注重對後宮宦
官的選拔和任用。但由於此前宦官劉騰配合了元叉的政變給她留下了心靈陰
影，她對宦官的任用也較之前有所調整。胡太后不僅改變了之前完全依仗他

〔註73〕《魏書》卷二二《孝文五王列傳·清河王懌傳》，中華書局，1974年，第591
　　　　頁。
〔註74〕《魏書》卷一三《皇后列傳·宣武靈皇后胡氏傳》，中華書局，1974年，第
　　　　339頁。

們控制軍隊、護衛宮廷的做法，還將以往由劉騰兼任的大長秋卿、崇訓太僕等太后宮屬官的職務改由諸宦官分掌。其中楊范為常侍、崇訓太僕卿，領中嘗藥典御，賜爵華陰子；成軌為崇訓衛尉、中常侍、中嘗食典御。

此外，朝中的鄭儼、李神軌和徐紇等人也成為胡太后的寵臣，其中鄭儼和徐紇還被列入《魏書·恩倖列傳》，似為胡太后內寵。但從史書的其他相關記載上看，徐紇「少好學，有名理，頗以文詞見稱」〔註75〕，在胡太后初次臨朝中，他便受到了清河王元懌的重視，開始入仕參政。「靈太后反政，以紇曾為懌所顧待，復起為中書舍人。紇又曲事鄭儼，是以特被信任。」〔註76〕李神軌出身漢人門閥頓丘歷史家族，「受父爵陳留侯。……累出征討，頗有將領之氣。孝昌中，為太后寵遇，勢傾朝野，時云見幸帷幄，與鄭儼為雙，時人莫能明也。」〔註77〕可見，胡太后對於徐紇和李神軌的任重在於政治方面，其中徐紇充當他的幕僚，而李神軌則多掌握軍權。

胡太后對於鄭儼，則更多是出於情感寄託。《魏書》卷九三《恩倖列傳·鄭儼傳》載：

> 鄭儼，字季然，滎陽人。容貌壯麗。初為司徒胡國珍行參軍，因緣為靈太后所幸，時人未之知也。遷員外散騎侍郎、直後。……孝昌初，太后反政，儼請使還朝，復見寵待。拜諫議大夫、中書舍人，領嘗食典御。晝夜禁中，寵愛尤甚。儼每休沐，太后常遣閹童隨侍，儼見其妻，唯得言家事而已。

鄭儼在胡太后初次臨朝時就已經與她有過親密接觸，或是由於此時元懌更受胡太后的寵信，鄭儼內寵身份尚不突出。元叉在政變中殺害了元懌，造成了胡太后情感的空虛。在她再次臨朝後，鄭儼又來到她的身邊，主動成為她的內寵。

綜上可知，馮太后和胡太后二人入宮之初都不甚得寵，後又都在青年喪夫，並都曾與新君共同臨朝主政，掌握了國家的絕對權力。在與新君共同臨朝中，為了培育自己的勢力，她們在朝中設置寵臣、在後宮任用宦官。在穩固臨朝統治後，由於情感空虛，且年幼的新君對她們沒有約束力，進而使她們都有多位內寵陪伴。如馮太后首次臨朝中的李奕和胡太后首次臨朝時的元

〔註75〕《魏書》卷九三《恩倖列傳·徐紇傳》，中華書局，1974年，第2007頁。
〔註76〕《魏書》卷九三《恩倖列傳·徐紇傳》，中華書局，1974年，第2008頁。
〔註77〕《魏書》卷六六《李崇列傳附李神軌傳》，中華書局，1974年，第1475頁。

懌都是她們早期的內寵，或是由於她們二人初次臨朝時都政治經驗不足，以致臨朝不久便主動或被迫退出朝堂，其內寵也大都在政變中被殺。在她們二次臨朝中後，又再度擁有了新的內寵，由於這次臨朝的時間較長，在情感的牽絆下，內寵不止是她們的情感伴侶，更成為她們執政的助手。

二、內寵的任用

　　北魏臨朝女主的寵臣一般分為三類：第一類為宦官，他們長期在女主身邊任職，熟悉女主的性格及行為習慣，「小心慎密，恭以奉上，沉跡冗散」，〔註78〕故能夠針對女主的行為和心裏作出恰當的反映，不僅能夠為她們提出適當的建議，還能遮擋她們的不當言行，進而深受信賴。這些宦官不僅可以在內庭任職，更會獲得爵位，更有人甚至與外戚形成密切聯繫，如馮太后執政時期的宦官「（王）遇與抱嶷並為文明太后所寵，前後賜以奴婢數百人，馬牛羊他物稱是，二人俱號富室。」〔註79〕抱嶷更官至安西將軍、尚書，爵封安定公，成為當時宦官中的翹楚。《魏書》卷九四《閹官列傳·抱嶷列傳》載：

> 太后既寵之，乃徵其父睹生，拜太中大夫，賞賜衣馬。……睹生卒，贈秦州刺史，謚曰靖。賜黃金八十斤、繒綵及絹八百匹，以供喪用，並別使勞慰。

> 天性酷薄，雖弟任甥婿，略無存潤。……先以從弟老壽為後，又養太師馮熙子次興。嶷死後，二人爭立。嶷妻張氏致訟經年，得以熙子為後。老壽亦仍陳訴，終獲紹爵。次興還於本族，給奴婢三十口。嶷前後賜賞奴婢牛馬蓋數百千，他物稱是。

抱嶷雖然是宦官，卻得封公爵，並可以參與國家政治商討，他由於與馮太后關係密切、深受信賴並頻獲賞賜。根據他晚年以馮太后兄、太師馮熙的次子馮興為養子，使其繼承自己的財產，更足以說明他與馮氏外戚集團都有密切來往。

　　宦官王遇亦為馮太后所寵信，官至吏部尚書、散騎常侍，爵封宕昌侯，「遇之疾也，太傅、北海王與太妃俱往臨問，視其危惙，為之泣下。其善奉

〔註78〕《魏書》卷九四《閹官列傳·抱嶷列傳》，中華書局，1974年，第2021～2022頁。
〔註79〕《魏書》卷九四《閹官列傳·王遇列傳》，中華書局，1974年，第2024頁。

諸貴，致相悲悼如此。」〔註80〕王遇也與朝中顯貴來往密切，深得他們的信賴。

臨朝女主的第二類寵臣為能臣或佞臣。能臣者，如馮太后秉政時期的李沖。李沖以才學聞名，「為文明太后所幸，恩寵日盛，賞賜月至數千萬，進爵隴西公，密緻珍寶御物以充其第，外人莫得而知焉。」〔註81〕官任南部尚書，賜爵順陽侯，其家族成員擔心他只以寵臣存在於馮太后身旁會在孝文帝親政後遭到清算。但他卻「以三正治民，所由來遠，於是創三長之制而上之。文明太后覽稱善」〔註82〕，由此也以能臣身份為孝文帝所信賴。後又擔任咸陽王師，其女也分別嫁於孝文帝為夫人以及始平王拓跋勰為王妃。在孝文帝的漢化改革中，「始沖之見私寵也，兄子韶恒有憂色，慮致傾敗。後榮名日顯，稍乃自安。」孝文帝還將李沖的家族隴西李氏與漢人四大世族並列，成為北魏的五大漢人門閥世族。胡太后統治時期的能臣當屬清河王元懌。元懌雖然也與胡太后有著私情，但他首先出身與宗王，又位處國家宰輔核心，不是完全意義上的皇太后的內寵，更多的是以能臣身份而存在。「太后以懌肅宗懿叔，德先具瞻，委以朝政，事擬周、霍。懌竭力匡輔，以天下為己任。」〔註83〕

至於佞臣則主要集中於胡太后臨朝時期，徐紇、鄭儼、李神軌等人都是其中的代表。其中徐紇「性浮動，慕權利，外似謇正，內實諂諛。」他通過「曲事鄭儼，是以特被信任。」〔註84〕「參斷機密，勢傾一時，遠近填湊。與鄭儼、李神軌寵任相亞，時稱徐、鄭焉。」〔註85〕李神軌出自漢人世族頓丘李氏家族，「孝昌中，為太后寵遇，勢傾朝野，時云見幸帷幄，與鄭儼為雙，時人莫能明也。」〔註86〕胡太后臨朝後，李神軌權傾朝野。為了提升門第，他向范陽盧氏家族的盧義僖「求結婚姻。義僖慮其必敗，拒而不許。……遂適他族。臨婚之夕，靈太后遣中常侍服景就家敕停。」〔註87〕這些佞臣自身者人品不高，且並無學識才幹，只由於諂媚而獲寵，他們也大都會借助皇太

〔註80〕《魏書》卷九四《閹官列傳·王遇列傳》，中華書局，1974 年，第 2024 頁。
〔註81〕《魏書》卷五三《李沖列傳》，中華書局，1974 年，第 1180 頁。
〔註82〕《魏書》卷五三《李沖列傳》，中華書局，1974 年，第 1180 頁。
〔註83〕《魏書》卷二二《孝文五王列傳·清河王懌傳》，中華書局，1974 年，第 592 頁。
〔註84〕《魏書》卷九三《恩倖列傳·徐紇傳》，中華書局，1974 年，第 2008 頁。
〔註85〕《魏書》卷九三《恩倖列傳·徐紇傳》，中華書局，1974 年，第 2008 頁。
〔註86〕《魏書》卷六六《李崇列傳附李神軌傳》，中華書局，1974 年，第 1475 頁。
〔註87〕《魏書》卷四七《盧玄列傳附盧義僖傳》，中華書局，1974 年，第 1053 頁。

后的權威，以達到自己的目的。

　　第三類寵臣即內寵，他們與皇太后有著情感的往來，並憑藉相互間的感情而獲得任用，不僅提升自己的官爵，還能夠為家庭獲得較多的財物賞賜。《魏書》卷九三《恩倖列傳‧王睿傳》載：

> 　　承明元年，文明太后臨朝，睿因緣見幸，超遷給事中。俄而為散騎常侍、侍中、吏部尚書，賜爵太原公。於是內參機密，外豫政事，愛寵日隆，朝士懾憚焉。

> 　　（太和）三年春，詔睿與東陽王丕同入八議，永受復除。四年，遷尚書令，封爵中山王，加鎮東大將軍。置王官二十二人，中書侍郎鄭義為傳，郎中令以下皆當時名士。又拜睿妻丁氏為妃。

王睿在馮太后臨朝後，成為其內寵，並由此進入到國家政治的核心。太和三年（479 年）九月，「侍中、尚書、太原公王睿進爵中山王」[註88]，其妻丁氏也被封為王妃。王睿的兒子王襲更以父任入仕，為尚書令。或是由於王睿為人低調，雖無政績亦未樹敵，在王睿逝世後，王襲仕途並未受到影響，以致「終太后世，寵念如初。襲王爵，例降為公。」[註89]

　　在對王睿的任用中，馮太后也非常注意朝臣的評價。「太后外禮民望元丕、游明根等，頒賜金帛輿馬，每至褒美睿等，皆引丕等參之，以示無私。」[註90] 同時為了防止自己的行為受到非議，「小有疑忌，便見誅戮。」[註91] 與馮太后不同，胡太后臨朝後對於內寵的任用卻並未注意外部輿論，進而使她遭到了很多的非議。「太后自以行不修，懼宗室所嫌，於是內為朋黨，防蔽耳目。肅宗所親幸者，太后多以事害焉。」[註92] 胡太后為了阻斷孝明帝獲知外部事情的渠道，殺害了孝明帝身邊的寵臣，最終導致了母子矛盾的爆發，這些矛盾最主要集中點是在於內寵鄭儼的存在。

　　胡太后對鄭儼的任用完全依據自己的主觀好惡，多次對其越級提拔，這

〔註88〕《魏書》卷七《孝文帝紀上》，中華書局，1974 年，第 147 頁。
〔註89〕《魏書》卷九三《恩倖列傳‧王睿傳》，中華書局，1974 年，第 1991 頁。
〔註90〕《魏書》卷一三《皇后列傳‧文成文明皇后馮氏傳》，中華書局，1974 年，第330 頁。
〔註91〕《魏書》卷一三《皇后列傳‧文成文明皇后馮氏傳》，中華書局，1974 年，第330 頁。
〔註92〕《魏書》卷一三《皇后列傳‧宣武靈皇后胡氏傳》，中華書局，1974 年，第339 頁。

也為日後的朝政動盪埋下了隱患。《魏書》卷九三《恩倖列傳・鄭儼傳》載：

> 鄭儼，字季然，滎陽人。容貌壯麗。初為司徒胡國珍行參軍，
> 因緣為靈太后所幸，時人未之知也。遷員外散騎侍郎、直後。……
> 孝昌初，太后反政，儼請使還朝，復見寵待。拜諫議大夫、中書舍
> 人，領嘗食典御。晝夜禁中，寵愛尤甚。儼每休沐，太后常遣閹童
> 隨侍，儼見其妻，唯得言家事而已。

鄭儼出身漢人門閥世族滎陽鄭氏家族，他最初在胡太后生父胡國珍身邊任職，後由於得到胡太后喜愛，為了便於他可以隨時出入宮廷，胡太后越級提拔其為嘗食典御，使他開始在宮廷任職。胡太后甚至還派閹官服侍兼監視他，使他較少能與妻子聯繫，實現了對他的全部佔有。鄭儼的存在也為孝明帝所獲悉，為了防止他被孝明帝所殺，胡太后對孝明帝身邊的親信大肆屠戮。《魏書》卷一三《皇后列傳・宣武靈皇后胡氏傳》載：

> 太后自以行不修，懼宗室所嫌，於是內為朋黨，防蔽耳目。肅
> 宗所親幸者，太后多以事害焉。有蜜多道人，能胡語，肅宗置於左
> 右。太后慮其傳致消息，三月三日於城南大巷中殺之。方懸賞募賊，
> 又於禁中殺領左右、鴻臚少卿谷會、紹達，並帝所親也。母子之間，
> 嫌隙屢起。

也正是由於胡太后對孝明帝身邊人員大肆殺戮的行徑徹底激怒了孝明帝，母子間的裂痕再也無法修復，並最終導致了「鄭儼慮禍，乃與太后計」〔註93〕毒殺了孝明帝，北魏末年的政局變動。

三、內寵對朝政的影響

在北魏歷史上，共有兩位皇太后與皇帝共同臨朝、同理朝政，她們分別是文成帝皇后馮氏和宣武帝嬪胡氏，二人在新君繼位後，分別以嫡母和生母的身份被封為皇太后，並都兩次臨朝聽政，成為北魏女主的代表。其中馮太后於獻文帝和孝文帝時期分別以皇太后和太皇太后身份兩度臨朝，而胡太后則以孝明帝生母的身份兩度臨朝，由於她們都在幼主繼位後臨朝參政，能夠徹底控制北魏朝政內外大權，加之二人在臨朝時又都很年輕，出於情感的需求，她們在後宮中都曾置有內寵。只是由於她們第一次臨朝時間都很短，馮

〔註93〕《魏書》卷一三《皇后列傳・宣武靈皇后胡氏傳》，中華書局，1974 年，第
339 頁。

太后的內寵李奕並未真正參與國家政治，而胡太后的內寵元懌則貴為宗室輔臣並不完全依附後宮，因而她們早期的內寵對國家的影響不大。但她們再度臨朝後所設置的內寵，由於與皇太后相伴時間較長，感情也更加深厚，這些內寵也獲得了較多的官爵封授，因而對政治的影響更大。

　　馮太后第一次臨朝時期的內寵李奕，由於此時的獻文帝與馮太后間的朝權爭奪嚴重，馮太后退出聽政撫育太子，獻文帝也傳位太子，自任太上皇。在雙方為了朝政穩固各退一步的態勢下，馮太后的內寵李奕並未在朝中任職，只是作為馮太后的情感伴侶而存在於後宮。獻文帝有礙於「太后行不正，內寵李弈。顯祖因事誅之，太后不得意。顯祖暴崩，時言太后為之也。」〔註94〕獻文帝在外出征戰期間，馮太后則著力拉攏朝臣，作戰歸來的獻文帝眼見再無法與馮太后抗衡，遂意欲傳位給京兆王拓跋子推，但卻也未能如願，最終只能以誅殺內寵李奕釋放心中對馮太后的怨憤。獻文帝的這一做法，卻直接激化了與馮太后的矛盾，最終導致了其自身被殺的局面。孝文帝繼位後，馮太后再度臨朝聽政，其後宮中又出現了新的內寵王睿。此時的馮太后已經有了豐富的從政經驗，且在撫育幼主過程中也對孝文帝的秉性十分瞭解。馮太后在對內寵王睿的賞賜和封授中都兼及其他朝臣，「太后外禮民望元丕、游明根等，頒賜金帛輿馬，每至褒美睿等，皆引丕等參之，以示無私。」〔註95〕馮太后通過將王睿與元丕、游明根等朝臣一同賞賜的方式，防止流言在朝中流傳，維護了自己的形象和皇家的體面，也使孝文帝不會因此而對自己心生不滿，更避免了王睿家族成員在自己死後遭到打壓和清算。

　　此外，元丕「以執心不二，詔賜丕入八議」〔註96〕，而王睿也於同時「與東陽王丕同入八議，永受復除。」〔註97〕寵臣、宦官張祐也一同「與王睿等俱入八議」〔註98〕此外，王睿的爵位也是在太和三年（479年）的朝臣選拔中一同獲封的。《魏書》卷七《孝文帝紀上》載：

　　　　九月壬子，以侍中、司徒、東陽王丕為太尉；侍中、尚書右僕

〔註94〕《魏書》卷一三《皇后列傳・文成文明皇后馮氏傳》，中華書局，1974年，第328頁。

〔註95〕《魏書》卷一三《皇后列傳・文成文明皇后馮氏傳》，中華書局，1974年，第330頁。

〔註96〕《魏書》卷一四《神元平文子孫列傳・武衛將軍謂傳附元丕傳》，中華書局，1974年，第357頁。

〔註97〕《魏書》卷九三《恩倖列傳・王睿傳》，中華書局，1974年，第1988頁。

〔註98〕《魏書》卷九四《閹官列傳・張祐傳》，中華書局，1974年，第2020頁。

> 射、趙郡公陳建為司徒，進爵魏郡王；侍中、尚書、河南公苟頹為
> 司空，進爵河東王；侍中、尚書、太原公王睿進爵中山王；侍中、
> 尚書、隴東公張祐進爵新平王。

此次馮太后不僅選拔了太尉、司徒、司空等重要官職，更將陳建、苟頹等朝臣以及內寵王睿和寵臣張祐都一同晉封王爵，避免朝中對馮太后以私情用人的非議。

皇太后對內寵不僅封授以官職，提升他們的社會地位，更會直接賞賜他們財物，為他們提供優渥的生活環境和更高的生活待遇。如王睿「太后密賜珍玩繒綵，人莫能知。率常以夜帷車載往，閹官防致，前後鉅萬，不可勝數。加以田園、奴婢、牛馬、雜畜，並盡良美。」〔註99〕「文明太后為王睿造宅，故亦為丕造甲第。第成，帝後親幸之，率百官文武饗落焉。」〔註100〕

馮太后不僅賞賜給王睿田園、奴婢、牲畜等人員、財務，在他嫁女時也給予他最大的尊榮。《魏書》卷九三《恩倖列傳·王睿傳》載：

> 妻李沖兄子延賓，次女又適趙國李恢子華。女之將行也，先入
> 宮中，其禮略如公主、王女之儀。太后親御太華殿，寢其女於別帳，
> 睿與張祐侍坐，睿所親及兩李家丈夫婦人列於東西廊下。及車引，
> 太后送過中路。時人竊謂天子、太后嫁女。

為了表達對王睿的感情，馮太后在他的女兒出嫁時不僅完全仿照公主的婚禮儀制，而且親自為其送嫁，還邀請了婚禮雙方親屬在場見證，可謂極盡尊榮。

事實上，王睿的存在並未影響到孝文帝與馮太后的間的祖孫感情，加之王睿為人低調、較少參與國家政務。他與馮太后的感情也比較深厚，以致他死後，馮太后不僅給予他隆重的喪禮，更追封他的父親王橋為武威王、母親賈氏為王妃，更對他的兒子王襲顧念有加，以至「終太后世，寵念如初。襲王爵，例降為公。太后崩後，襲仍在高祖左右，然禮遇稍薄，不復關與時事。」〔註101〕王襲不僅在馮太后生前以父親之故得到馮太后的照顧，即便是在馮太后死後，孝文帝亦沒有對他壓制，而只是鑒於他個人能力不及，而不再讓其接觸政務。

〔註99〕 《魏書》卷九三《恩倖列傳·王睿傳》，中華書局，1974年，第1988頁。
〔註100〕 《魏書》卷一四《神元平文子孫列傳·武衛將軍謂傳附元丕傳》，中華書局，1974年，第358頁。
〔註101〕 《魏書》卷九三《恩倖列傳·王睿傳》，中華書局，1974年，第1991頁。

　　胡太后雖然在政治和生活等多方面多有仿傚馮太后，但她的才能和性格卻與馮太后有著較大的差異，其並未採取馮太后對與內寵權力的抑制以及遮蓋等舉措，而是大肆提拔和任用內寵，並也由此與孝明帝發生了激烈的衝突。胡太后在首次臨朝中，就與清河王元懌有親密的關係，元懌不僅掌握朝權，其府邸也為其他宗王所不可企及。《洛陽伽藍紀》卷四《城西》沖覺寺條載：

> 沖覺寺，太傳清河王懌捨宅所立也，在西明門外一里御道北。
>
> 懌親王之中最有名行，世宗愛之，特隆諸弟。延昌四年，世宗崩，懌與高陽王雍、廣平王懷並受遺詔，輔翼孝明。時帝始年六歲，太后代摠萬幾，以懌明德茂親，體道居正，事無大小，多諮詢之。
>
> 是以熙平、神龜之際，勢傾人主，第宅豐大，踰於高陽。

元懌與胡太后間的親密關係造成他權力的高度集中，最終導致了元叉、劉騰二人內外聯合，以孝明帝親政之名，誅殺了在前朝掌權的元懌，並迫使胡太后退出朝堂。胡太后在平定叛亂後再度臨朝，她不但沒有對內寵專權加以限制，反而與內寵共同遮蔽孝明帝與外界聯繫，企圖以此遮蓋自己的行為，完全控制孝明帝。《魏書》卷九三《恩倖列傳·鄭儼傳》載：

> （鄭儼）與徐紇俱為舍人。儼以紇有智數，仗為謀主；紇以儼寵幸既盛，傾身承接。共相表裏，勢動內外。城陽王徽微與之合，當時政令歸於儼等。遷通直郎、散騎常侍、平東將軍、武衛將軍、華林都將軍、右衛將軍、散騎常侍、中軍將軍、中書令、車騎將軍、舍人、常侍如故。肅宗崩，事出倉卒，天下咸言儼計也。

胡太后不僅對內寵鄭儼越級提拔、大肆封賞，更造成他與徐紇等人內外勾連，朝政也為鄭儼所掌控，這也無疑增加了母子間的矛盾。鄭儼作為胡太后的內寵，他又游說胡太后對孝明帝的親信加以屠戮。他由於「懼紹達間構於帝，每因言次，導紹達為州。紹達耽寵，不願出外。太后誣其罪而殺之。」〔註102〕「有蜜多道人，能胡語，肅宗置於左右。太后慮其傳致消息，三月三日於城南大巷中殺之。方懸賞募賊，又於禁中殺領左右、鴻臚少卿谷會」〔註103〕，胡太后與孝明帝母子在此後徹底反目。

〔註102〕 《魏書》卷三三《谷渾列傳附谷紹達傳》，中華書局，1974年，第782頁。

〔註103〕 《魏書》卷一三《皇后列傳·宣武靈皇后胡氏傳》，中華書局，1974年，第340頁。

在徹底開罪了孝明帝後，鄭儼擔心在胡太后逝世後，自己會遭到孝明帝的報復，「乃與太后計，因潘充華生女，太后詐以為男，便大赦，改年。」〔註104〕不久，他們又毒殺了孝明帝，導致「尒朱榮舉兵向洛，以儼、紇為辭。榮逼京師，儼走歸鄉里。」〔註105〕他也最終為其兄鄭仲明的部下所殺。

馮太后與胡太后二人是北魏歷史上最著名的臨朝的皇太后，二人在執政和行為等方面有著很多相似之處，但卻導致了不同的結果。《魏書》卷九三《恩倖列傳》載：

> 魏世，王睿幸太和之初，鄭儼寵孝昌之季，主幼於前，君稚於後，乘間宣淫，殆無忌畏，樹列朋黨，蔽塞天聰。高祖明聖外彰，人神係仰，御之有術，宗社弗墜。肅宗不言垂拱，潛濟罕方，六合淆然，至於隕覆。

她們二人都年幼入宮，雖然在後宮中都不得寵愛，但卻由於新君嫡母或生母身份登上了皇太后之位。由於新君年幼繼位，她們也開始臨朝聽政，掌控朝局。執政時期二人均處於中青年階段，情感空虛、生活寂寞，於是便開始在後宮伴有內寵，且都對內寵大加封賞。但不同的是，馮太后對內寵的封賞有著一定的隱蔽性，且對內寵的權力有所限制，加之其選擇的內寵大都品行端正，因而未對她與皇帝間的感情產生影響，也並未危及皇權和朝政。胡太后則將感情與政治混為一談，她不僅對內寵無限制的大加封賞，使他過度集中朝權，她還沒有個人的主見，完全聽信內寵的言論和計策，先屠戮了皇帝的親信，又毒殺了皇帝，最終導致了北魏的兵變。她自己也最終在戰亂中被殺，北魏「文武解體，所在亂逆，土崩魚爛，由於此矣。」〔註106〕

〔註104〕《魏書》卷一三《皇后列傳‧宣武靈皇后胡氏傳》，中華書局，1974 年，第340 頁。

〔註105〕《魏書》卷九三《恩倖列傳‧鄭儼傳》，中華書局，1974 年，第 2007 頁。

〔註106〕《魏書》卷一三《皇后列傳‧宣武靈皇后胡氏傳》，中華書局，1974 年，第339 頁。

第九章　北魏女主政治與佛教推廣

　　佛教興起於古代印度，於西漢時期傳入中原，但由於「佛出西域，外國之神，功不施民，非天子諸華所應祠奉。往漢明帝感夢，初傳其道。」〔註1〕佛教傳入中原之初，由於不符合當時的中國國情，其發展相對緩慢。但在魏晉時期的社會動亂中，佛教的理念逐漸深入人心。至南北朝時期，佛教不僅在中原地區廣泛傳播，更遍及周邊地帶，不僅社會上佛教信仰盛行，後宮女性也成為虔誠的佛教信徒。

第一節　皇太后對佛教的推廣與傳播

　　鮮卑族初居朔漠，對「浮圖之教，未之得聞，或聞而未信也。」〔註2〕拓跋珪在北魏建國過程中接觸到了佛教，但此時由於鮮卑族傳統宗教影響較大，佛教並未在拓跋部形成規模。北魏建國以後，隨著漢人的不斷湧入，也將佛教信仰代入國內，佛教也開始在全國範圍內傳播。雖然北魏也曾一度出現過滅佛事件，但佛教在北魏的傳播卻勢不可擋，甚至一度出現了繁榮景象。尤其是在北魏後宮中，由於後宮女性大都是虔誠的佛教信徒，更直接促進了佛教在後宮中的廣泛傳播。

一、北魏前期諸后的佛教信仰

　　北魏前期出於鞏固政治軍事聯盟的目的，其皇后主要是通過周邊政權進行聯姻而迎娶的公主，亦有戰敗政權的公主充當北魏穩固對戰敗政權人民的統

〔註1〕《高僧傳》卷九《神異上・晉鄴中竺佛圖澄傳》，中華書局，1992年，第352頁。
〔註2〕《魏書》卷一一四《釋老志》，中華書局，1974年，第3030頁。

治，緩和反抗情緒而納入後宮。這些來自周邊政權的公主大都有著佛教信仰，她們也在進入北魏後宮的同時將佛教信仰代入了剛剛建立的北魏後宮之中。

　　道武帝皇后慕容氏乃後燕國主慕容寶的女兒、慕容垂的孫女，他在後燕戰敗後被強行納入北魏後宮。由於後燕的佛教氛圍濃重，慕容氏受此影響，也接受了佛教信仰。《樂府詩集》卷二五《橫吹曲辭五》慕容垂歌辭有云：

> 慕容攀牆視，吳軍無邊岸。我身份自當，枉殺牆外漢。
> 慕容愁憤憤，燒香作佛會。願作牆裏燕，高飛出牆外。
> 慕容出牆望，吳軍無邊岸。咄我臣諸佐，此事可慚歎。

這首詩歌描繪了後燕慕容氏在面臨戰爭中，憂悶而在佛教法會進行開解的情況。作為後燕國君的慕容垂、慕容寶父子都是是虔誠的佛教信徒。慕容垂子慕容寶甚至還禮重沙門支曇猛，並允許其參與國政。那麼，成長於這種氛圍下的慕容寶的女兒、北魏道武皇后慕容氏自然也會是虔誠的佛教信徒。

　　明元帝皇后姚氏乃後秦國公主，其父姚興不僅於國內興佛，在對後涼作戰中也對佛教人員極為優待，「破呂隆，乃迎羅什，待以國師之禮，仍使入西明閣及逍遙園，譯出眾經。」〔註3〕姚興女兒必然受到父親的影響而成為佛教信徒。

　　無論是慕容氏，還是姚氏，她們不僅都在本國內是虔誠的佛教信徒，至北魏後宮均十分得寵，二人也必然會把佛教信仰帶入後宮。受到她們的影響，北魏道武帝和明元帝也對佛教有所看重。道武帝曾下詔「敕有司，於京城建飾容範，修整宮舍，令信向之徒，有所居止。」〔註4〕明元帝亦於「京邑四方，建立圖像，仍令沙門敷導民俗。」〔註5〕他們的這些做法直接促進了佛教在北魏的傳播。

　　太武帝繼位之初，亦對佛教採取了包容的態度，並「於四月八日，輿諸佛像，行於廣衢，帝親御門樓，臨觀散花，以致禮敬。」〔註6〕但太武帝身邊最重要的信臣崔浩卻是虔誠的道教信徒，甚至對佛教採取了抵制的態度，他「尤不信佛，與帝言，數加非毀，……帝以其辯博，頗信之。」〔註7〕恰逢此時又爆發了蓋吳起義，太武帝認為佛門弟子參與了此次叛亂。在崔浩的建

〔註3〕《晉書》卷九五《藝術列傳》，中華書局，1974年，第2501頁。
〔註4〕《魏書》卷一一四《釋老志》，中華書局，1974年，第3030頁。
〔註5〕《魏書》卷一一四《釋老志》，中華書局，1974年，第3030頁。
〔註6〕《魏書》卷一一四《釋老志》，中華書局，1974年，第3032頁。
〔註7〕《魏書》卷一一四《釋老志》，中華書局，1974年，第3032頁。

議下，太武帝開始在全國範圍內大規模的滅佛。但其後宮中的皇后赫連氏、左昭儀馮氏和右昭儀沮渠氏是分別來自大夏、北燕和北涼的公主，她們雖然都不是特別得寵，卻都居於後宮高位，她們在太武帝滅佛時仍能保持著佛教信仰，使佛教信仰不至完全在後宮消失。

　　文成帝保母常氏不僅對文成帝有撫養之情，更由於「阿保高宗，母儀天下，惠訓邁於當時，洪勳濟於來世。」〔註8〕常氏由保母先後被尊為保太后和皇太后，她不僅掌控了後宮，還可以插手前朝事務。常太后曾居北燕都城和龍，其地佛教興盛，這在其國後裔馮熙的生活中也有所體現。馮熙乃北燕國君馮文通孫，其家族在國破後進入北魏，他本人更是篤信佛法，「自出家財，在諸州鎮建佛圖精舍，合七十二處，寫一十六部一切經。延致名德沙門，日與講論，精勤不倦，所費亦不貲。」〔註9〕據此可以推斷，常太后應該也是佛教信徒。在常太后及其左右近臣等人的極力促成下，文成帝開始在全國推崇佛教。興安元年（452年），文成帝下詔：

> 今制諸州郡縣，於眾居之所，各聽建佛圖一區，任其財用，不
> 制會限。其好樂道法，欲為沙門，不問長幼，出於良家，性行素篤，
> 無諸嫌穢，鄉里所明者，聽其出家。〔註10〕

文成帝的這一詔令，對於北魏國內佛教的復興有著積極的作用，特別是文成帝保太后常氏對於佛教在後宮的復興更有著舉足輕重的意義。

　　此外，文成帝時期，沙門統「曇曜白帝，於京城西武州塞，鑿山石壁，開窟五所，鐫建佛像各一。高者七十尺，次六十尺，雕飾奇偉，冠於一世。」〔註11〕這也是北魏開鑿佛教石窟的發端，為後來佛教石窟寺在北魏的興盛打下了基礎。

　　在道武帝、明元帝和太武帝時期，北魏皇帝大都「既而銳志武功，每以平定禍亂為先。雖歸宗佛法，敬重沙門，而未存覽經教，深求緣報之意。」〔註12〕這一時期的佛教仍處於民間宗教的行列，雖然國家也有過修建寺院、禮重沙門的行為，但也大都出於緩和國內矛盾、穩定政局的考量，尚未能使

〔註8〕趙超：《漢魏南北朝墓誌彙編》，《魏故齊郡王妃常氏墓誌銘》，天津古籍出版社，2008年，第131頁。
〔註9〕《魏書》卷八三《外戚列傳上·馮熙傳》，中華書局，1974年，第1819頁。
〔註10〕《魏書》卷一一四《釋老志》，中華書局，1974年，第3036頁。
〔註11〕《魏書》卷一一四《釋老志》，中華書局，1974年，第3037頁。
〔註12〕《魏書》卷一一四《釋老志》，中華書局，1974年，第3037頁。

佛教形成相應的國家影響力。但自文成帝時期開始，佛教已經成為國家教化百姓的工具，並成為當時國家主要提倡的宗教。文成帝還於「興光元年秋，敕有司於五緞大寺內，為太祖已下五帝，鑄釋迦立像五，各長一丈六尺，都用赤金二萬五千斤。」〔註 13〕佛教已經開始與皇權結合，形成了新的表現形式，並最終成為國家的統治工具。

二、馮太后對佛教的推廣

常太后在登位皇太后之後，為了維繫家族勢力，將出自北燕帝統後裔的馮氏送入文成帝身邊，並幫助她成為皇后，不僅為她日後的發跡鋪平了道路，也為佛教進一步在後宮傳播創造了可能性。

馮氏乃後燕國主馮文通的孫女，在北燕滅亡後，她隨同家人進入北魏，並由其姑母在後宮中撫養長大。文成帝繼位初，馮氏被冊封為貴人夫人，後又晉封為皇后。文成帝逝世後，她與獻文帝合力誅滅了乙渾之亂，並以皇太后身份開始首次臨朝聽政。

馮氏家族有著信佛的傳統，馮太后兄馮熙不僅出家財修建佛圖精舍，更修建了馮王寺〔註 14〕、皇舅寺〔註 15〕等寺廟。但是在她與獻文帝共理朝政期間，二人為了朝權摩擦不斷，不僅使她不能完全控制朝權，更不能伸張自己的宗教理念。直至獻文帝逝世、孝文帝親政後，她再度臨朝聽政，並完全掌控了北魏朝政後，才得以著手推崇佛法、興盛佛教，實現自己的宗教理想。

作為虔誠的佛教信徒，馮太后對倡導佛教不遺餘力，她還曾與孝文帝一同親自度化僧尼，直接促進了佛教的發展。《魏書》卷一一四《釋老志》載：

> 承明元年八月，高祖於永寧寺設太法供，度良家男女為僧尼者
> 百有餘人，帝為剃髮，施以僧服，令修道戒，資福於顯祖。

承明元年（476 年），太上皇、獻文帝逝世，其時孝文帝只有九歲，他既無法掌控國家權力，又沒有獨自的行動力，這種為僧尼的剃度行為必然是與馮太后的意願，孝文帝只是其中的參與者。馮太后作為虔誠的佛教信徒，度化僧尼自然也是她宗教信仰的一部分。

除剃度僧侶外，馮太后也與其兄馮熙一樣，熱衷於建造佛寺。《魏書》卷

〔註 13〕《魏書》卷一一四《釋老志》，中華書局，1974 年，第 3037 頁。
〔註 14〕《洛陽伽藍記校箋》卷五《城北》，中華書局，2006 年，第 199 頁。
〔註 15〕《水經注校證》卷一三《㶟水》，中華書局，2007 年，第 313 頁。

一一四《釋老志》載：

> 承明元年八月，……，又詔起建明寺。太和元年二月，幸永寧寺設齋，赦死罪囚。三月，又幸永寧寺設會，行道聽講，命中、秘二省與僧徒討論佛義，施僧衣服、寶器有差。又於方山太祖營壘之處，建思遠寺。……四年春，詔以鷹師為報德寺。

《魏書》卷一三《皇后列傳·文成文明皇后馮氏傳》載：

> 高祖詔曰：「朕以虛寡，幼纂寶曆，仰恃慈明，緝寧四海，欲報之德，正覺是憑。諸鷙鳥傷生之類，宜放之山林。其以此地為太皇太后經始靈塔。」於是，罷鷹師曹，以其地為報德佛寺。太后與高祖遊於方山，顧瞻川阜，有終焉之志。因謂群臣曰：「舜葬蒼梧，二妃不從。豈必遠祔山陵，然後為貴哉！吾百年之後，神其安此。」高祖乃詔有司營建壽陵於方山，又起永固石室，將終為清廟焉。太和五年起作，八年而成，刊石立碑，頌太后功德。

從修建時間來看，建明寺興建於承明元年（476 年）、思遠寺興建於太和元年（477 年），此時的孝文帝分別為九歲和十歲，朝政為馮太后全權掌控。因此，這些寺廟的實際修建者應該是馮太后，只是以孝文帝的名義發布的修建指令。而報德寺修建於太和四年（480 年），「高祖孝文皇帝所立也，為馮太后追福，在開陽門外三里。」〔註 16〕此時的孝文帝已經十四歲，他也開始部分接觸了朝政，孝文帝修建佛寺的目的在於向馮太后表達孝心，為自己日後的獨立執政掃清障礙。

為了對馮太后表達孝心，孝文帝還在石窟寺修建完成後，與馮太后一同於太和四年（480 年）七月、太和六年（482 年）三月、太和七年（483 年）五月和太和八年（484 年）七月，四次親自赴武州山石窟寺參觀。此外，「高祖孝於太后，乃於永固陵東北里餘，豫營壽宮，有終焉瞻望之志。」〔註 17〕但馮太后於太和十四年（491 年）逝世後，孝文帝不僅再也沒有去過石窟寺，他還迅速遷都洛陽，「乃自表瀍西以為山園之所，而方山虛宮至今猶存，號曰『萬年堂』」〔註 18〕其早期設置的陵園也基本荒置。

〔註 16〕《洛陽伽藍記校箋》卷三《城南》報德寺條，中華書局，2006 年，第 135 頁。
〔註 17〕《魏書》卷一三《皇后列傳·文成文明皇后馮氏傳》，中華書局，1974 年，第 330 頁。
〔註 18〕《魏書》卷一三《皇后列傳·文成文明皇后馮氏傳》，中華書局，1974 年，第 330 頁。

圖三：雲岡石窟雙佛造像

不可否認，孝文帝本人也是佛教信徒，但他早期無論是興建佛寺，還是度化僧尼，更多的是向馮太后表達孝心，真正的虔誠佛教信徒乃是馮太后本人。在馮太后的全力倡導和推動下，「京城內寺新舊且百所，僧尼二千餘人，四方諸寺六千四百七十八，僧尼七萬七千二百五十八人。」〔註19〕佛教在北魏迅速普及，並成為國內信徒最多、影響最大的宗教。

此外，北魏還大力發展寺院經濟。《魏書》卷一一四《釋老志》載：

曇曜奏：平齊戶及諸民，有能歲輸穀六十斛入僧曹者，即為「僧祇戶」，粟為「僧祇粟」，至於儉歲，賑給饑民。又請民犯重罪及官奴以為「佛圖戶」，以供諸寺掃灑，歲兼營田輸粟。高宗並許之。於是僧祇戶、粟及寺戶，遍於州鎮矣。

北魏還創立了「僧祇戶」和「佛圖戶」制度，目的在於「立課積粟，擬濟饑年，不限道俗，皆以拯施。」〔註20〕並使耕地和勞動力為寺院所有，極大的改善了僧尼的生活，並為佛教的繼續興盛打下了基礎。有鑒於相關法律的缺

〔註19〕《魏書》卷一一四《釋老志》，中華書局，1974年，第3039頁。
〔註20〕《魏書》卷一一四《釋老志》，中華書局，1974年，第3039頁。

失，「沙門法顯，慨律藏不具，自長安遊天竺。歷三十餘國，隨有經律之處，學其書語，譯而寫之。……至江南，更與天竺禪師跋陀羅辯定之，謂之《僧祇律》，大備於前，為今沙門所持受。」〔註21〕

三、胡太后對佛教的推廣

　　胡太后出自普通漢族官員家庭，其曾祖胡略曾在後秦任職，祖父胡淵任職於大夏。太武帝滅大夏戰爭中，「（胡）淵以降款之功，賜爵武始侯」〔註22〕，由此其家族成員開始進入魏任職。

　　後秦和大夏都是佛教昌盛之處，胡太后家族成員曾都於此任職，受到當地佛教信仰的影響，也都信奉佛教。胡太后父胡國珍更是虔誠的佛教信徒，他「雅敬佛法，時事齊潔，自強禮拜。」〔註23〕胡國珍不僅親自捐資修建佛像，更於神龜元年（518年）四月八日，又立觀像。胡太后的姑姑也出家為尼，她「頗能講道。世宗初，入講禁中。積數歲，諷左右稱后姿行，世宗聞之，乃召入掖庭為承華世婦。」〔註24〕她還借入宮宣揚佛法之時，對當時的皇后即宣武順皇后多次于氏誇讚了侄女的德行，並由此被召入宣武帝後宮為嬪妃，這也說明當時北魏後宮中，佛教信仰也得到了皇帝的允許和支持。

　　不僅如此，胡太后的姑姑還主持修建了寺廟。《洛陽伽藍紀》卷一《城內》胡統寺條載：

> 胡統寺，太后從姑所立也，入道為尼，遂居此寺。在永寧南一里許。寶塔五重，金剎高聳。洞房周匝，對戶交疏，朱柱素壁，甚為佳麗。其寺諸尼，帝城名德，善於開導，工談義理，常入宮與太后說法。其資養緇流，徒（從）無比也。

胡統寺是胡太后的姑姑親自捐資建造的寺廟，也是她出家後的道場和居所，該寺諸尼善於講經，加之胡太后姑姑又出資建寺的緣故，她在寺中有著極高的地位，甚至可能擔任著主持，因而她才能頻繁出入皇宮，並借助這一便利條件為侄女的入宮鋪路。

　　受到家庭和社會的影響，胡太后本人也是虔誠的佛教信徒。「太后性聰

〔註21〕《魏書》卷一一四《釋老志》，中華書局，1974年，第3039頁。
〔註22〕《魏書》卷八三《外戚列傳下·胡國珍傳》，中華書局，1974年，第1833頁。
〔註23〕《魏書》卷八三《外戚列傳下·胡國珍傳》，中華書局，1974年，第1834頁。
〔註24〕《魏書》卷一三《皇后列傳·宣武靈皇后胡氏傳》，中華書局，1974年，第337頁。

悟，多才藝，姑既為尼，幼相依託，略得佛經大義。」〔註25〕胡太后年幼喪母，或是父親另娶之故，她自小為出家的姑母撫養，因而較早的學習到了佛教知識和教義。在姑姑的影響下，她也自小就成為虔誠的佛教信徒。在登位皇太后之後，她以皇帝年幼之故，親理朝政，並且開始積極的修建佛教廟宇。《洛陽伽藍記》卷二《城東》秦太上君寺條載：

秦太上君寺，胡太后所立也。在東陽門〔外〕御道北，所謂暉文裏。……當時太后正號崇訓，母〔儀〕天下，號父為秦太上公，母為秦太上君。為母追福，因以名焉。

秦太上君乃胡太后登位後對母親皇甫氏的追封，皇甫氏於宣武帝景明三年（502年）逝世，直至十六年後，胡太后臨朝秉政，她「以太上君墳塋卑局，更增廣，為起塋域門闕碑表。」〔註26〕秦太上君寺應該也是在胡太后為母親重新修建墓地時期一同修建的寺廟，目的在於為母親祈福。

另據《洛陽伽藍記》卷三《城南》大統寺條所載：

（大統寺）東有秦太師（上）公二寺，在景明南一里。西寺，太后所立；東寺，皇姨所建，並為父追福，因以名之。時人號為雙女寺。

胡太后妹妹即元叉妻馮翊郡君，在家庭氛圍的影響下，她也是佛教信徒，並且在父親逝世後，親自為父親修建了寺廟用以祈福。

在孝文帝時期，馮太后和孝文帝都積極的推廣佛教，修建廟宇，自此北魏所修建的寺廟數量越來越多，規模越來越大、裝飾也越來越豪華。其中建造於孝文帝時期的永寧寺尤其如此，其寺「構七級佛圖，高三百餘尺，基架博敞，為天下第一。……鎮固巧密，為京華壯觀。」〔註27〕只是該寺沒有建造完工就由於受到孝文帝「遷京之始，宮闕未就」〔註28〕，沒能最終完工。

胡太后臨朝後，於熙平元年（516年）復建此寺，「在宮前閶闔門南一里御道西。其寺東有太尉府，西對永康里，南界昭玄曹，北鄰御史臺。」〔註29〕其地與宮內相鄰，「裝飾畢功，明帝與太后共登之。視宮內如掌中，臨京師若

〔註25〕《魏書》卷一三《皇后列傳·宣武靈皇后胡氏傳》，中華書局，1974年，第338頁。

〔註26〕《魏書》卷八三《外戚列傳·胡國珍傳》，中華書局，1974年，第1834頁。

〔註27〕《魏書》卷一一四《釋老志》，中華書局，1974年，第3037頁。

〔註28〕《洛陽伽藍記·序》，中華書局，2006年，第3頁。

〔註29〕《洛陽伽藍記》卷一《城內》永寧寺條，中華書局，2006年，第46頁。

家庭。以其目見宮中，禁人不聽升。」〔註30〕該寺也由此成為皇家寺院使用最多、規格最高的一座。此外，胡太后擴建了宣武帝時期修建的景明寺，「至正光年中，太后始造七層浮圖一所，去地百仞。……莊飾華麗，侔於永寧。金盤寶鐸，煥爛霞表。」〔註31〕

在胡太后的積極倡導下，當時的北魏朝廷上至宗王貴冑、下至宦官富商都積極捐資建廟，進而造成北魏「都城之中，及郭邑之內檢括寺舍，數乘五百，空地表剎，未立塔宇，不在其數。」〔註32〕佛寺的修建雖然有助於佛教的推廣和傳播，但也造成了北魏末年經濟耗費顯著，國家財力出現了明顯的不足。

此外，胡太后還積極組織和參加佛教集會，她不僅「曾幸邙山，集僧尼齊會，公卿盡在座。會事將終，太后引見深，欣然勞問之。」〔註33〕還在熙平二年（517年）二月，親赴伊闕石窟寺；孝昌二年（526年）八月又與孝明帝一同到了南石窟寺；還於「永寧寺塔大興，經營務廣，靈太后曾幸作所」〔註34〕，此後她多次參觀佛教的建築。

此外，「僧祇戶」、「佛圖戶」制度的弊端也在北魏後期日益顯現。《魏書》卷一一四《釋老志》載：

> 承明元年，奏涼州軍戶趙苟子等二百家為僧祇戶，立課積粟，擬濟饑年，不限道俗，皆以拯施。又依內律，僧祇戶不得別屬一寺。而都維那僧暹、僧頻等，進違成旨，退乖內法，肆意任情，奏求逼召，致使吁嗟之怨，盈於行道，棄子傷生，自縊溺死五十餘人。

在「僧祇戶」、「佛圖戶」制度設置之初就問題頻出，世宗時期已經意識到了「僧祇戶」、「佛圖戶」制度的危害，並進行了有針對性的規範。

> （永平）四年夏，詔曰：「僧祇之粟，本期濟施，儉年出貸，豐則收入。山林僧尼，隨以給施；民有窘弊，亦即賑之。但主司冒利，規取贏息，及其徵責，不計水旱。或償利過本，或翻改券契，侵蠹貧下，莫知紀極。細民嗟毒，歲月滋深。非所以矜此窮乏，宗尚慈拯之本意也。自今已後，不得傳委維那、都尉，可令刺史共加監括。

〔註30〕《洛陽伽藍記》卷一《城內》永寧寺條，中華書局，2006年，第46頁。

〔註31〕《洛陽伽藍記》卷三《城南》景明寺條，中華書局，2006年，第136頁。

〔註32〕《魏書》卷一一四《釋老志》，中華書局，1974年，第3047頁。

〔註33〕《魏書》卷七七《羊深列傳》，中華書局，1974年，第1703頁。

〔註34〕《魏書》卷七九《張熠列傳》，中華書局，1974年，第1766頁。

> 尚書檢諸有僧祇谷之處，州別列其元數，出入贏息，賑給多少，並
> 貸償歲月，見在未收，上臺錄記。若收利過本，及翻改初券，依律
> 免之，勿復徵債，或有私債，轉施償僧，即以丐民，不聽收檢。後
> 有出貸，先盡貧窮，徵債之科，一準舊格。富有之家，不聽輒貸。
> 脫仍冒濫，依治冶罪。

自馮太后臨朝開始，國家開始積極提倡佛教，並出現了皇帝親自為僧尼剃度現象，此後出家人數也不斷攀升。至宣武帝時期，「天下州郡僧尼等，積有一萬三千七百二十七所，徒侶逾眾。」〔註35〕面對這一現狀，胡太后不僅沒有扼制國內居民的出家勢頭，反而在父親胡國珍逝世後，「詔自始薨至七七，皆為設千僧齋，令七人出家；百日設萬人齋，二七人出家。」〔註36〕更將出家行為推向了新高。最終導致國內的人力不足，不僅阻滯了生產的發展，也造成了國家兵源的短缺。對此，胡太后也下令予以糾正：

> 自今奴婢悉不聽出家，諸王及親貴，亦不得輒啟請。有犯者，
> 以違旨論。其僧尼輒度他人奴婢者，亦移五百里外為僧。僧尼多養
> 親識及他人奴婢子，年大私度為弟子，自今斷之。有犯還俗，被養
> 者歸本等。寺主聽容一人，出寺五百里，二人千里。私度之僧，皆
> 由三長罪不及己，容多隱濫。自今有一人私度，皆以違旨論。鄰長
> 為首，里、黨各相降一等。縣滿十五人，郡滿三十人，州鎮滿三十
> 人，免官，僚吏節級連坐。私度之身，配當州下役。

胡太后的這一政令雖然有助於緩解由於私度僧尼造成的國內勞動力和兵源的不足，但卻無法從根本上解決由於過度崇佛帶來的人力、物力和財力的耗損，國家的衰敗已經無可避免。

第二節　皇太后崇佛的影響

在皇太后佛教信仰以及崇佛行為的直接影響和帶動下，女性出家之風開始在整個北魏社會中盛行，上至後宮嬪妃，下至普通百姓都有出家行為。尤其是貴族女性的出家更將上層社會的奢華之風帶入了寺院，導致寺院風氣的改變。

〔註35〕《魏書》卷一一四《釋老志》，中華書局，1974年，第3042頁。
〔註36〕《魏書》卷八三《外戚列傳下·胡國珍傳》，中華書局，1974年，第1835頁。

一、女性出家之風的興起

　　我國古代女性出家最早出現於東漢明帝時期，其時「聽陽城候劉峻等出家。僧之始也。洛陽婦女阿潘等出家。此尼之始也。」〔註37〕洛陽婦女阿潘等是有史書記載的最早出家的女性，但由於受到當時社會大環境的影響，女性佛教信仰尚未完全普及，出家人數也相對較少。此後中原大地又經歷了魏晉時期的變亂，最終形成了南北朝對峙的局面，社會也趨於安定，佛教也在此時開始在北方大地迅速興起，並成為當時北朝社會中信眾人數最多、影響最大的宗教。

　　北魏自道武帝時期開始接受佛教，並在國內修建寺院。明元帝時期，對佛教也有所寬容，他既「好黃老，又崇佛法，京邑四方，建立圖像，仍令沙門敷導民俗。」〔註38〕太武帝繼位後，曾「於四月八日，輿諸佛像，行於廣衢，帝親御門樓，臨觀散花，以致禮敬。」〔註39〕文成帝更直接下詔：

> 今制諸州郡縣，於眾居之所，各聽建佛圖一區，任其財用，不
> 制會限。其好樂道法，欲為沙門，不問長幼，出於良家，性行素篤，
> 無諸嫌穢，鄉里所明者，聽其出家。〔註40〕

　　在皇帝的不斷推廣佛教的背景下，北魏的出家者人數不斷增加。孝文帝還於「承明元年八月，高祖於永寧寺設太法供，度良家男女為僧尼者百有餘人，帝為剃髮，施以僧服，令修道戒，資福於顯祖。」〔註41〕皇帝親自為出家者剃度的行為直接促進了出家人數的迅速攀升。特別是孝文帝還下令「六宮侍女皆持年三月六齋有慕道者放令出家。」〔註42〕這為人員捨身寺院、出家為尼創造了條件，更直接造成北魏中後期后妃、女官、宮女等人出家現象頻繁發生。太武帝保母王鍾兒便是北魏這眾多出家宮人中的一位。《魏故比丘尼統慈慶墓誌銘》載：

> 尼俗姓王氏，字鍾兒，太原祁人，宕渠太守更象之女也。……
> 年廿有四，適故豫州主簿行南頓太守恆農楊興宗。……於時宗父坦

〔註37〕贊寧：《大宋僧史略上・東夏出家》收於釋道宣：《大正新修大藏經》第54冊，臺北：財團法人佛陀教育基金會出版部，1990年，第337頁。

〔註38〕《魏書》卷一一四《釋老志》，中華書局，1974年，第3030頁。

〔註39〕《魏書》卷一一四《釋老志》，中華書局，1974年，第3032頁。

〔註40〕《魏書》卷一一四《釋老志》，中華書局，1974年，第3036頁。

〔註41〕《魏書》卷一一四《釋老志》，中華書局，1974年，第3039頁。

〔註42〕釋道宣：《大正新修大藏經・史傳部三・釋迦方志》卷下《教相篇八》，財團法人佛陀教育基金會出版部，1990年，第974頁。

之出宰長社，率家從職，爰寓豫州。值玄瓠鎮將汝南人常珍奇據城反叛，以應外寇。王師致討，掠沒奚官，遂為恭宗景穆皇帝昭儀斛律氏躬所養恤，共文昭皇太后有若同生。太和中，固求出家，即居紫禁。……侍護先帝於弱立之辰，保衛聖躬於載誕之日。雖劬勞密勿，未嘗懈其心；力衰年暮，莫敢辭其事。寔亦直道之所依歸，慈誠之所感結也。正光五年尼之春秋八十有六，四月三日忽遘時疹，出居外寺。其月廿七日，車駕躬臨省視，自旦達暮，親監藥劑。逮於大漸，餘氣將絕，猶獻遺言，以贊政道。五月庚戌朔七日丙辰遷神於昭儀寺。〔註43〕

王鍾兒由於戰爭原因被沒入北魏皇宮，其於孝明帝正光五年（527年）逝世，時年86歲。那麼她24歲出嫁之時，當在文成帝和平五年（465年），太和年間她出家時，年齡應在四、五十歲左右。另據她「為恭宗景穆皇帝昭儀斛律氏躬所養恤，共文昭皇太后有若同生。」可以看出，她在入宮之初被安排照顧景穆帝留下的嬪妃，後又被調入孝文昭皇后高氏身邊任職，而孝文昭皇后高氏正是宣武帝的生母。宣武帝出生於太和七年（484年），此時王鍾兒43歲，無論從年齡還是經歷看，王鍾兒都應該是宣武帝的保母。就在宣武帝出生不久，高氏在孝文帝遷都途中被害，幽皇后馮氏接管了宣武帝，王鍾兒也在「太和中，固求出家，即居紫禁。」〔註44〕由於此前北魏已經出現過「世祖、高宗緣保母劬勞之恩，並極尊崇之義」〔註45〕，而冊封保母為皇太后的先例，但由於宣武帝已經為馮氏家族接管，王鍾兒也失去了繼續留在宣武帝身邊、靜待他臨朝後封授自己的可能，她極有可能是在幽皇后的逼迫下出家。此外，她還在宣武帝逝世後的後宮政變中對孝明帝有保護之功，因而在她逝世後，孝明帝不僅親自下詔派人監護喪事、贈予其財物，而且還派人製作墓誌，更追封其比丘尼統。

在皇太后和皇帝推崇佛教的影響下，北魏社會中貴族婦女也有較多出家者。《魏故車騎大將軍平舒文定邢公繼夫人大覺寺比丘元尼墓誌銘並序》載：

夫人諱純陀，法字智首，恭宗景穆皇帝之孫，任城康王之第五

〔註43〕趙超：《漢魏南北朝墓誌彙編》卷九《故比丘尼統慈慶墓誌》，天津古籍出版社，2008年，第146頁。

〔註44〕趙超：《漢魏南北朝墓誌彙編》卷九《故比丘尼統慈慶墓誌》，天津古籍出版社，2008年，第146頁。

〔註45〕《魏書》卷一三《皇后列傳》，中華書局，1974年，第321頁。

> 女也。……康王遍加深愛，見異眾女，長居懷抱之中，不離股掌之
> 上。……初笄之年，言歸穆氏，勤事女功，備宣婦德。良人既逝，
> 半體云傾，慨絕三從，將循一醮，思姜水之節，起黃鵠之歌。兄太
> 傅文宣王，違義奪情，確焉不許。文定公高門盛德，才兼將相，運
> 屬文皇，契同魚水，名冠遂古，勳烈當時。婉然作配，來嬪君子，
> 好如琴瑟，和若塤箎，不言容宿，自同賓敬。……及車騎謝世，思
> 成夫德，夜不洵涕，朝哭銜悲。……便捨身俗累，託體法門，棄置
> 愛津，棲遲正水，博搜經藏，廣通戒律，珍寶六度，草芥千金。十
> 善之報方臻，雙林之影遄滅。〔註46〕

元純陀是任城王拓跋雲女、景穆帝孫女，屬於北魏皇室宗親成員，她先嫁入鮮卑世族穆氏家族之中，在丈夫逝世後，她又再嫁車騎大將軍邢公為繼室，在丈夫死後，她便出家於大覺寺，為比丘尼。

　　北魏女性不僅出家人數較多，而且出家年齡分布極廣。《北史》卷四五《裴叔業附裴植傳》又載：

> 植在瀛州也，其母年逾七十，以身為婢，自施三寶，布衣麻菲，
> 手執箕帚於沙門寺掃灑。植弟瑜、粲、衍並亦奴僕之服，泣涕而從，
> 有感道俗。諸子各以布帛數百贖免其母，於是出家為比丘，入嵩高
> 積歲，乃還家。

裴植母夏侯氏年逾七十，仍願意放棄豪華的生活出家為尼，這無疑是北魏婦女出家風氣盛行的又一有力的例證。

　　另據《大魏比丘淨智師圓寂塔銘》記載：

> 淨智師以太和六年戒念奉佛，超神塵壤。藐衣冠之藻繪，契禪
> 院之通靈。是以河雒沙門，識解無此敏慧；鄴都緇侶，講貫遜其靜
> 深。春秋七十有三，於元象元年四月十一日，圓寂於隆慮山摩雲峰
> 下淨室。〔註47〕

比丘淨智於元象元年（538年）逝世，時年七十三歲，則其太和六年（482年）出家時年僅八歲。

〔註46〕趙超：《漢魏南北朝墓誌彙編》，《魏故車騎大將軍平舒文定邢公繼夫人大覺寺
　　　　比丘元尼墓誌銘並序》，天津古籍出版社，2008年，第261頁。
〔註47〕趙超：《漢魏南北朝墓誌彙編》，《大魏比丘淨智師圓寂塔銘》，天津古籍出版
　　　　社，2008年，第326頁。

可見，從年齡上看，北魏女性中上至七十餘歲的老者，下至八九歲的孩童也都有出家者，其中尤以中年女性出家者最多。這些女性出家後居住於寺院，而且還有人可以入宮為后妃宣講佛法，直接帶動了北魏中後期以來后妃出家的高潮。

二、后妃出家現象的出現

北魏出家的后妃出家始自孝文廢皇后馮氏。馮氏是孝文帝第一位正式冊立的皇后，也是馮太后的侄女、馮熙的嫡女。她在太和十七年（493 年）被孝文帝冊立為皇后，孝文帝對她也「恩遇甚厚。高祖後從重引后姊昭儀至洛，稍有寵，后禮愛漸衰。」〔註48〕後由於其異母姐姐馮昭儀「譖構百端。尋廢后為庶人。后貞謹有德操，遂為練行尼。后終於瑤光佛寺。」〔註49〕

宣武皇后高氏在宣武帝逝世後，意圖謀害孝明帝的生母胡氏，自己取得年幼太子的控制權，以達到與其共同主政的目的。但胡氏卻由於得到了領軍于忠、宦官劉騰等人的保護而幸免於難，高氏的後宮變亂也以失敗告終，她也只能以出家求得生存。《魏瑤光寺尼慈義墓誌銘》載：

> 尼諱英，姓高氏，勃海脩人也。文昭皇太后之兄女。世宗景明四年納為夫人。正始五年拜為皇后。帝崩，志願道門，出俗為尼。以神龜元年九月廿四日薨於寺。十月十五日遷葬於芒山。弟子法王等一百人，痛容光之日遠，懼陵谷之有移，敬銘泉石，以志不朽。〔註50〕

高氏在出家後，也沒有躲過靈太后的報復，神龜元年（518 年）「時天文有變，靈太后欲以後當禍，是夜暴崩，天下冤之。」〔註51〕在她逝世後，胡太后也沒有給予她應有的尊榮，而是「喪還瑤光佛寺，嬪葬皆以尼禮。」〔註52〕且

〔註48〕《魏書》卷一三《皇后列傳·孝文廢皇后馮氏傳》，中華書局，1974 年，第332 頁。

〔註49〕《魏書》卷一三《皇后列傳·孝文廢皇后馮氏傳》，中華書局，1974 年，第332 頁。

〔註50〕趙超：《漢魏南北朝墓誌彙編》，《魏瑤光寺尼慈義墓誌銘》，天津古籍出版社，2008 年，第102 頁。

〔註51〕《魏書》卷一三《皇后列傳·宣武皇后高氏傳》，中華書局，1974 年，第337頁。

〔註52〕《魏書》卷一三《皇后列傳·宣武皇后高氏傳》，中華書局，1974 年，第337頁。

並未給予她追贈以及追加諡號，使她成為北魏中期以來唯一一位沒有獲得諡號的皇后。

此外，胡太后在首次臨朝時期，由於用人不當而發生了元叉與劉騰內外聯合，隔絕孝明帝與胡太后母子，逼迫胡太后退出臨朝的政變，而胡太后也借出家為名，擺脫了元叉和劉騰的嚴密監控，最終聯合孝明帝粉碎了政變。《魏書》卷一三《道武七王列傳・京兆王黎傳附元叉傳》載：

> 從劉騰死後，防衛微緩。叉頗亦自寬，時宿於外，每日出遊，留連他邑。靈太后微察知之。……正光五年秋，靈太后對肅宗謂群曰：「隔絕我母子，不聽我往來兒間，復何用我為？放我出家，我當永絕人間，修道於嵩高閒居寺。先帝聖鑒，鑒於未然，本營此寺者正為我今日。」欲自下髮。肅宗與群臣大懼，叩頭泣涕，殷勤苦請。靈太后聲色甚厲，意殊不回。肅宗乃宿於嘉福殿，積數日，遂與太后密謀圖叉。肅宗內雖圖之，外形彌密，靈太后嗔忿之言，欲得往來顯陽之意，皆以告叉。叉對叉流涕，敘太后欲出家，憂怖之心。如此密言，日有數四。叉殊不為疑，乃勸肅宗從太后意。

由於北魏有著后妃出家的傳統，胡太后在被幽禁後，以出家前見孝明帝為名終至母子相見，並取得了孝明帝和元叉的信任，而孝明帝也出於孝義而懇請胡太后不要出家，母子間由此重新取得諒解，並乘此間隙聯絡到高陽王元雍，取得朝臣的支持，最終粉碎了政變。

除皇后出家寺院為尼外，北魏也有嬪妃主動出家。《魏書》卷六二《李彪列傳》載：

> 彪有女，幼而聰令，彪每奇之，教之書學，讀誦經傳。嘗竊謂所親曰：「此當興我家，卿曹容得其力。」彪亡後，世宗聞其名，召為婕妤，以禮迎引。婕妤在宮，常教帝妹書，誦授經史。……始彪奇志及婕妤，特加器愛，公私坐集，必自稱詠，由是為高祖所責。及彪亡後，婕妤果入掖庭，後宮咸師宗之。世宗崩，為比丘尼，通習經義，法座講說，諸僧歎重之。

李彪出身頓丘李氏家族，該家族屬於北魏中等門閥世族。在李彪的親自教育下，其女兒也有著較高的文化素養，後入宣武帝後宮為婕妤嬪。宣武帝逝世後，出於宗教信仰，她最終選擇了出家。

此外，在全社會信仰佛教的影響下，社會中很多女性，都信奉佛教，並

能夠按照佛教的戒律規範自身的言行。《李敬族妻趙蘭姿墓誌》載：

> 夫人始笄之歲，備禮言歸，內外節文，吉凶制度，曲為規矩，
> 合門異之。聖哲遺旨，又多啟發，大儒徐遵明時在賓館，具相知委，
> 常謂學者云：夫人是內德之師。崇信佛法，戒行精苦，蔬食潔齋卅
> 餘載，行坐讀訟，晨昏頂禮，家業廉儉，財貨無餘。〔註53〕

根據趙蘭英於「齊武平二年二月五日，終於鄴城之宅，春秋七十七。」〔註54〕
可推知其出生於孝文帝太和十九年（495年），她的成長階段恰逢北魏中後期
佛教興盛的時期，這也使她受到社會和家庭大環境的影響而接受了佛教信
仰，並在成年乃至出嫁後，也仍保持著「崇信佛法，戒行精苦蔬食」的佛教戒
律，更主動做到了「行坐讀訟，晨昏頂禮」〔註55〕成為虔誠的佛教徒。

　　《魏書》卷七一《裴叔業列傳附裴植傳》又載：

> 植在瀛州也，其母年逾七十，以身為婢，自施三寶，布衣麻菲，
> 手執箕帚，於沙門寺灑掃。植弟瑜、粲、衍並亦奴僕之服，泣涕而
> 從，有感道俗。諸子各以布帛數百贖免其母。於是出家為比丘尼，
> 入嵩高，積歲乃還家。

裴植乃北魏大鴻臚卿、度支尚書，為從一品官，其母夏侯氏也出身官員家
庭，她出於佛教信仰在晚年選擇了出家。在她的感染下，她的兒子也都成為
虔誠的佛教信徒，如其子裴植在宣武帝時期由於「于忠專擅朝權，既構成
其禍，又矯為此詔，朝野怨之。臨終，神志自若，遺令子弟命盡之後，翦落
鬚髮，被以法服，以沙門禮葬於嵩高之陰。年五十。」〔註56〕由於有著家族
宗教信仰的習俗，在裴植被害前，他便選擇按照佛教的規範葬儀安排自己的
後世。

三、女性佛教石刻的盛行

　　由於北魏對於佛教的倡導以及皇帝、皇太后親自的度化，造成女性的佛
教信仰空前的高漲，也造就此時大規模的女性出家。與此同時，皇室成員還

〔註53〕羅新、葉煒：《新出魏晉南北朝墓誌疏證》，《李敬族妻趙蘭姿墓誌》，中華書
　　　　局，2005年，第379頁。
〔註54〕羅新、葉煒：《新出魏晉南北朝墓誌疏證》，《李敬族妻趙蘭姿墓誌》，中華書
　　　　局，2005年，第379頁。
〔註55〕羅新、葉煒：《新出魏晉南北朝墓誌疏證》，《李敬族妻趙蘭姿墓誌》，中華書
　　　　局，2005年，第379頁。
〔註56〕《魏書》卷七一《裴叔業列傳附裴植傳》，中華書局，1974年，第1571頁。

熱衷於開鑿石窟寺，不僅建造佛教造像，更將自身的形象與傳統佛教形象、典故相結合，形成了新的佛教形象。表達自己對佛教的敬仰，其中尤以帝后禮佛圖最為著名。〔註57〕

圖四：皇帝禮佛圖

〔註57〕龍門石窟古陽中洞原本也有「帝后禮佛圖」，但因上個世紀三十年代被盜往美
　　　　國，因此目前存於國內的「帝后禮佛圖」僅存於鞏縣石窟寺中，該禮佛圖分
　　　　為兩個部分，即皇帝禮佛圖與皇后禮佛圖，以孝文帝和文昭皇后高氏為中心
　　　　人物而命名。

圖五：皇后禮佛圖

　　鞏義石窟帝后禮佛圖刊刻於宣武帝時期，描繪了孝文帝和文昭皇后高氏的禮佛行為和相應的規格。如前文所述，孝文帝曾有四位皇后，分別是貞皇后林氏、廢皇后馮氏、幽皇后馮氏和昭皇后高氏，其中林氏和高氏都在死後被追封為皇后，〔註58〕也就是說高氏生前並無皇后之位，自然也不會存在與

〔註58〕林氏死於「子貴母死」制度之下，在兒子元恂被冊立為太子後被追封為皇后，後又由於兒子被廢除太子位，而被追廢。高氏則死於孝文帝遷都途中，在兒子元恪繼任帝位（即宣武帝）後被追封為皇后。

孝文帝共同禮佛的行為。該禮佛圖是宣武帝憑藉想像，命人刊刻父母生前禮佛情景，藉以表達對父母的感情，他的這種行為也對社會中刊刻佛教造像，表達自己的情緒起到了重要的引導作用。

　　尤其是在宣武帝以後，隨著石窟刊刻規模的擴大，在石窟寺內刊刻造像用以祈福的行為也時有發生，女性也成為刊刻造像的重要群體。在佛教信仰的指引下，北魏國內各階層的女性都熱衷於建造佛教造像用以祈福。從造像者身份上看，北魏女性造像群體不僅有先帝的嬪妃、宗王的生母，也有官員的母親或妻子，更有平民女性、女官乃至比丘尼。她們不僅刊刻了彌勒、釋迦和觀音造像，更在造像旁留有造像記，表達祈求和期盼。如「太和十二年三月五日，陽洛縣張玄姬孝父母造像一區」。〔註59〕「太和十九年十一月，使持節、長樂王丘穆穆陵亮夫人尉遲氏為亡息牛橛請工□石，造此彌勒像一區，願牛橛舍於分段之鄉，騰遊無礙之境」。〔註60〕「景明三年五月□日，比丘惠感為亡父母敬造彌勒像一區，願國祚永隆，三寶彌顯，曠劫師僧、父母眷屬」。〔註61〕雖然這些造像者所處階層不同，但都通過建造佛教造像為自己的家人祈福。

　　除一人造像外，還有些女性或是由於受到家庭經濟實力的影響，採用多人共同造像的方式，表達自己的宗教信仰，並為家人或國家祈福。《邑義信士女等五十四人造像記》載：

> 太和七年，歲在癸亥八月卅日，邑義信士女等五十四人，……共相勸合，為國興福，敬造石廟形象九十五區，及諸菩薩。願以此福，上為皇帝陛下、太皇太后、皇子，德合乾坤，威踰轉輪，神披四天，國祚永康，十方歸伏，光揚三寶，億劫不墜。又願義諸人，命過諸師，七世父母，內外親族，神棲高境，安養光接，妥育寶花，永辭穢質，證悟無生，位超群首。〔註62〕

此造像記為當地多人所造，不僅有男性，也有女性，目的僅在於為國君和國

〔註59〕唐學凱：《河北寬城縣出土北魏銅造像》，《文物》，1990年第10期，第47頁。

〔註60〕北京圖書館金石組：《北京圖書館藏中國歷代石刻拓片彙編》第三冊《丘穆陵亮夫人尉遲氏造像記》，中州古籍出版社，1989年，第23頁。

〔註61〕北京圖書館金石組：《北京圖書館藏中國歷代石刻拓片彙編》第三冊《比丘惠感造像記》，中州古籍出版社，1989年，第53頁。

〔註62〕北京圖書館金石組：《北京圖書館藏中國歷代石刻拓片彙編》第三冊《邑義信士女等五十四人造像記》，中州古籍出版社，1989年，第14頁。

家祈福，也為家族親疏祈福，乃多人造像記的典範。

此外，還有一些社會上層女性，熱衷於建造造像為家人祈福，其中尤以廣川王祖母侯太妃的造像記最為典型。《侯太妃造像記》載：

> 景明三年八月十八日，廣川王祖母太妃侯為亡夫侍中、使持節、征北大將軍、廣川王賀蘭汗造彌勒像，願令永絕苦因，速成正覺。〔註63〕

《侯太妃自造像記》又載：

> 景明四年十月七日，廣川王祖母太妃侯，……造彌勒像一區，願此微因，資潤神識，現身永康，朗悟旨覺。遠除曠世無明惣業，又延未來空空妙果。又願孫息延年，神志速就，胤嗣繁昌，慶廣萬世。帝祚永隆，宏宣妙法，昏愚未悟，咸發菩提。〔註64〕

關於造像記中提及的廣川王「賀蘭汗」，《魏書》無載，但關於廣川王一脈卻在史書和墓誌中都有跡可循。《魏故龍驤將軍荊州刺史廣川孝王墓誌銘》載：

> 王諱煥，字子昭，河南洛陽人也。獻文皇帝之曾孫，趙郡靈王之次孫，使持節散騎常侍都督相州諸軍事中軍將軍相州刺史之第二子也。永平元年，宣武皇帝旨紹廣川哀王焉。……繼曾祖賀略汗，侍中征北大將軍中都大官，又加車騎大將軍廣川莊王。曾祖親上谷侯氏，父石拔，平南將軍洛州刺史。祖諧，散騎常侍武衛將軍東中郎將廣川剛王。祖親太原王氏，父睿，侍中吏部尚書衛大將軍尚書令太宰公中山文宣王。父靈遵，冠軍將軍青州刺史廣川哀王。親河南宇文氏，父伯昇，鎮東府長史懸氏侯。〔註65〕

根據墓誌記載，廣川王元煥乃「使持節散騎常侍都督相州諸軍事中軍將軍相州刺史之第二子也。」《魏書·獻文六王列傳》記載獻文帝子趙郡王幹子元諶「散騎常侍、中軍將軍、相州刺史。」其死後由長子元煒襲爵，而元煥的名字又與元煒採用了同樣的部首用字，符合當時家族的命名習俗，可以認定元煥

〔註63〕北京圖書館金石組：《北京圖書館藏中國歷代石刻拓片彙編》第三冊《侯太妃造像記》，中州古籍出版社，1989年，第59頁。

〔註64〕北京圖書館金石組：《北京圖書館藏中國歷代石刻拓片彙編》第三冊《侯太妃自造像記》，中州古籍出版社，1989年，第66頁。

〔註65〕趙超：《漢魏南北朝墓誌彙編》，《魏故龍驤將軍荊州刺史廣川孝王墓誌銘》，天津古籍出版社，2008年，第171頁。

乃元諶次子無疑。由於廣川王一脈絕嗣，他被繼於廣川王。廣川王元略乃文成帝子，元略於「太和四年薨，諡曰莊。」〔註66〕「子諧，字仲和，襲。十九年薨。」「詔贈諧武衛將軍，諡曰剛。及葬，高祖親臨送之。」〔註67〕元諧死後，由其「子靈道，襲。卒，諡悼王。」〔註68〕此後該支絕嗣。元諶與元子靈同輩，遂將其次子元煥過繼於元子靈為後。墓誌記載元煥過繼後的「祖諧，散騎常侍武衛將軍東中郎將廣川剛王。」也就是文成帝孫、廣川王子元諧，那麼其「繼曾祖賀略汗，侍中征北大將軍中都大官，又加車騎大將軍廣川莊王。」就應該是廣川王元略，「賀略汗」在侯氏造像記中記為「賀蘭汗」，應該就是元略的鮮卑名。元略妻「曾祖親上谷侯氏，父石拔，平南將軍洛州刺史。」她應該也出自鮮卑貴族，在接受了佛教信仰後，希望通過造像為亡夫和子孫祈福。她的第一方造像乃是為逝世的丈夫祈福，有鑒於家族的人丁衰微，尤其是在兒子元諧也已經逝世，而孫子元靈道似乎又身體不甚健康，於是乃造像為之祈福。

第三節　皇太后崇佛的評價

　　北魏諸后大都是虔誠的佛教信徒，她們積極學習佛理，不僅以佛教理論豐富自己的精神世界，更通過自身的政治影響力積極推廣佛教、興建寺廟和石窟，雖然其目的在於為自己或家人祈福，但卻在客觀上促進了佛教在北朝的繁榮。

一、興佛諸后的貢獻

　　馮太后出身的長樂馮氏家族有著深厚的佛教信仰傳統，雖然她年幼入宮，與家人接觸較少，但卻在入宮後得到了「世祖左昭儀，后之姑也。雅有母德，撫養教訓。」〔註69〕在姑母身邊長大的馮太后不僅學習到了文化知識，

〔註66〕《魏書》卷二〇《文成五王列傳·廣川王略傳》，中華書局，1974年，第526頁。

〔註67〕《魏書》卷二〇《文成五王列傳·廣川王略傳附元諧傳》，中華書局，1974年，第526頁。

〔註68〕《魏書》卷二〇《文成五王列傳·廣川王略傳附元靈道傳》，中華書局，1974年，第528頁。

〔註69〕《魏書》卷一三《皇后列傳·文成文明皇后馮氏傳》，中華書局，1974年，第328頁。

也受到了佛教信仰的薰陶，她自己也成為了虔誠的佛教信徒。

在與孝文帝共同執政期間，馮太后對佛教加以推廣，並在承明元年（476年）八月、太和二年（478年）二月、三月，多次與孝文帝共同在永寧寺設齋和法會，並度良家男女為僧尼百餘人。太和四年（480年）七月、太和六年（482年）三月和太和七年（483年）五月，他們又三赴武州山石窟寺。太和八年（484年）七月，他們還一同赴方山石窟寺。馮太后和孝文帝以實際行動倡導佛教信仰，更促進了佛教石窟的興建。

此外，馮太后還開以寺廟作為生病后妃修養場所之先例。《魏書》卷一三《皇后列傳·孝文幽皇后馮氏傳》載：

> 孝文幽皇后，亦馮熙女。文明太皇太后欲家世貴寵，乃簡熙二女俱入掖庭，時年十四。后有姿媚，偏見愛幸。未幾，疾病，文明太后乃遣還家為尼，高祖猶留念焉。

幽皇后馮氏是馮太后的侄女、馮熙的庶女，其在入宮後得到了皇帝的寵幸，後由於疾病而被迫離宮休養。由於她曾經是孝文帝的寵妃，為了杜絕她在出宮後發生有損皇室威嚴的淫亂行為，只有女性居住的尼寺才是最好的場所，這樣既能夠是她不與外界男性接觸，還能起到安心修養的目的。就在她出家後不久，「歲餘而太后崩。高祖服終，頗存訪之，又聞后素疹痊除，遣閹官雙三念璽書勞問，遂迎赴洛陽。及至，寵愛過初，專寢當夕，宮人稀復進見。拜為左昭儀，後立為皇后。」〔註70〕這說明在北魏出家和還俗相對自由，並未出現後世出家後還俗不便的情況。

在馮太后的示範效應下，北魏部分朝臣也會將家庭中無法安置或不便安置的妻妾都送往寺廟，並以此作為她們的棲身之所。如由南朝入魏的漢人世族琅琊王肅「在江南之日，聘謝氏女為妻。及至京師，復尚公主。」〔註71〕其妻謝氏與他生有二女一男。或是為了行動方便，王肅入魏時孤身一人，並未攜妻子兒女同行。在他到達北魏後，孝文帝對他「甚重之，常呼王生」〔註72〕。出於對他的看重，孝文帝還「詔肅尚陳留長公主，本劉昶子婦彭城公主也」

〔註70〕《魏書》卷一三《皇后列傳·孝文幽皇后馮氏傳》，中華書局，1974年，第333頁。

〔註71〕《洛陽伽藍紀校箋》卷三《城南·報德寺附正覺寺》，中華書局，2006年，第135頁。

〔註72〕《洛陽伽藍紀校箋》卷三《城南·報德寺附正覺寺》，中華書局，2006年，第136頁。

〔註 73〕。彭城公主即劉昶子劉承緒之妻，初封陳留長公主，後改封為彭城長公主。劉承緒死後，孝文幽皇后母弟北平公馮夙欲求娶之，但卻遭到公主反對，最終孝文帝將她嫁給了剛剛入魏的王肅。其後，王肅在南朝的妻子「謝氏入道為尼，亦來奔肅」〔註 74〕。此時的王肅已娶彭城長公主為妻，公主不許謝氏及其子女入門，「（王）肅甚有愧謝之色，遂造正覺寺以憩之。」〔註 75〕

　　在北魏中後期，受到佛教信仰的影響而以尼寺安置家族女性成員的現象屢見不鮮。《北齊書》卷四三《羊烈列傳》載：

> 烈家傳素業，閨門修飾，為世所稱，一門女不再醮。魏太和中，於兗州造一尼寺，女寡居無子者並出家為尼，咸存戒行。

羊氏家族自造尼寺作為家族中寡居無子女性的最後安居場所，不僅是出於其家族的佛教信仰的影響，也與當時社會后妃出家的風潮密切相關。

　　《魏書》卷六八《高聰列傳》又載：

> （高聰）與少游同拜中書博士。積十年，轉侍郎，以本官為高陽王雍友，稍為高祖知賞。……有妓十餘人，有子無子皆注籍為妾，以悅其情。及病，不欲他人得之，並令燒指吞炭，出家為尼。

高聰雖然出自渤海高氏家族，且稍有才學，但他品行不端，善於阿諛朝廷寵臣，得勢力後又「藉貴因權，耽於聲色，賄納之音，聞於遐邇。」〔註 76〕他生前將妓注籍為妾，令其陪伴他生活。為了讓這些妾在他死後不能再嫁，他還用殘忍的手段將她們變為殘疾，然後令她們出家為尼，以保證這些妾在他死後仍能保持忠貞。

二、佞佛之後的評判

　　胡太后家族也有佛教信仰的傳統，加之她本人又在出家的姑姑身邊長大，使她「略通佛義，崇奉佛教」〔註 77〕。她在宣武帝時期，由姑姑推薦入宮為世婦，生下宣武帝獨子元詡後，又被提升為嬪。元詡登基後，她以帝母的身份被封為皇太后，並與年幼的孝明帝共同主政。出於自身的佛教信仰，

〔註 73〕《魏書》卷六三《王肅列傳》，中華書局，1974 年，第 1410 頁。
〔註 74〕《洛陽伽藍紀校箋》卷三《城南・報德寺附正覺寺》，中華書局，2006 年，第 136 頁。
〔註 75〕《洛陽伽藍紀校箋》卷三《城南・報德寺附正覺寺》，中華書局，2006 年，第 136 頁。
〔註 76〕《魏書》卷六八《高聰列傳》，中華書局，1974 年，第 1523 頁。
〔註 77〕《洛陽伽藍紀・序》，中華書局，2006 年，第 3 頁。

胡太后積極修建佛寺，其中耗時、耗材最多的當屬永寧寺。《魏書》卷一一四
《釋老志》載：

> 高祖誕載。於時起永寧寺，構七級佛圖，高三百餘尺，基架博
> 敞，為天下第一。又於天宮寺，造釋迦立像。高四十三尺，用赤金
> 十萬斤。黃金六百斤，皇興中，又構三級石佛圖。椽棟楣楹，上下
> 重結，大小皆石，高十丈。鎮固巧密，為京華壯觀。

永寧寺為孝文帝時期設計和施工的寺院，其設計之精巧為當時之最，但是由
於此時北魏剛剛完成遷都，宮殿仍在建設中，受此影響的永寧寺未能最終完
工，並在孝文帝逝世後，便被擱置。

孝文帝最初對洛陽城的規劃為：

> 城內唯擬一永寧寺地，郭內唯擬尼寺一所，餘悉城郭之外。欲
> 令永遵此制，無敢逾矩。逮景明之初，微有犯禁。故世宗仰修先志，
> 爰發明旨，城內不造立浮圖、僧尼寺舍，亦欲絕其希覬。〔註78〕

孝明帝繼位後，在胡太后的支持下，「肅宗熙平中，於城內太社西，起永寧
寺。靈太后親率百僚，表基立剎。佛圖九層，高四十餘丈，其諸費用，不可勝
計。」〔註79〕至此，永寧寺最終得以完工。

關於該寺內的外部構造和裝飾，《洛陽伽藍記》卷一《城內》永寧寺條
載：

> 永寧寺，熙平元年，靈太后胡氏所立也。……中有九層浮圖一
> 所，架木為之，舉高九十丈。有剎復高十丈，合去地一千尺。去京
> 師百里，已遙見之。初掘基至黃泉下，得金像三千（十）軀。……
> 剎上有金寶瓶，容二十五石。寶瓶下有承露金盤三十重，周匝皆垂
> 金鐸，復有鐵鎖四道，引剎向浮圖。四角鎖上亦有金鐸，鐸大小如
> 一石甕子。浮圖有九級，角角皆懸金鐸，合上下有一百二十鐸。浮
> 圖有四面，面有三戶六牕，戶皆朱漆。扉上有五行金釘，〔其十二門
> 二十四扇〕，合有五千四百枚。復有金鐶鋪首，《布》殫土木之功，
> 窮造形之殫土木之功，窮造形之巧。佛事精妙，不可思議。繡柱金
> 鋪，駭人心目。至於高風永夜，寶鐸和鳴，鏗鏘之聲十餘里。

在北魏的眾多的寺院中，「永寧寺的工程最為偉大，耗費之多不可勝計。」

〔註78〕《魏書》卷一一四《釋老志》，中華書局，1974年，第3044頁。
〔註79〕《魏書》卷一一四《釋老志》，中華書局，1974年，第3043頁。

〔註80〕並由此開啟了寺院豪華之風。

此後，胡太后還仿照永寧寺的規模，修建了秦太上君寺，用以為母親皇甫氏祈福，「（寺）中有五層浮圖一所，修剎入雲，高門向街。佛事莊飾，等於永寧。誦室禪堂，周流重疊，花林芳草，遍滿階墀。常有大德名僧，講一切經。受業沙門，亦有千數。」〔註81〕她還對宣武帝所立的景明寺進行了擴建，「造七層浮圖一所，去地百仞。……莊飾華麗，侔於永寧。金盤寶鐸，煥爛霞表。」〔註82〕該建築等級依然是按照永寧寺的規模進行，由是造成「景明寺佛圖，亦其亞也」〔註83〕。

在胡太后執政期間，耗費鉅資修建寺廟、佛塔，其「以為信法之徵，是以營建過度也。」〔註84〕在她的帶動下，北魏上下都積極出資建廟，以「至於官私寺塔，其數甚眾。」〔註85〕特別是在「（胡）太后臨朝，閹寺專寵，宦者之家，積金滿堂。」〔註86〕這些得寵的宦官也積極修建佛寺，為自己的今生和來世祈禱，其中宦官劉騰出資建設了長秋寺，並以其擔任大長秋卿之名命名該寺；「凝圓寺，閹官濟州刺史賈璨，所立也，在廣莫門外一里御道東，所謂永平里也。」〔註87〕昭儀尼寺，則是北魏閹官集體出資等所立。

北魏皇太后對佛教的積極推崇，直接促進了佛教在北朝的傳播，其修建的石窟、廟宇更為後世留下了珍貴的藝術珍品。由於馮太后執政期間張弛有度，對於佛教信仰的耗費也仍在國家可控範圍內，加之此時北魏國力強盛，修建寺院建築並未對國家造成實質影響。胡太后大規模的修建佛寺，則耗費了大量的人力、物力和財力，加之此時國家經濟已經處於衰退期，這種耗費更直接導致了國家的財政緊張。對此，已有朝臣有所認識，並多次上書提出意見。

任城王元澄對於胡太后的崇佛行為也提出了建議，《魏書》卷一九《景穆十二王列傳·任城王雲列傳附元澄傳》載：

> 靈太后銳於繕興，在京師則起永寧、太上公等佛寺，功費不少，

〔註80〕《洛陽伽藍記·序》，中華書局，2006 年，第 3 頁。
〔註81〕《洛陽伽藍記》卷二《城東》秦太上君寺條，中華書局，2006 年，第 90 頁。
〔註82〕《洛陽伽藍記》卷三《城南》景明寺條，中華書局，2006 年，第 136 頁。
〔註83〕《魏書》卷一一四《釋老志》，中華書局，1974 年，第 3043 頁。
〔註84〕《洛陽伽藍記》卷一《城內》永寧寺條，中華書局，2006 年，第 47 頁。
〔註85〕《魏書》卷一一四《釋老志》，中華書局，1974 年，第 3043 頁。
〔註86〕《洛陽伽藍記》卷一《城內》昭儀尼寺條，中華書局，2006 年，第 49 頁。
〔註87〕《洛陽伽藍記》卷五《城北》凝圓寺條，中華書局，2006 年，第 231 頁。

外州各造五級佛圖。又數為一切齋會，施物動至萬計。百姓疲於土
木之功，金銀之價為之踴上，削奪百官事力，費損庫藏，兼曲費左
右，日有數千。澄故有此表。雖卒不從，常憂答禮之。

元澄針對胡太后建造永寧寺和太上公寺耗費巨大提出了意見，這也足以代表
了當時北魏宗室的態度，但是卻並未引起胡太后的重視。

張惠普作為普通官員，也曾針對「肅宗不親視朝，過崇佛法，郊廟之事，
多委有司，」〔註88〕上疏曰：

減祿削力，近供無事之僧；崇飾雲殿，遠邀未然之報。……愚
謂從朝夕之因，求只劫之果，未若先萬國之忻心，以事其親，使天
下和平，災害不生者也。……量撤僧寺不急之華，還復百官久折之
秩。已興之構，務從簡成；將來之造，權令停息。仍舊亦可，何必
改作。庶節用愛人，法俗俱賴。〔註89〕

張惠普雖然表面針對的是孝明帝「不親視朝，過崇佛法」，但當時國家的真正
掌權者乃胡太后，過度崇佛的也是胡太后，張惠普針對的對象自然也是胡太
后。張惠普的目的在於藉此提示她國家真正進行的郊廟祭祀者是孝明帝。此
外，他還對於胡太后耗費過多資金投入佛教建築，削減朝臣俸祿問題也提出
了自己的意見，這也代表了當時朝臣的態度。可以看出，胡太后耗費鉅資興
建佛教寺院和推廣佛教的行為，已經受到了當時國內上下的一致反對。

此外，過度豪華的寺院也造成了僧尼生活的奢靡化，《洛陽伽藍記》卷一
《城內》瑤光寺條載：

永安三年中，尒朱兆入洛陽，縱兵大掠，時有秀容胡騎數十入
瑤光寺婬穢。自此後頗獲譏訕。京師語曰：「洛陽男兒急作髻，瑤光
寺尼奪作婿。」

國家投入大量資金和人力修建的寺廟，不僅內部裝修更加豪華，為了保證僧
尼的生活，國家還給予他們極高的待遇，直接造成了寺院的奢靡化，也導致了
北魏僧侶階層的日益腐化。他們逐漸背離了佛教的初衷，對眾生生活苦楚不
在關注，卻更加熱衷於為統治階層講經說道，其結果也不利於佛教的發展。

〔註88〕《魏書》卷七八《張惠普列傳》，中華書局，1974 年，第 1737 頁。
〔註89〕《魏書》卷七八《張惠普列傳》，中華書局，1974 年，第 1737～1738 頁。

第十章　北魏女主政治的影響

　　鮮卑族女性本有有著較高的社會地位，特別是在女主臨朝之時，更會著意提升女性地位、明晰女性權力，從而使女性爵級、官職都較以往更為完善。同時，受到女性執政的影響，普通家庭中對女性教育的關注度也更高，進而造成這女性的文化素養和文學水平在這一時期也有了顯著提升。

第一節　女官的設置和任用

　　後宮是等級森嚴的地方，皇后和嬪妃是皇帝的妻妾，她們在後宮中有著相對較高的地位。為了保障她們生活的質量，便有了數倍甚至數十倍於她們人數的宮女為她們服務，管理這些宮女、為后妃生活服務的後宮女官也就隨之產生。

一、女官的設置

　　後宮是皇帝及其妻妾們生活的地方，為了保持皇室血統的純潔，後宮中的官員多由宦官和女官擔任。由於宦官不僅在後宮中任職，有些人也在朝廷中職務，對後宮任職的宦官，此處筆者僅對後宮女官等級進行考察。

　　我國古代女官包含較廣，廣義上的女官是指後宮嬪妃以及從事具體後宮管理事務的官員，而狹義的女官則專指與皇帝無配偶名分，且從事管理事務、為后妃生活服務的女性官員。北魏孝文帝時期正式設立女官制度，自此嬪妃、女官分離，成為兩個不同體系。本節所論述的女官是狹義的女官。

　　我國古代女官制度相關記載始於《周禮》。《周禮·春官·世婦》記載：

「世婦每宮卿二人。下大夫四人。中士八人。女府二人。女史二人。奚十有六人。」《周禮》記載的很多制度都是理想化的設想，並未真正在周代實施過，女官制度也是如此。

女官真正出現始於三國時期。《三國志》注引《魏略》：「帝常遊宴在內，乃選女子知書可付信者六人，以為女尚書，使典省外奏事，處當畫可。」〔註1〕可見，在曹魏時期已經設立了女尚書，這也是關於女官的最早記載。但此時女官人數較少、執掌不明，女官制度尚未正式確立。

此後各代大都設有女官，但並沒有形成制度。女官制度真正出現則是在南朝宋時期。南朝宋明帝「留心後房，擬外百官，備位置內職」〔註2〕並將後宮內職分為七品，自此後宮女職開始有了品級的劃分，但此時嬪妃、女官尚未正式分離。

我國歷史上第一次將嬪妃、女官正式分離，確立獨立的後宮女官制度，始於北魏孝文帝時期。《魏書》卷一三《皇后傳》：

> 後置女職，以典內事。內司視尚書令、僕。作司、大監、女侍中三官，視二品。監，女尚書，美人，女史、女賢人、書史、書女、小書女五官，視三品。中才人、供人、中使女生、才人、恭使宮人視四品，春衣、女酒、女饗、女食、奚官女奴視五品。

根據前職員令〔註3〕的記載可知尚書令、僕射都是從一品官，則內司是北魏後宮女官中地位最高的一級。內司以下，按照女官的官品分為四個級別，同一等級的女官內部又包括不同的幾類女官，北魏女官等級劃分之細可見一斑。

關於女官的等級以及相關擔任者，史書中沒有明確的記載，但出土的墓誌銘文的記載卻補充了史書記載的這一缺失。《大魏宮內司高唐縣君楊氏墓誌》：

> 皇始之初，南北兩分，地擁王澤，逆順有時，時來則改，以歷城歸誠，遂入宮耳。年在方笄，性志貞粹，雖遭流離，純白獨著，出入紫闈，諷稱婉而。是以文昭太皇太后選才人充宮女，又以忠謹審密，擇典內宗七祏，孝敬天然，能使邊豆靜嘉。遷細謁小監。女

〔註1〕《三國志》卷三《魏書·明帝紀》注引《魏略》，中華書局，1982年，第104～105頁。

〔註2〕《南朝宋會要·帝系》內職篇，上海古籍出版社，1984年，第16頁。

〔註3〕《魏書》卷一一三《官氏志》，中華書局，1974年，第2978頁。

功剏綜，巧妙絕群，又轉文繡太監。化率一宮，課藝有方，上下順

厚，改授宮大內司。宣武皇帝以揚忠勤先後，宿德可矜，賜爵縣君，

邑分高唐。〔註4〕

楊氏死於孝明帝正光二年（521年），時年七十，由此可以推知楊氏生於太武
帝太平真君二年（441年）。那麼，道武帝皇始年間，楊氏尚未出生，則墓誌
中有關楊氏生年、卒年的記載必有一個錯誤。對此，趙萬里先生考證：「魏之
歷城為齊州東魏郡治所，齊州即劉宋之冀州，獻文帝皇興元年始歸魏，則此
處的『皇始』當為『皇興』」。〔註5〕孝文昭皇后高照容分別在太和七年（483
年）、十二年（488年）、十三年（489年）生宣武帝、元懷及元瑛〔註6〕，太
和十七年（493年）孝文幽皇后馮氏被接回皇后，並得寵於皇帝，文昭太后由
是失寵而居洛陽，則「文昭太皇太后選才人充宮女」，必發生於太和十七年以
前。換言之，在孝文帝中期之前，楊氏已經成為北魏後宮四品才人，然後她
又由才人升為宮女〔註7〕、小監〔註8〕、太監（即大監），並最終被提升為內
司，官品升為了從一品，成為北魏後宮女官中地位最高者。

　　北魏後宮中還設有作司、女尚書以及女侍中等官職，她們都是北魏後宮
中的二品女官。根據出土墓誌記載可知北魏曾有女官張安姬擔任文繡大監
〔註9〕、劉華仁擔任典稟大監〔註10〕、孟元華擔任細謁大監〔註11〕。可見，
大監是該官職的總稱，其內部設有居多具體的名稱，可以補充史書中的相關

〔註4〕　趙超：《漢魏南北朝墓誌彙編》，《大魏宮內司高唐縣君楊氏墓誌》，天津古籍
　　　　出版社，2008年，第126頁。

〔註5〕　趙萬里：《漢魏南北朝墓誌集釋》，科學出版社，1956年，第10頁。

〔註6〕　羅新、葉煒：《新出魏晉南北朝墓誌疏證》，《文昭皇后高照容墓誌》，中華書
　　　　局，2006年，第89頁。

〔註7〕　關於「宮女」，史書中沒有記載，趙萬里先生認為：此處的「宮女」當為「女尚
　　　　書」一類。趙萬里：《漢魏南北朝墓誌集釋》，科學出版社，1956年，第10頁。

〔註8〕　小監為後宮諸監之一。

〔註9〕　趙超：《漢魏南北朝墓誌彙編》，《張安姬墓誌銘》載：「年廿，蒙除御食監。
　　　　屬心自守，蒞務有稱。後除文繡大監，於時度當明件。上知其能，復除宮作
　　　　司。」天津古籍出版社，2008年，第123頁。

〔註10〕　趙超：《漢魏南北朝墓誌彙編》，《劉華仁墓誌銘》載：「稟性聰睿，忤懷曉就，
　　　　志密心恭，蒙馳紫幄。積勤累效，款策四紀，寵賞無惄之庈，賜宮典稟大監。」
　　　　天津古籍出版社，2008年，第122頁。

〔註11〕　趙超：《漢魏南北朝墓誌彙編》，《夫人諱元華字遺姬墓誌》載：「長女華，少
　　　　有令姿。主上太武皇帝聞之，即召內侍。逕歷五帝，後蒙除細謁大監。」天
　　　　津古籍出版社，2008年，第131頁。

記載。

北魏後宮女官中的女侍中不僅記載的較多，且任職者大都有著非凡的身份。《魏書》卷四〇《陸俟傳附陸昕之傳》載：

> （陸）昕之，字慶始，風望端雅。襲爵，例降為公。尚顯祖女常山公主，拜駙馬都尉。……公主奉姑有孝稱，神龜初，與穆氏頓丘長公主並為女侍中。

《魏書》卷八三《外戚列傳下·胡國珍傳》又載：

> 元又妻拜為女侍中，封新平郡君，又徙封馮翊君。

由此可見，北魏女官中的作司、大監、女侍中雖同為二品，但作司、大監的擔任者是以罪入宮的宮女，而女侍中的擔任者卻是公主或外戚家族成員。從擔任者的身份可以推斷，女侍中的地位必定高於作司和大監，甚至也高於後宮中其他的女官。

北魏後宮中的三品女官包括監、女尚書、美人、女史、女賢人、書史、書女、小書女等，但從史書和墓誌記載上看，三品女官的設置以監和女尚書為主，其他的女官可能沒有真正設立過，即便部分有出現過，但也一般都是應對特殊情況下的需求，沒有形成相應固定的官職。

現已出土的北魏女官墓誌中記載的監有典御監秦阿女〔註12〕、家監緱光姬〔註13〕、御食監張安姬〔註14〕和嘗食監王遺女〔註15〕。可見，監也是官職的總稱，其內部設有某些具體職務，補充了史書的相關記載。

除前文所述的諸監外，北魏後宮三品女官中的女尚書也任命的較多。《魏故官御作女尚書馮（迎男）女郎之志》載：

> 女郎姓馮，諱迎男，西河介人也。父顯，為州別駕。因鄉曲之

〔註12〕趙超：《漢魏南北朝墓誌彙編》，《劉阿素墓誌銘》載：「同火人典御監秦阿女等，痛金蘭之奄契，悲紅顏而逃年，乃刊玄石，迷像德音。」天津古籍出版社，2008年，第114頁。

〔註13〕趙君平：《邙洛碑誌三百種》，《緱光姬墓誌》載：「第一品家監緱夫人之墓誌銘……監自委身宮掖出入□闈，風流納賞，每被優異然。」中華書局，2004年，第97頁。

〔註14〕趙超：《漢魏南北朝墓誌彙編》，《宮第一品張墓誌銘》載「年十三，因遭羅難，家戮沒宮。年廿，蒙除御食監。」天津古籍出版社，2008年，第123頁。

〔註15〕趙超：《漢魏南北朝墓誌彙編》，《傅母王遺女墓誌》載：「顯祖文明太皇太后擢知御膳。至高祖幽皇后，見其出處益明，轉當御細。達世宗順后，善其宰調酸甜，滋味允中，又進嘗食監。」天津古籍出版社，2008年，第123頁。

難，家沒奚官。女郎時年五歲，隨母配宮。慎言窅過，蓋其天姓，窈窕七德，長而彌甚。年十一，蒙簡為宮學生，博達墳典，手不釋卷。聰穎洞鑒，朋中獨異。十五蒙授宮內御作女尚書，干涉王務，貞廉兩存，稱菸女功，名烈俱備。〔註16〕

《女尚書王氏諱僧男墓誌》又載：

男父以雄俠罔法，渡馬招辜，由斯尤戻。唯男與母，伶丁奈蓼，獨入宮焉。時年有六。聰令詔朗，故簡充學生。惠性敏悟，日誦千言，聽受訓詁，一聞持曉。官由行陟，超昇女尚書，秩班品三。〔註17〕

馮迎男、王僧男二人由宮學生升為女尚書，宮學生似也是後宮官員，應該便是史書中記載的三品女官小書女。〔註18〕倘若如此，便可推知小書女與女尚書同為三品女官，但馮迎男和王僧男由小書女而升為女尚書，說明三品女官內部，監、女尚書的地位高於女史、女賢人、書史、書女、小書女五官。

二、女官的職責

北魏女官制度設立於孝文帝時期，孝文帝根據《周禮》的記載設立了女官的名號，部分女官承擔著具體的工作，也有部分女官只是徒具其名，並未正式採用。

內司是北魏後宮中秩級、地位最高的女官，十六國時期，該職女官就已出現。前秦苻堅「課後宮，置典學，立內司，以授於掖庭，選閹人及女隸有聰識者署博士以授經。」〔註19〕在前秦政權中，內司是由宦官或者女官來擔任的，主要負責教授後宮諸人文化與技藝。另據《大魏宮內司馬高唐縣君楊氏墓誌》所載，內司楊氏由於「化率一宮，課藝有方，上下順厚」〔註20〕而由文繡大監升為內司。足見，北魏內司的擔任者，不僅要有一定的文化修養與技藝，而且還要善於傳授文化與技能，這與前秦時期內司的職責大體相同。

〔註16〕趙超：《漢魏南北朝墓誌彙編》，天津古籍出版社，2008年，第123頁。

〔註17〕趙超：《漢魏南北朝墓誌彙編》，天津古籍出版社，2008年，第124頁。

〔註18〕趙萬里：《漢魏南北朝墓誌集釋》，科學出版社，1956年，第7頁。

〔註19〕《晉書》卷一一三《苻堅載記上》，中華書局，1974年，第2897頁。

〔註20〕趙超：《漢魏南北朝墓誌彙編》，《大魏宮內司馬高唐縣君楊氏墓誌》，天津古籍出版社，2008年，第126頁。

　　女侍中則是史書中唯一有明確記載的北魏後宮女官，多由功臣、宗室或外戚家族女子擔任，這也使女侍中成為北魏貴族身份的象徵。《魏故持節征虜將軍營州刺史長岑侯韓使君賄夫人高氏墓銘》載：

> 夫人勃海條人也。左光祿大夫勃海郡開國敬公揚之長女，侍中尚書令司徒大將軍平原郡開國公肇侍中司空澄城郡開國穆公顯之元姊。夫人妹以儀軒作聖，侄女襄月留光，並配乾景，用敷地訓。二后禕褕，亞攢天極。……至景明三年，宣武皇帝以夫人皇姨之重，兼韻動河月，遂賜湯沐邑，封遼東郡君。又以椒幃任要，宜須翼輔，授內侍中，用委宮掖。獻可諫否，節凝圖篆。〔註21〕

宣武帝姨高氏以外戚身份擔任女侍中，主要負責後宮的文書及建議和諮詢工作。其他的女侍中擔任者還有靈太后同母妹、「元乂妻拜為女侍中」，〔註22〕營救胡太后的功臣于忠之妻和頓丘長公主。這些人或是皇室宗親、外戚，或是功臣家屬。可見，女侍中對於其家族榮譽賞賜的意義要大於其真正承擔起的女官職責，這也是該女官有別於其他女官最顯著的特徵。

　　北魏女官中的「監」是一類的女官的統稱，主要包括典御監、嘗食監和家監。「嘗食監」即嘗食典御監的簡稱，是嘗食典御和中嘗食典御的副職。《傅姆王遺女墓誌》載：

> 顯祖文明太皇太后擢知御膳。至高祖幽皇后，見其出處益明，轉當御細。達世宗順后，善其宰調酸甜，滋味允中，又進嘗食監。〔註23〕

《楊暐墓誌》又載：

> 孝昌元年轉嘗食典御，綺肴桂酒，羽傳皇羅，珠目貝齒，咸所嘗晛。〔註24〕

據此可知，嘗食典御主要負責皇宮內的飲食，在皇帝、后妃食用之前還要先品嘗，以確保食物的安全，嘗食監作為嘗食典御和中嘗食典御的副職，其

〔註21〕趙超：《漢魏南北朝墓誌彙編》，《魏故持節征虜將軍營州刺史長岑侯韓使君賄夫人高氏墓銘》，天津古籍出版社，2008年，第153頁。

〔註22〕《魏書》卷八三《外戚列傳下‧胡國珍傳》，中華書局，1974年，第1834頁。

〔註23〕趙超：《漢魏南北朝墓誌彙編》，《傅姆王遺女墓誌》，天津古籍出版社，2008年，第124頁。

〔註24〕羅新、葉煒：《新出魏晉南北朝墓誌疏證》，《楊暐墓誌》，中華書局，2005年，第141頁。

職責亦當如此。

　　女尚書為北魏三品女官，在三國時期就已經出現，其職責主要是在皇帝出行時，代為處理前朝奏事。《魏故宮御作女尚書馮女郎之志》載：

　　　　女郎時年五歲，隨母配宮。慎言督過，蓋其天姓，窈窕七德，
　　長而彌甚。年十一，蒙簡為宮學生，博達墳典，手不釋卷。聰穎洞
　　鑒，朋中獨異。十五蒙授宮內御作女尚書，干涉王務，貞廉兩存，
　　稱範女功，名烈俱備。〔註25〕

這裡所提到的女尚書「干涉王務」，與《三國志》中提到的「典省外奏事，處當畫可」的記載相互吻合，說明北魏也女尚書可以協助皇帝處理前朝官員的奏事。《女尚書王僧男墓誌》又載：

　　　　時年有六。聰令韶朗，故簡充學生。惠性敏悟，日誦千言，聽
　　受訓詰，一聞持曉。官由行陟，超昇女尚書，秩班品三。能記釋嬪
　　嫱，接進有序，剋當乾心。使彤管揚輝，故賜品二。〔註26〕

此墓誌中關於王僧男任職情況的記載，說明女尚書還負責安排嬪妃觀見皇帝等事務，並且還要對這種觀見行為進行記錄，她們甚至還可以對前朝官員的奏事提供意見。

　　北魏三品女官——女史的職責與女尚書相似，即主要從事文字記錄工作。女史一職，自漢代便已出現。在漢代「女史彤管，記功書過。」〔註27〕主要負責記錄皇帝的日常生活，以及後宮嬪妃的功過是非等。

　　另據《後漢書》卷一○《皇后紀上》載：

　　　　漢武帝有《禁中起居注》，後漢明德馬后撰《明帝起居注》，然
　　則漢時起居，似在宮中，為女史之職。

南朝宋後宮有校事女史、中監女史、贊樂女史、侍御奏案女史、中訓女史各一人，為四品女官。此外，還有校學女史一人，為五品女官，她們的職責似與後宮教學和記錄有關。

　　北魏女官制度是在繼承前代相關制度，並參照同一時期的南朝制度的基礎上設立的，其女史職責也當與漢代及南朝宋相似。《魏書》卷九一《術藝列

〔註25〕趙超：《漢魏南北朝墓誌彙編》，《魏故宮御作女尚書馮女郎之志》，天津古籍
　　　　出版社，2008年，第123頁。

〔註26〕趙超：《漢魏南北朝墓誌彙編》，《女尚書王僧男墓誌》，天津古籍出版社，2008
　　　　年，第124頁。

〔註27〕《後漢書》卷一○《皇后紀上》，中華書局，1965年，第397頁。

傳・張淵傳》記載：

> 御宮典儀，女史執筆。
>
> 女史記識晝夜昏明，節漏省時，在勾陳右傍。

可見，北魏女史主要負責宮中禮儀活動的記錄。

北魏後宮女官「奚官女奴視五品。」〔註28〕但卻並未有任何相關墓誌可以考察期任職情況。根據史書所載，北齊設有奚官局，「凡宮人有疾病，則供其醫藥；死亡，則給其衣服，各視其品、命，仍於隨近寺、觀為之修福。」〔註29〕可見，奚官局是主管後宮疾病以及喪葬事務的官職。由於北齊的制度大多沿襲北魏，則可知北魏當也有此官職，奚官女奴當是從事後宮醫藥、喪葬事宜的女官。

至於北魏所設立的其他女官名號與職務，由於目前沒有任何史書或墓誌提及，其是否只是徒具其名，尚有待進一步研究。

三、女官的任用

自孝文帝設立女官制度以來，北魏女官便有了不同的官品，並按照相應的官品承擔職責、享受相應的待遇。孝文帝不僅在後宮改革中對女官進行了官名和官品的細緻規定，更為後世後宮品級與前朝的對接，提供了重要的依據。但在此後的一段時間內，北魏女官的設置並不多，直至胡太后臨朝後，女官才大範圍設置。可以說，女官已經成為女主掌控後宮，提供前朝決策參考的助力，其設置也成為女主統治的重要特徵之一。

北魏女官的出現最早是出現於孝文帝時期的女尚書馮迎男。馮迎男「鄉曲之難，家沒奚官。女郎時年五歲，隨母配宮。」馮迎男死於正光二年（521年），時年五十六歲，可推知其入宮時間為孝文帝延興年間。六年後，也就是在孝文帝太和初，馮迎男「年十一，蒙簡為宮學生，博達墳典，手不釋卷。聰穎洞鑒，朋中獨異。」〔註30〕此時馮迎男已經完成的典籍的學習，自己具備了較高的文化水平，為她擔任女官打下了基礎。又四年以後，孝文帝於太和年間制定了後宮制度，馮迎男由於個人的聰明才智以及在文化修養上的不懈努力，最終被選拔為女官，並在「十五蒙授宮內御作女尚書」。〔註31〕

〔註28〕《魏書》卷一三《皇后列傳》，中華書局，1974年，第321頁。
〔註29〕《唐六典》卷一二《內侍省》奚官局條，中華書局，1992年，第359頁。
〔註30〕趙超：《漢魏南北朝墓誌彙編》，天津古籍出版社，2008年，第123頁。
〔註31〕趙超：《漢魏南北朝墓誌彙編》，天津古籍出版社，2008年，第123頁。

另據《魏故持節征虜將軍營州刺史長岑侯韓使君賄夫人高氏墓銘》載：

> 夫人勃海脩人也。左光祿大夫勃海郡開國敬公揚之長女，侍中
> 尚書令司徒大將軍平原郡開國公肇侍中司空澄城郡開國穆公顯之
> 元姊。夫人妹以儀軒作聖，侄女裛月留光，並配乾景，用敷地訓。
> 二后褘褕，亞瓚天極。……至景明三年，宣武皇帝以夫人皇姨之重，
> 兼韻動河月，遂賜湯沐邑，封遼東郡君。又以椒幃任要，宜須翼輔，
> 授內侍中，用委宮掖。獻可諫否，節凝圖篆。〔註32〕

宣武帝繼位後「委任高肇，疏薄宗室」〔註33〕，由此高氏家族權勢達到了頂
點，持節征虜將軍、營州刺史、長岑侯韓使君賄夫人高氏是宣武帝的姨母，
正是由於這種特殊身份，她在宣武帝景明三年（503 年）不僅得到賜爵，還被
選為女侍中，成為北魏後宮女官。

　　至宣武帝時期，或是在皇后高氏完全控制了後宮後，她也開始注重選拔
女官。《傅母宮大監杜法真墓誌》載：

> 傅母宮大監杜法真者，黃如人也。忠孝發自弱齡，廣平起於齠
> 齔。年有五十，奉身紫掖，何知遇於先朝，被顧問於今上。性姓寬
> 閒，世有行焉。歷住雖清，非其願也，遂隱疏下邦，養身洛陽。天
> 乎不淑，梁木摧傾。春秋六十有六，殞於洛陽。……以正光五年十
> 月三日空於首陽之陰。〔註34〕

杜法真五十歲時被徵召入宮，正光五年（524 年）逝世，時年六十六歲，可推
知其入宮時間為宣武帝正始年間，此時雖然孝文帝和宣武帝都曾有過選拔女
官參與後宮的管理，但真正意義上對女官的廣泛任用則發生於孝明帝繼位
後，尤其是胡太后臨朝時期。《魏書》卷三一《于栗磾傳附于忠傳》：

> 初，世宗崩後，高太后將害靈太后。劉騰以告侯剛，剛以告忠。
> 忠請計於崔光，光曰：「宜置胡嬪於別所，嚴加守衛，理必萬全，計
> 之上者。」忠等從之，具以此意啟靈太后，太后意乃安。故太后深
> 德騰等四人，並有寵授。……忠後妻中山王尼須女，微解《詩》《書》，
> 靈太后臨朝，引為女侍中，賜號范陽郡君。

〔註32〕趙超：《漢魏南北朝墓誌彙編》，天津古籍出版社，2008 年，第 153 頁。
〔註33〕《資治通鑒》卷一四六《梁紀二》武帝天監五年條，中華書局，1956 年，第
　　　　4555 頁。
〔註34〕趙超：《漢魏南北朝墓誌彙編》，天津古籍出版社，2008 年，第 151 頁。

于忠由於在北魏政變中對靈太后與孝明帝有保護之功而深得靈太后的寵信，這是選納于忠之妻為女侍中的前提條件。此外，于忠之妻又有著一定的文化修養，這正是女侍中所必需的，因此靈太后將其選入皇宮為女侍中，以此表示對功臣家屬的恩寵。

《魏書》卷一六《道武七王·京兆王黎傳附元叉傳》又載：

> 靈太后臨朝，以叉妹夫，除通直散騎侍郎。叉妻封新平郡君，後遷馮翊郡君，拜女侍中。又以此意勢日盛，尋遷散騎常侍、光祿少卿，領嘗食典御，轉光祿卿。

胡太后的妹妹作為胡氏外戚集團的一員，不僅得到封爵，而且還被選拔為女侍中，以此作為對胡氏家族的恩寵。

可見，胡太后臨朝後，不僅設置女官輔助自己管理後宮事務，更將女官中的女侍中作為對功臣或貴族女性進行的榮譽賞賜，使她們可以憑藉這一身份，擁有隨意出入宮闈、參與後宮管理的特權，藉以展現胡太后對其個人和家族的格外恩寵。

第二節　家庭嫡庶體系的建立

早期的鮮卑家庭中並無嫡庶體系，就連部落領袖部帥的妻妾也僅以「次第為稱」〔註35〕，並無明確的地位區分。北魏建國後，「將相多尚公主，王侯亦娶后族，故無妾媵，……舉朝略是無妾，天下殆皆一妻。」〔註36〕由於鮮卑家庭中一般保持了一夫一妻的傳統，這也造成鮮卑家庭中也沒有嫡庶之分的存在，北魏社會的嫡庶體系最初只是在漢族家庭中出現，後隨著漢化的進行，才逐漸擴展至全國。

一、嫡庶體系的出現

北魏建國初，國家的最高統治者始稱皇帝，皇帝的配偶稱為皇后，其他諸妾均稱夫人。皇后嫡妻之名雖然在北魏建國後開始出現，但嫡庶、妻妾之分仍不甚分明。在國家祭祀中，「后率六宮從黑門入」〔註37〕，以此宣誓嫡庶

〔註35〕《魏書》卷一三《皇后列傳》，中華書局，1974年，第321頁。

〔註36〕《魏書》卷一八《太武五王列傳·臨淮王譚附元孝友傳》，中華書局，1974年，第423頁。

〔註37〕《魏書》卷一〇八《禮志一》，中華書局，1974年，第2736頁。

身份在後宮中正式確立。此後，嫡庶之別也開始在北魏社會出現，並最終隨著孝文帝的漢化改革而在全社會盛行。

北魏最初的家庭嫡庶之別，在由南朝歸附的漢人家庭中表現的比較明顯。《魏書》卷二四《崔玄伯列傳》載：

> （崔）邪利為劉義隆魯郡太守，以郡降，賜爵臨淄子，拜廣寧太守。卒於郡。邪利二子。懷順以父入國，故不出仕。及國家克青州，懷順迎邪利喪，還葬青州。次恩，累政州主簿，……始邪利與二女俱入國，一女為張氏婦，一女為劉休賓妻，生子文華。邪利後生庶子法始。邪利亡後，妾侮法始庶孽，常欲令文華襲外祖爵臨淄子。法始恨恚，無所不為。後懷順歸化迎喪，始與法始相見。未幾，法始得襲爵，傳至孫延族。

同卷又載：

> 顯祖時，有崔道固，字季堅，琰八世孫也。……父輯，南徙青州，為泰山太守。道固賤出，嫡母兄攸之、目連等輕侮之。……攸之等遇之彌薄，略無兄弟之禮。

嫡庶之別在南朝世家大族中影響較大，以致出現世族成員由南朝宋入北魏後，也仍然保持著嚴格的嫡庶分別。家庭中的庶子不僅受到嫡生母子的輕視，即便是與原本的嫡生子女分離的家庭，在進行爵位承襲時，也更能接受以外孫襲爵，而不是庶子襲爵。

隨著漢人世族北歸人數的不斷增加，嫡庶之分也開始在北魏全社會蔓延。特別是在孝文帝漢化改革中，為了倡導鮮卑貴族與漢人世族間聯姻，孝文帝按照世族門第序列，重新為六位弟弟選納了家世門地較高的王妃，更直接造成這些家庭中嫡庶問題的出現。《魏書》卷二一《獻文六王列傳上·咸陽王禧傳》載：

> 將以此年為六弟娉室。長弟咸陽王禧可娉故潁川太守隴西李輔女，次弟河南王幹可娉故中散代郡穆明樂女，次弟廣陵王羽可娉驃騎諮議參軍滎陽鄭平城女，次弟潁川王雍可娉故中書博士范陽盧神寶女，次弟始平王勰可娉廷尉卿隴西李沖女，季弟北海王詳可娉吏部郎中滎陽鄭懿女。

這些被孝文帝新賜婚的女性在嫁於宗王時，就成為的他們的嫡妻，而宗王之前的妻子則都變為妾室。如若在嫡庶身份不甚分明的北魏早期，卻也不會造

成家庭問題，但是孝文帝漢化改革中將漢族家庭的嫡庶體系引入了北魏，這場賜婚也就直接導致宗王早期所迎娶的妻子隨著嫡妻地位的喪失，他們的子女也隨之成為庶子。不僅失去了繼承權，更會受到社會的輕視，宗王家庭的嫡庶爭端也由此不斷產生。

此外，北魏還有很多北歸的士人，他們有的人在南朝時就已經成婚，但是到北魏後又被皇帝賜婚。為了確定這些家庭中的嫡庶關係，重新確定其家族中女性及其子女的地位和權力，北魏規定：「前妻雖先有子，後賜之妻子皆承嫡。」〔註38〕「前者所納，可為妾媵。」〔註39〕這也造成「（韓）延之前妻羅氏生子措，措隨父入國。又以淮南王女妻延之，生道仁。措推道仁為嫡，襲父爵，位至殿中尚書。」〔註40〕類似的家庭在北魏也屢見不鮮。

隨著家庭嫡庶地位的明晰，國家也以詔令的形式規定：

> 妾之於女君，猶婦人事舅姑，君臣之禮，義無乖二。妾子之於
> 君母，禮加如子之恭。〔註41〕

不僅妾室對待嫡妻要如同對待長輩一般，妾室的子女也要待之以生母般的孝道。家庭中的官爵、財產也為嫡出母子所佔據，進而出現「嫡封則爵祿無窮，枝庶則屬內貶絕」〔註42〕的現象。

為了獲取實際的經濟和政治利益，一些庶生子女便只能通過與皇室的關係，引入皇權干涉家庭嫡庶傳承。《魏書》卷三七《司馬楚之列傳附司馬金龍傳》載：

> 金龍初納太尉、隴西王源賀女，生子延宗，次纂，次悦。後娶
> 沮渠氏，生徽亮，即河西王沮渠牧犍女，世祖妹武威公主所生也。
> 有寵於文明太后，故以徽亮襲，例降為公。

司馬金龍先娶太原王氏女為妻，在王氏死後，他後又娶沮渠氏為繼室。由於沮渠氏乃武威公主女，曾襲封武威長公主爵位。作為北魏宗親，她更得文明太后和孝文帝的欣賞和信賴。由是，沮渠氏子司馬徽亮雖非長子，卻也仍

〔註38〕《魏書》卷六一《薛安都傳》，中華書局，1974 年，第 1361 頁。
〔註39〕《魏書》卷二一《獻文六王列傳上・咸陽王禧傳》，中華書局，1974 年，第535 頁。
〔註40〕《魏書》卷三八《韓延之列傳》，中華書局，1974 年，第 880 頁。
〔註41〕《魏書》卷二一《獻文六王列傳上・趙郡王幹傳附拓跋謐傳》，中華書局，1974年，第 544 頁。
〔註42〕《魏書》卷七八《張普惠列傳》，中華書局，1974 年，第 1743 頁。

然襲封爵位。及至宣武帝時期，司馬金龍長子司馬延宗逝世，其長孫司馬裔也已成年，司馬金龍次子司馬「悅等為裔理嫡，還襲祖爵。位至後將軍。」〔註43〕最終使該家族爵位回歸正途。

　　北魏末年，家庭的嫡庶觀念已經深入人心，庶子不僅無緣家庭財產繼承，更有對嫡母的孝敬義務，如元恭「廣陵惠王羽之子也，母曰王氏。少端謹，有志度，長而好學，事祖母嫡母以孝聞。」〔註44〕在國家對女性進行追封時，也主要凸顯嫡母的身份。若庶子為母親請封，其嫡母的封號也一般會在生母之上，如「出帝，諱脩，字孝則，廣平武穆王懷之第三子也，母李氏。」〔註45〕在他繼位後，「追尊皇考為武穆帝，皇太妃馮氏為武穆后，皇妣李氏為皇太妃。」〔註46〕

　　由於北魏嫡庶觀念建立較晚，嫡庶之分隨著孝文帝漢化的推行而建立，嫡庶之別卻不如南朝政權推行的嚴苛，這也造成北魏在對品官命婦的冊封中，不僅官員的嫡妻可以獲封，妾室也可以獲得冊封。《魏書》卷二一《獻文六王列傳·北海王詳傳》載：

> 初，太和末，詳以少弟延愛；景明初，復以季父崇寵。位望兼極，百僚憚之。……妃，宋王劉昶女，不見答禮。寵妾范氏，愛等伉儷，及其死也，痛不自勝，乃至葬訖，猶毀墳視之。表請贈平昌縣君。

在北魏國內嫡庶分別不甚分明也造成部分家庭中嫡子和庶子在繼承家庭爵位和家庭財產中的衝突，如「定國娶河東柳氏，生子安保；後納范陽盧度世女，生昕之。二室俱為舊族，而嫡妾不分。定國亡後，兩子爭襲父爵。」〔註47〕

　　在北魏末年的皇位傳承中，權臣所選擇繼任的新君也並不注重受嫡庶身份影響，如清河王元澄逝世後，其爵位為「第四子彝襲。……彝，字子倫，繼室馮氏所生，頗有父風。」〔註48〕元彝乃元澄繼室所生之子，他雖為嫡子，

〔註43〕《魏書》卷三七《司馬金龍列傳附司馬楚之傳》，中華書局，1974年，第857頁。
〔註44〕《魏書》卷一一《前廢帝紀》，中華書局，1974年，第273頁。
〔註45〕《魏書》卷一一《出帝紀》，中華書局，1974年，第281頁。
〔註46〕《魏書》卷一一《出帝紀》，中華書局，1974年，第286頁。
〔註47〕《魏書》卷四〇《陸俟列傳附陸定國傳》，中華書局，1974年，第909頁。
〔註48〕《魏書》卷一九《景穆十二王列傳中·任城王傳》，中華書局，1974年，第480頁。

但在繼承中應該在元澄嫡妻子之後，但他卻也繼承了爵位。「孝靜皇帝，諱善見，清河文宣王亶之世子也，母曰胡妃。」〔註49〕元善見乃元亶妾胡氏所生，也就是說他本身就是庶子，但卻也最終繼任帝位。

二、嫡妻優勢的確立

嫡妻是男性的正式配偶，也是家庭的女主人，由於她們有著較高的出身，不僅能夠處理家庭事務，更享有妾室不能享有的禮儀待遇。更重要的是，在我國古代嫡長子繼承制的影響下，嫡妻的諸子是家庭繼承的主要對象，這也是我國古代國家賦予嫡妻法定身份的象徵。

（一）嫡妻身份的確認

北魏建國前，對於婚姻一般仍保持了鮮卑的傳統，即「嫁娶皆先私通，略將女去，或半歲百日，然後遣媒人送馬牛羊以為聘娶之禮。」〔註50〕建國之初，其國家婚姻中也出現了「或貪利財賄，或因緣私好，在於苟合，無所選擇，令貴賤不分，鉅細同貫」〔註51〕的現象十分普遍。隨著漢化的推行，嫡庶之分在北魏的逐漸形成。針對早期婚俗造成的國家等級婚姻的失衡，文成帝時期就已經著手對婚姻中「尊卑高下，宜令區別。」〔註52〕

隨著國家版圖的擴大以及與漢人世族接觸的增多，等級婚姻也勢在必行，於是文成帝還以明確詔令規定：

> 皇族、師傅、王公侯伯及士民之家，不得與百工、伎巧、卑姓為婚，犯者加罪。〔註53〕

等級婚的推行為日後在全國範圍內建立家庭嫡庶體系打下了祭奠。

特別是在孝文帝漢化改革後，上至皇室宗親下至世族官員在選擇嫡妻時都極為看重門第和出身，皇帝也會適時的對出身不對等的家庭以重新賜婚的方式進行調整，進而迅速確立了嫡妻在家庭中的優勢地位。北魏還明確規定只有嫡妻也可以與丈夫享有同等的三年之喪的葬禮。《魏書》卷六一《薛安都列傳附薛元賓傳》載：

> 元賓入國，初娶東平劉氏，有四子：祖㧑、祖髦、祖歸、祖旋。

〔註49〕《魏書》卷一二《孝敬帝紀》，中華書局，1974 年，第 297 頁。
〔註50〕《三國志》卷三〇《烏桓鮮卑列傳》，中華書局，1959 年，第 832 頁。
〔註51〕《魏書》卷五《文成帝紀》，中華書局，1974 年，第 122 頁。
〔註52〕《魏書》卷五《文成帝紀》，中華書局，1974 年，第 122 頁。
〔註53〕《魏書》卷五《文成帝紀》，中華書局，1974 年，第 122 頁。

> 賜妻元氏生二子、祖榮、祖暉。……故事，前妻雖先有子，後賜之
> 妻子皆承嫡。所以劉氏先亡，祖暉不服重；元氏後卒，祖枋等三年
> 終禮。祖榮早卒。

嫡妻作為家庭的女主人，不僅在生前享有與男主人匹配的特權，在死後也可以享有三年之喪。不僅自己的子女要為其服喪，妾室的子女也要為她服喪，而妾室死後無法享受這種喪禮。也就是說，整個家庭中所有的子女都是嫡妻的子女，而嫡妻的子女卻不是妾室的子女，妻妾的差別由此立見。

此外，在男性逝世後，也一般只能與嫡妻合葬，而妾室一般不能參與到合葬之中。《魏書》卷七○《傅永列傳》載：

> 永妻賈氏留於本鄉，永至代都，娶妾馮氏，生叔偉及數女。賈
> 后歸平城，無男，唯一女。馮恃子事賈無禮，叔偉亦奉賈不順，
> 賈常忿之。馮先永亡，及永之卒，叔偉稱父命欲葬北邙。賈疑叔偉
> 將以馮合葬，賈遂求歸葬永於所封貝丘縣。事經司徒，司徒胡國
> 珍本與永同經征役，感其所慕，許叔偉葬焉。賈乃邀訴靈太后，
> 靈太后遂從賈意。事經朝堂，國珍理不能得，乃葬於東清河。又
> 永昔營宅兆，葬父母於舊鄉，賈於此強徙之，與永同處，永宗親不
> 能抑。

傅永與嫡妻賈氏無子，其妾馮氏子傅叔偉以庶子承襲家庭財產和官爵，但是由於他對嫡母不敬，最終導致其與嫡母就父親死後葬地產生了矛盾。由於當時社會中嫡庶體系已然分明，即便是嫡妻無子，丈夫死後也只能與嫡妻合葬。最終賈氏獲得了勝利，不僅安葬了丈夫，還將其家族都遷墳重新修建墓地，馮氏則被排除在家族墓地之外。

此外，北魏還以詔令的形式明確規定了妾室及其子女對嫡妻的義務：

> 妾之於女君，猶婦人事舅姑，君臣之禮，義無乖二。妾子之於
> 君母，禮加如子之恭。〔註54〕

妾室及其子女如若不能按照這種禮儀要求對待嫡妻，也要受到國家懲處，這也在無形中提升了嫡妻在家庭和社會中的地位，保證了嫡妻及其子女在家庭中處於優勢地位。

此外，隨著北魏漢化的不斷深入，國家注重將等級婚推廣至全國。鮮卑貴

〔註54〕《魏書》卷二一《獻文六王列傳上·趙郡王幹傳》，中華書局，1974 年，第
543 頁。

族自建國以後未曾推行等級婚姻，因而造成「擬匹卑濫，舅氏輕微」〔註55〕，孝文帝在太和改制中對此加以更正，並將胡漢等級內婚推廣至全國，且「以皇子茂年，宜簡令正，前者所納，可為妾媵。將以此年為六弟娉室」〔註56〕，等級婚的推行為嫡妻地位的提升起到了至關重要的作用。《魏書》卷二一《獻文六王列傳上・高陽王雍傳》載：

> 元妃盧氏薨後，更納博陵崔顯妹，甚有色寵，欲以為妃。世宗初以崔氏世號「東崔」，地寒望劣，難之，久乃聽許。延昌已後，多幸妓侍，近百許人，而疏棄崔氏，別房幽禁，不得關預內政，僅給衣食而已。至乃左右無復婢使，子女欲省其母，必啟聞，許乃得見。未幾，崔暴薨，多云雍酖殺之也。

孝文帝為高陽王雍指定了范陽中書博士范陽盧神寶女為嫡妻，在盧氏死後，他想要以出身博陵崔氏家族者為繼室。但在北魏的婚姻等級序列中，皇室成員的聯姻對象一般為漢人五大門閥世族，而博陵崔氏則位於漢人普通門閥世族，門第低於五大門閥世族，因而才出現了宣武帝的糾結。

嫡妻不僅可以在家庭中享有較高的地位和榮譽，更重要的是她才是家庭中真正的主人，嫡妻不僅可以決定妾室的去留，更重要的是，她的長子才是家庭財產和官爵繼承的第一人選，享有家庭繼承的優先權。

（二）嫡妻對妾室的支配權

由於鮮卑族女性有著較高的家庭和社會地位，她們不僅主持家務，而且積極參與政治。北魏建國後，受到傳統習俗的影響，國內「舉朝略是無妾，天下殆皆一妻。」〔註57〕雖然漢族家庭中有著一夫一妻多妾的傳統，但由南朝而入魏的漢人大都受到重視而獲得高官厚爵，並受到北魏內「將相多尚公主，王侯亦娶后族，故無妾媵，習以為常。」〔註58〕社會現狀的影響，他們的家庭也一般保持了一夫一妻的傳統，只是部分北歸者在南朝已經娶妻，在

〔註55〕《魏書》卷二一《獻文六王列傳上・咸陽王禧傳》，中華書局，1974 年，第535 頁。
〔註56〕《魏書》卷二一《獻文六王列傳上・咸陽王禧傳》，中華書局，1974 年，第535 頁。
〔註57〕《魏書》卷一八《太武五王列傳・臨淮王譚附元孝友傳》，中華書局，1974 年，第 423 頁。
〔註58〕《魏書》卷一八《太武五王列傳・臨淮王譚附元孝友傳》，中華書局，1974 年，第 423 頁。

入魏後又被賜婚，才使他們的家庭出現了二妻並存的現象。《魏書》卷二四《崔玄伯列傳附崔模傳》載：

> （崔模）劉裕滎陽太守，戍虎牢。神䴥中，平滑臺，模歸降。
> 後賜爵武陵男，加寧遠將軍。模在南妻張氏，有二子，沖智、季柔。
> 模至京師，賜妻金氏，生子幼度。

由於他南朝的妻子未與他一同入魏，進而沒能影響他在北魏的家庭生活，他的兩地的妻子及其子女也未發生嫡庶爭端。

崔模兄崔邪利也在南朝娶妻，並生有二子二女，他在入魏時卻只帶著兩個女兒。入魏後，崔邪利又再娶一妻，其家庭子女間便出現了嫡庶區分。《魏書》卷二四《崔玄伯列傳附崔模傳》載：

> 模兄協子邪利為劉義隆魯郡太守，以郡降，賜爵臨淄子，拜廣寧太守。卒於郡。邪利二子。懷順以父入國，故不出仕。及國家克青州，懷順迎邪利喪，還葬青州。次恩，累政州主簿，至刺史陸龍成時謀叛，聚城北高柳村，將攻州城，龍成討斬之。

> 始邪利與二女俱入國，一女為張氏婦，一女為劉休賓妻，生子文華。邪利後生庶子法始。邪利亡後，妄侮法始庶孽，常欲令文華襲外祖爵臨淄子。法始恨忿，無所不為。後懷順歸化迎喪，始與法始相見。未幾，法始得襲爵，傳至孫延族。

雖然崔邪利的妻子與兒子也沒有與他一同入魏。但與崔模不同，崔邪利帶著女兒一同入魏，在入魏後他又娶妻生有一子，其女兒也在入魏後結婚，並生下外孫劉文華。雖然他有庶子在北魏，但在嫡庶分明的世族家族中，嫡妻的子女比庶子有著繼承優先權。在家庭的財產和官爵繼承中，即便是嫡女之子繼承權也在庶子之前，這也正是嫡妻與庶妻地位明晰的直接體現。在崔邪利死後，其嫡長子崔懷順迎接父親遺時與其庶子崔法始相見，並按照世族家族的傳統，將本應他承襲的爵位讓與庶弟，才使崔法始能夠最終得以承襲爵位。

如果入魏的南朝士人在南朝的妻子或孩子在他們重新組建家庭後也投奔而來，而他們又已經在北魏重新組建家庭，這就會出現嫡庶區分問題。對此，北魏也明確規定「前妻雖先有子，後賜之妻子皆承嫡。」〔註59〕這也造成入

〔註59〕《魏書》卷六一《薛安都列傳附薛元賓傳》，中華書局，1974年，第1361頁。

魏士人的前妻能否進入丈夫新組建的家庭，要由其在北魏的後妻所決定。即便是他們的後妻接納了前妻和孩子，後妻也是他的嫡妻，而前妻則只能以妾的身份在家庭中生活。

王肅出身漢人琅琊王氏家族，其與父兄本在南朝齊為官，後由於「父奐及兄弟並為蕭賾所殺，肅自建業來奔，」〔註60〕王肅入北魏時逢孝文帝漢化改革之時，為了表示對其重視，「詔肅尚陳留長公主，本劉昶子婦彭城公主也，賜錢二十萬，帛三千匹。」〔註61〕彭城長公主乃孝文帝妹，她在丈夫劉承緒死後一直寡居。王肅在南朝齊也已經娶妻生子，雖然北魏有著後賜之妻承嫡的傳統，但這一般是針對前妻已經在北魏的情況，如若前妻在丈夫另娶以後再投奔而來，那麼她是否能夠得到妾的地位，也需由後賜之妻決定。《洛陽伽藍記校注》卷三《城南》報德寺條載：

> （王）肅字公懿，琅琊人也。偽齊雍州刺史奐之子也。贍學多通，才辭美茂，為齊秘書丞。太和十八年，背逆歸順。……肅在江南之日，聘謝氏女為妻，及至京師，復尚公主。其後謝氏入道為尼，亦來奔肅；見肅尚主，謝作五言詩以贈之。其詩曰：「本為箔上蠶，今作機上絲。得路逐勝去，頗憶纏綿時。」公主代肅答謝云：「針是貫線物，目中恒任絲。得帛縫新去，何能納故時。」肅甚有愧謝之色，遂造正覺寺以憩之。

「當謝氏攜子女至北時，肅已尚主，」〔註62〕彭城長公主並不允許謝氏及其子女進入自己的家庭，因而王肅「乃造寺以憩之，遂不相見」〔註63〕，「肅臨薨，謝始攜二女及紹至壽春。」〔註64〕

《魏書》卷八三《外戚列傳下·高肇傳附高猛傳》載：

> 肇長兄琨，早卒。襲揚封勃海郡公，贈都督五州諸軍事、鎮東大將軍、冀州刺史。詔其子猛嗣。
>
> 猛，字豹兒。尚長樂公主，即世宗同母妹也。拜駙馬都尉，歷

〔註60〕《魏書》卷六三《王肅列傳》，中華書局，1974年，第1407頁。
〔註61〕《魏書》卷六三《王肅列傳》，中華書局，1974年，第1410頁。
〔註62〕《洛陽伽藍記校注》卷三《城南·報德寺》注，中華書局，2006年，第135頁。
〔註63〕《洛陽伽藍記校注》卷三《城南·報德寺》注，中華書局，2006年，第135頁。
〔註64〕《魏書》卷六三《王肅列傳附王紹傳》，中華書局，1974年，第1411頁。

位中書令。……公主無子。猛先在外有男，不敢令主知，臨終方言
之，年幾三十矣。乃召為喪主，尋卒，無後。

高猛出身渤海高氏外戚家族，他的妻子乃世宗同母妹長樂公主。由於遭致公
主的反對，高猛無法納妾，只能將其妾母子安排在外，只是由於公主沒有子
女〔註65〕，他們才得以返回家中繼承官爵。

但也有部分北魏公主在儒家文化影響下，主動接受了丈夫的納妾行為。
《魏書》卷四○《陸俟列傳附陸昕之傳》載：

> 子昕之，字慶始，風望端雅。襲爵，例降為公。尚顯祖女常山
> 公主，拜駙馬都尉。

> 昕之容貌柔謹，高祖以其主婿，特垂眤眷。世宗時，年未四十
> 頻撫三蕃，當世以此榮之。昕之卒後，母盧悼念過哀，未幾而亡。
> 公主奉姑有孝稱，神龜初，與穆氏頓丘長公主並為女侍中。又性不
> 妒忌，以昕之無子，為納妾媵，而皆育女。公主有三女無男，以昕
> 之從兄道第四子子彰為後。

陸昕之妻為獻文帝女常山公主，她也是在孝文帝漢化改革的親歷者，或是深
受儒家文化的影響她沒有其他鮮卑婦女的善妒習性，而是以寬容大度、孝悌
禮讓為自身的追求。她不僅孝順公婆，由於自己無子，她還主動為陸昕之納
妾，這在鮮卑家庭中也較為少見。從她為丈夫納妾行為中，也彰顯了嫡妻對
妾室支配權。

（三）嫡妻子女的繼承優先權

嫡妻在家庭中的優勢不僅僅在於與丈夫享有相似的喪禮以及決定妾室的
去留問題，更重要的則是其子女在家庭財產、官爵繼承中的絕對優勢。

北魏漢人世族中，由南朝而投入北魏者多在南朝有妻子兒女，入魏後又
獲得賜婚，這也使他們同時擁有兩個嫡妻。為了對這些妻子的兒女在承襲的
先後和優劣加以區分，北魏規定「前妻雖先有子，後賜之妻子皆承嫡。」
〔註66〕進而以法令的形式，確立了北魏賜婚之妻在家庭中的權威，也為他們
的子女繼承家業提供了法律依據。《魏書》卷三八《韓延之列傳》載：

〔註65〕 在當時的社會中，即便是公主無子而有女，女兒及其子女也可以繼承家庭財
產，外室子女不可能有任何繼承權。由高猛的外室子繼承爵位可知公主不僅
沒有親生子女，亦無養子女存在。

〔註66〕 《魏書》卷六一《薛安都列傳附薛元賓傳》，中華書局，1974 年，第 1361 頁。

延之前妻羅氏生子措，措隨父入國。又以淮南王女妻延之，生
道仁。措推道仁為嫡，襲父爵，位至殿中尚書。進爵西平公。

韓延之與長子韓措一同入魏，入魏後又獲得賜婚，並生下次子韓道仁。在他
晚年承襲爵位中，雖然其長子韓措也是嫡妻所生，但是在北魏規制之下，入
魏後的妻子才為嫡妻，他便失去了嫡子身份，更無法承襲家業，只能主動讓
於有法定嫡子身份的韓道仁。

在北魏還有部分人在原配嫡妻死後再娶繼室，繼室之子亦可作為嫡生子
繼承家業。《魏章武王妃穆氏墓誌銘》載：

> 惟大魏永平二年歲在己丑三月戊寅朔十二日己丑，章武王妃穆
> 氏，薨於洛陽之綏武裏，殯於正寢。粵四月一日戊申，葬於芒山之
> 陽，附於南安王之塋。〔註67〕

《魏故使持節侍中司徒公都督雍華岐並揚青五州諸軍事車騎大將軍雍州
刺史章武王妃盧（貴蘭）墓誌銘》又載：

> 太妃姓盧，諱貴蘭，范陽涿縣人也。魏司空毓之九世孫。……
> 婁於幽谷，翹彼錯薪，亦既言歸，繼之王室。奉上接下，曲盡婦儀，
> 用之家人，克成內政，遵其法度，為世模楷。……春秋五十有四，
> 以武定四年十一月八日薨於鄴都。越以其月廿二日葬於漳水之北，
> 武城之西。……長子章武王，字景哲。出身司徒祭酒，……第二子
> 字叔哲，出身員外散騎侍郎征虜將軍中散大夫。第三子字季哲，出
> 身秘書郎中征虜將軍中散大夫。〔註68〕

通過這兩方墓誌可以看出，穆氏是北魏章武王元融的嫡妻，即章武王妃，而
盧貴蘭則是元融的繼室。

另據《魏書》卷一九《景穆十二王列傳·章武王太洛傳附元融傳》載：

> 子景哲，襲。武定中，開府儀同三司。齊受禪，爵例降。

> 景哲弟朗，即後廢帝，語在《帝紀》。

《魏書》卷一二《後廢帝紀》載：

> 後廢帝，諱朗，字仲哲，章武王融第三子也，母曰程氏。

〔註67〕羅新、葉煒：《新出魏晉南北朝墓誌疏證》，《魏章武王妃穆氏墓誌銘》。
〔註68〕趙超：《漢魏南北朝墓誌彙編》，《魏故使持節侍中司徒公都督雍華岐並揚青五
　　　　州諸軍事車騎大將軍雍州刺史章武王妃盧（貴蘭）墓誌銘》，天津古籍出版社，
　　　　2008年，第371頁。

在一個家庭中，如果嫡妻有子，則以嫡長子繼承家業，但章武王原配穆氏無子，其繼室盧貴蘭長子景哲便得以以嫡子身份繼承家業。另由盧貴蘭長子字景哲，第二子字叔哲，第三子字季哲來看，該家族之子按照伯、仲、叔、季的順序進行排行，而後廢帝元朗字仲哲，便應該是該家庭的第二子，只是從盧貴蘭方面看，叔哲、季哲是她的第二、第三子，因而墓誌才對他們進行如是記載。此外，從元朗為第二子，在其後盧貴蘭又生有其他二子來看，其母程氏與盧貴蘭同時在該家庭中存在，既然盧氏為繼室，亦即嫡妻，那麼元朗之母當為妾。

家庭中只要有嫡子存在，便需以嫡子繼承家業，在嫡子早夭的情況下，也可以以嫡孫繼任家業。《魏書》卷一九《景穆十二王列傳上·濟陰王小新成傳附元誕傳》載：

> 初，誕伯父郁以貪污賜死，爵除。景明三年，誕訴云，伯郁前
> 朝之封，正以年長襲封，以罪除爵；爵由謬襲，襲應歸正。詔以偓
> 正元妃息曇首，濟陰王嫡孫可聽紹封，以纂先緒。

雖然在爵位的承襲中，嫡子擁有絕對的優先權，但若嫡子早夭，而其又有子，其子亦可以嫡孫身份繼承爵位〔註69〕，但有時庶子也可繼承家業。《魏書》卷五九《劉昶列傳附劉輝傳》載：

> 昶適子承緒，主所生也。少而尫疾。尚高祖妹彭城長公主，為
> 駙馬都尉，先昶卒，贈員外常侍。

> 長子文遠，次輝字重昌，並皆疏狂，昶深慮不能守其爵封。然
> 輝猶小，未多罪過，乃以為世子，襲封。正始初，尚蘭陵長公主，
> 世宗第二姊也。拜員外常侍。

劉昶作為南朝宋的宗室成員在入魏後受到優待，不僅獲得了官爵的封授，更先後娶三位公主為妻。在其晚年繼承爵位時，其嫡子劉承緒雖然病弱，但卻以嫡出首先繼承爵位。在劉承緒逝世後，由於劉昶再無嫡子可以承襲爵位，而劉承緒又無子，於是劉昶的諸庶子才開始成為承爵者。也就是說，只有在嫡妻無子的情況下，庶長子才進入繼承序列。

孝文帝漢化改革為了倡導胡漢等級婚，而為六個弟弟與漢人五大門閥世族聯姻，也造成這些家庭嫡庶體系的變化，進而造成部分家庭在承襲爵位中

〔註69〕北魏皇位傳承中，皇太子逝世後，皇太子之子亦可以皇太孫身份繼任，在普通家庭的繼承中也有者一現象存在。

的矛盾。《魏書》卷二一《獻文六王列傳上·北海王詳傳》載：

> 初，太和末，詳以少弟延愛；景明初，復以季父崇寵。位望兼
> 極，百僚憚之。……妃，宋王劉昶女，不見答禮。寵妾范氏，愛等
> 伉儷，及其死也，痛不自勝，乃至葬訖，猶毀墻視之。表請贈平昌
> 縣君。詳又烝於安定王燮妃高氏，高氏即茹皓妻姊。

在孝文的賜婚中，其「季弟北海王詳可娉吏部郎中榮陽鄭懿女。」〔註70〕那
麼，北海王元詳的嫡妻就應該是鄭氏，其妃劉氏應該是他在賜婚前所娶之
妻。按照孝文帝的規定「前者所納，可為妾媵」〔註71〕，在賜婚行為發生
後，劉氏的地位也應該由嫡妻變為了妾。除此之外，他還有先逝的愛妾范氏
和後來通過烝報婚納入的高氏。在他逝世後，由其子元顥襲爵。關於元顥
身份，史載「先是，顥啟其舅范遵為殷州刺史，遵以葛榮充逼，未得行。」
〔註72〕既然他的舅舅為范遵，那麼他應該是元詳愛妾范氏之子無疑。作為
庶長子的元顥能夠順利承襲爵位，自然只能發生在父親嫡妻鄭氏無子的情
況下。

　　以嫡妻子嗣及其後人繼承家業的做法是國家對嫡妻在家庭中地位的認
可，也是嫡妻及其後人在家庭中處於優勢地位的直接體現，只有在嫡妻無
子或兒子早逝又無孫的情況下庶長子才能夠繼承爵位，這也使庶子無論在
國家還是在家庭中大都會受到忽視，長期的不滿也容易演變為最終的爵位
爭端。

三、嫡庶爭端的產生

　　雖然嫡妻和妾室的子女在家庭官爵和財產繼承中有著明確的區別，但在
北魏前期和中期，由於入魏的南朝世族家庭較多，其中部分家庭由於子女較
多，或是妾室子女獲寵，一度出現過「父子情因此偏」〔註73〕。特別是由於
爵位的承襲所帶來的實際利益，更會造成「嫡封則爵祿無窮，枝庶則屬內

〔註70〕《魏書》卷二一《獻文六王列傳上·咸陽王雍傳》，中華書局，1974 年，第
　　　　535 頁。

〔註71〕《魏書》卷二一《獻文六王列傳上·咸陽王雍傳》，中華書局，1974 年，第
　　　　535 頁。

〔註72〕《魏書》卷二一《獻文六王列傳上·北海王詳傳》，中華書局，1974 年，第
　　　　564 頁。

〔註73〕《魏書》卷一四《神元平文子孫列傳·武衛將軍謂傳附元丕傳》，中華書局，
　　　　1974 年，第 361 頁。

貶絕。」〔註74〕因而在部分家也庭出現了嫡子與庶子之間的爭端。

（一）南朝入魏的漢人家庭

　　嫡庶之爭最初發生於由南朝進入北魏的漢人世族家庭之中。這些由南朝進入北魏的漢人世族一般在南朝已經有了妻子，甚至多數人還有了兒女。在他們進入北魏後，皇帝一般會任之以高官、授之以爵位、賜之以婚姻，通過這種方式拉攏他們，使他們有所顧忌而南歸。《魏書》卷二四《崔玄伯列傳附崔模傳》載：

> 始模在南妻張氏，有二子，沖智、季柔。模至京師，賜妻金氏，生子幼度。沖智等以父隔遠，乃聚貨物，間託關境，規贖模歸。模果顧念幼度等，指幼度謂行人曰：「吾何忍捨此輩，令坐致刑辱，當為爾取一人，使名位不減於我。」乃授以申謨。

崔模由於念及幼子崔幼度，孔其因為自己的離去二受刑罰，因而再未南歸。面臨相似的情形，崔謨卻作出了不同的選擇。《魏書》卷二四《崔玄伯列傳附崔模傳》又載：

> 謨，劉義隆東郡太守，與朱修之守滑臺，神䴥中，被執入國，俱得賜妻，生子靈度。申謨聞此，乃棄妻子，走還江外。靈度刑為閹人。

申謨乃南朝宋劉義隆東郡太守，後被俘入北魏。雖然他在北魏也再娶妻生子，但最後卻離開了北魏，返回南朝，他的兒子也由此受到責罰，成為閹人。

　　還有一些漢人家庭，雖然沒有出現南歸問題，但卻由於妻妾不分，導致家庭內產生嫡庶爭端。《魏書》卷四〇《陸俟列傳附陸定國傳》載：

> 初，定國娶河東柳氏，生子安保；後納范陽盧度世女，生昕之。二室俱為舊族，而嫡妾不分。定國亡後，兩子爭襲父爵。僕射李沖有寵於時，與度世子泉婚親相好。沖遂左右申助，昕之由是承爵尚主，職位赫弈。安保沉廢貧賤，不免飢寒。

由於陸定國的兩個妻子分別出自河東柳氏和范陽盧氏兩個世家大族，二者門第基本相當，其家庭中一直維持著嫡妾不分的現象，她們的兒子也就沒有明確的嫡庶之別。在陸定國死後，他的兩位妻子的兒子都爭相承襲爵位，一時之間難以處理。最終還是陸昕之借助外祖姻親李沖的勢力，幫助他順利的承

〔註74〕《魏書》卷七八《張普惠列傳》，中華書局，1974年，第1743頁。

襲了爵位。

除家庭中二妻共存、嫡妾不分之外，更有一些漢人家庭中的男性則直接背棄妻子而與妾室共居，這也使妾室便擁有了實際意義上的嫡妻身份。這些人的嫡妻和妾室之子也就都成為了嫡子，他們之間的繼承之爭也就在所難免。《魏書》卷二四《崔玄伯列傳附崔僧淵傳》載：

> 僧淵元妻房氏，生二子，伯驎、伯驥。後薄房氏，更納平原杜氏。僧淵之徙也，與杜俱去，生四子，伯鳳、祖龍、祖螭、祖虯。得還之後，棄絕房氏，遂與杜氏及四子家於青州。伯驥與母房氏居於冀州，雖往來父間，而心存母氏，孝慈之道，頓阻一門。僧淵卒，年七十餘。伯驎雖往奔赴，不敢入家，哭沙門寺。

崔僧淵的叔父「（崔）道固遣軍圍盤陽，（房）法壽等拒守二十餘日。」〔註75〕雙方或是由此情誼而締結家族婚姻，崔僧淵與嫡妻房氏也由此而成婚。崔僧淵兄崔僧固「與房法壽、畢薩諸人皆不穆。法壽等訟其歸國無誠，拘之歲餘，因赦乃釋。後坐與沙門法秀謀反，伏法。」〔註76〕「僧淵入國，坐兄弟徙於薄骨律鎮，太和初得還。」〔註77〕由於房法壽直接造成了崔僧固之死，崔僧淵也由此受到了牽連。出於憤恨的情緒，他在被徙之時並未攜房氏及其子同行，而只是帶了妾杜氏，並一直與她一同生活，以致房氏之子不得與他團聚。在崔僧淵死後，他的妾室長子崔祖龍「性剛躁，父亡後，與兄伯驥訟競嫡庶，並以刀劍自衛，若怨仇焉。」〔註78〕

還有部分漢人家庭沒有嫡妻，其所有配偶均為妾室，那麼這些孩子便擁有了平等的繼承權，家庭中就更容易發生爭端，《魏書》卷七一《夏侯道遷列傳》載：

> 年十七，父母為結婚韋氏，道遷云：「欲懷四方之志，不願取婦。」家人咸謂戲言。及至婚日，求覓不知所在。於後訪問，乃云逃入益州。
>
> 道遷不娉正室，唯有庶子數人。
>
> 長子夬，字元廷。歷位前軍將軍、鎮遠將軍、南兗州大中正。

〔註75〕《魏書》卷四三《房法壽列傳》，中華書局，1974年，第970頁。
〔註76〕《魏書》卷二四《崔玄伯列傳附崔僧淵傳》，中華書局，1974年，第631頁。
〔註77〕《魏書》卷二四《崔玄伯列傳附崔僧淵傳》，中華書局，1974年，第631頁。
〔註78〕《魏書》卷二四《崔玄伯列傳附崔僧淵傳》，中華書局，1974年，第633頁。

> 夬性好酒，居喪不戚，醇醪肥鮮，不離於口。沽買飲啖，多所費用。
> 父時田園，貨賣略盡，人間債負數猶千餘匹，穀食至常不足，弟妹
> 不免飢寒。

夏侯道遷的父母曾為他聘娶韋氏為妻，雖然由於他的逃婚而使婚姻未能實現，但由於韋氏已經擁有了夏侯道遷正室夫人的身份，造成了夏侯道遷此後的婚姻中沒能再娶正室，以致其諸子皆為庶子，夏侯夬最終只以庶長子身份襲爵。此外，由於他的諸妻均沒有嫡妻身份，也就沒有家庭中女主人的地位，她們也得不到夏侯夬妻子的尊敬，因而出現「夬妻，裴植女也，與道遷諸妾不穆，訟鬩徹於公庭」〔註79〕的現象。在夏侯夬逝世後，他的兒子年幼襲爵。「已數年，而夬弟慎等言其眇目癎疾，不任承繼，自以與夬同庶，已應紹襲」〔註80〕的請求。

由於沒有嫡妻的合法身份，妾室也就沒有女主人的地位，她們的子女便不會得到襲封的機會，但是有時候若嫡妻只有獨子，也會出現庶子謀害嫡子或是庶子間的爭端，《魏書》卷五三《李孝伯列傳》載：

> 孝伯妻崔賾女，高明婦人，生一子元顯。崔氏卒後納翟氏，不
> 以為妻，憎忌元顯。後遇劫，元顯見害，世云翟氏所為也。元顯志
> 氣甚高，為時人所傷惜。翟氏二子，安人、安上，並有風度。安人
> 襲爵壽光侯，司徒司馬。無子，爵除。

李孝伯出身頓丘李氏家族，其妻崔氏出身清河崔氏家族，從家世門第上看，二人不僅都出自門閥世族，其妻家族甚至還略高於他，這也造成在崔氏死後，他的繼室翟氏或是沒有較高的家世門第而不得為妻，只能為妾，那麼翟氏之子自然都沒有承襲爵位的權力。李孝伯的嫡子李元顯成為他爵位的唯一繼承者。或是出於為兒子贏得繼承權考慮，在李元顯最終被翟氏所害，由於他無子，爵位最終由其庶弟承襲。

類似的情況在北魏漢人世族中，也屢有發生，只是沒有李孝伯家庭嚴重而已。如「（盧）玄有五子，嫡唯度世，餘皆別生。崔浩事難，其庶兄弟常欲危害之，度世常深忿恨。」〔註81〕襲爵之爭不僅會造成兄弟間的矛盾，有的

〔註79〕《魏書》卷七一《夏侯道遷列傳附夏侯夬傳》，中華書局，1974年，第1584頁。

〔註80〕《魏書》卷七一《夏侯道遷列傳附夏侯夬傳》，中華書局，1974年，第1585頁。

〔註81〕《魏書》卷四七《盧玄列傳附盧度世傳》，中華書局，1974年，第1046頁。

時候還會出現極端的謀害事件，如「（薛）真度諸子既多，其母非一，同產相朋，因有憎愛。興和中，遂致訴列，云以毒藥相害」〔註82〕。

為了防止諸子之間由於襲爵而發生爭端，有些家庭中的男性家主從自身的經歷和家庭穩定出發，防止嫡子承襲爵位後「庶兄弟常欲危害之，」〔註83〕「每誡約令絕妾孽，不得使長，以防後患。」〔註84〕意圖通過斷絕妾室諸子，防止嫡庶爭端。

嫡庶爭端的產生一般發生於缺少嫡妻或是嫡妻與丈夫分居的漢人家庭，鮮卑家庭的嫡庶爭端發生的較少，一般發生在由於皇室賜婚而使嫡妻降為庶妻的家庭。

（二）皇室賜婚的北魏家庭

北魏皇帝的賜婚一般發生於歸附的漢人世族家族和鮮卑宗室家庭。由於北魏前期沒有實行等級婚姻，從而這一時期出現了「貴賤不分，鉅細同貫」〔註85〕的現象。孝文帝在漢化改革中，不僅推行了門閥世族制度，更倡導鮮卑皇室與漢人世族聯姻。作為鮮卑皇室的代表，孝文帝不僅親自納世族家庭女子為嬪妃，更為六個弟弟賜婚漢人世族家庭成員。《魏書》卷二一《獻文六王列傳上・咸陽王禧傳》載：

> 以皇子茂年，宜簡令正，前者所納，可為妾媵。將以此年為六弟娉室。長弟咸陽王禧可娉故潁川太守隴西李輔女，次弟河南王幹可娉故中散代郡穆明樂女，次弟廣陵王羽可娉驃騎諮議參軍滎陽鄭平城女，次弟潁川王雍可娉故中書博士范陽盧神寶女，次弟始平王勰可娉廷尉卿隴西李沖女，季弟北海王詳可娉吏部郎中滎陽鄭懿女。

在孝文帝賜婚之時，他的六位弟弟基本都已經結婚，甚至有的人還已經有了子女。由於孝文帝的賜婚，使他們原本的嫡妻變為了妾，而嫡妻之子也隨之淪為庶子，失去了爵位繼承權，也為這些家庭中日後的嫡庶爭端埋下了隱患。

咸陽王禧有八子，長子通生母不詳，「翼與昌，申屠氏出。曄，李妃所生

〔註82〕《魏書》卷六一《薛安都列傳附薛真度傳》，中華書局，1974 年，第 1359 頁。
〔註83〕《魏書》卷四七《盧玄列傳附盧度世傳》，中華書局，1974 年，第 1046 頁。
〔註84〕《魏書》卷四七《盧玄列傳附盧度世傳》，中華書局，1974 年，第 1046 頁。
〔註85〕《魏書》卷五《文成帝紀》，中華書局，1974 年，第 122 頁。

也。」元禧以謀反被殺，「後會赦，詣闕上書，求葬其父。頻年泣請，世宗不許。翼乃與弟昌、曄奔於蕭衍。……翼弟顯和，昌弟樹，後亦奔於衍。」為了避免受到父親事件的牽連，元詡的諸子一同奔赴南朝齊。由於受到嫡庶身份的影響，申屠氏乃拓跋禧的先妻，後由於孝文帝賜婚，出自隴西李氏家族的女子成為元禧的嫡妻，申屠氏的子女也隨之失去繼承權。「翼容貌魁壯，風制可觀，衍甚重之，封為咸陽王。翼讓其嫡弟曄，衍不許。」可見，即便是在南朝，元禧的庶子也主動讓爵於嫡子。而後，北魏「後復禧王爵，葬以王禮。詔曄弟坦襲，改封敷城王，邑八百戶。」〔註86〕爵位也為李氏子所承襲。李氏的長子元曄先以嫡長子身份承爵，但由於他死後無子，爵位遂為其同母弟元坦所襲。

　　如咸陽王熙禧這般諸子相讓的情況，在孝文帝諸弟的家庭中並不多見，更多的表現為嫡妻與庶妻或是嫡子與庶子間的爭端。《魏書》卷二一《獻文六王列傳上‧趙郡王幹傳》載：

　　　　子謐，世宗初，襲封。幹妃穆氏表謐母趙等悖禮怨常，不遜日甚，尊卑義阻，母子道絕。詔曰：「妾之於女君，猶婦人事舅姑，君臣之禮，義無乖二。妾子之於君母，禮加如子之恭，何得黷我風政！可付宗正，依禮治罪。」

　　　　謐兄諶，字興伯，性平和。……諶本年長，應襲王封，其父靈王寵愛其弟謐，以為世子。莊帝詔復諶封趙郡王，進號驃騎大將軍，加開府，物司空公。

趙郡王元幹本有嫡妻趙氏，後由於孝文帝賜婚而與鮮卑世族穆氏聯姻，趙氏及其子也由此變為妾室和庶子。由於元幹寵愛趙氏母子，造成了他們對嫡妻穆氏不行妾禮，她們也在穆氏的控訴下而被處罰。穆氏子元諶不僅嫡出，而且年長於元謐，按照北魏的爵位承襲規範，應該以嫡子元諶襲爵，但是元幹卻由於寵愛元謐而令他襲爵，這是北魏的嫡庶體系雖然出現，但尚未得到嚴格執行的最直接體現。直至北魏末年，國家又重新勘定了爵位承襲法，將部分錯漏進行了修正，最終才使該家族的爵位承襲回歸正途。

　　濟陰王小新成子拓跋郁死後，其爵位承襲也出現了相似的爭端。《魏書》卷一九《景穆十二王列傳上‧濟陰王小新成傳》載：

〔註86〕《魏書》卷二一《獻文六王列傳上‧咸陽王禧傳》，中華書局，1974 年，第540 頁。

> 長子弼，字邕明。剛正有文學，位中散大夫。以世嫡應襲先爵，
> 為季父尚書僕射麗因于氏親寵，遂奪弼王爵，橫授同母兄子誕。於
> 是弼絕棄人事，託疾還私第。……入嵩山，以冗為室，布衣蔬食。
> 卒。建義元年，子暉業訴復王爵。永安三年，追贈尚書令、司徒公，
> 諡曰文獻。

> （郁弟偃）詔以偃正元妃息曇首，濟陰王嫡孫可聽紹封，以纂
> 先緒。

濟陰王小新成死後爵位由其子元郁承襲，但在元郁死後，其爵位傳承就產生
了矛盾。按照當時的規制，元郁死後其爵位應由嫡子元弼繼承。但由於元郁
的弟弟元麗與宣武順皇后于氏母家交好，他也由此深得宣武帝信賴。元麗乃
利用這種關係，幫助自己的同母兄之子元誕奪取了本應由元弼承襲的爵位，
元誕遂以嫡孫身份承襲濟陰王爵位。直至孝莊帝建義元年（528年），元弼子
元暉業才最終通過申訴，恢復了父親的王爵，不僅為元弼爭取到了追贈，也
為自己爭取到了承襲的爵位。

　　嫡妻的身份不僅能使兒子獲得承襲爵位的機會，她自身也有著獲得封贈
的優先權。《唐六典》卷二《尚書吏部》載：

> 凡庶子有五品已上官封，皆封嫡母；無嫡母，即封所生母。

一般來說，獲得國家追封者一般只有男性的嫡妻，即便是庶子為生母請封，
也要先冊封嫡母，在嫡母缺位的情況下才能封生母。但如若男性在嫡妻逝世
後又娶繼室，則繼室亦可以嫡妻的身份獲得追封。由於北魏前期尚處於嫡庶
尊卑體系的初創時期，二者間的身份差異尚不分明，因而也有嫡母、生母同
時獲封的情況。《魏書》卷八三《外戚列傳上・閭毗列傳附常英傳》載：

> 先是，高宗以乳母常氏有保護功，既即位，尊為保太后，後尊
> 為皇太后。興安二年，太后兄英，字世華，自肥如令超為散騎常侍、
> 鎮軍大將軍，賜爵遼西公。……（追贈）英母許氏博陵郡君。

> 五年，詔以太后母宋氏為遼西王太妃。

常氏雖然為保母，但由於保護和撫育文成帝之功而被封為皇太后，常太后兄
常英生母許氏被封為博陵郡君，常太后生母宋氏則被封為王太妃。從這種封
授可以看出，常英母許氏應該是嫡妻，而常太后母即便不是妾室，也應該是
繼室。即便她是繼室，按照通常慣例，國家對其的封授也應該低於嫡妻，最
多也只能與嫡妻相同。將繼室封授居於嫡妻之上的情況，足以說明文成帝時

期雖然已經有意識的倡導門第婚和嫡庶分別，但仍處於初創時期，貫徹的並不徹底。

另據《魏書》卷二一《獻文六王列傳·北海王詳傳》載：

> 初，太和末，詳以少弟延愛；景明初，復以季父崇寵。位望兼極，百僚憚之。……妃，宋王劉昶女，不見答禮。寵妾范氏，愛等伉儷，及其死也，痛不自勝，乃至葬訖，猶毀墳視之。表請贈平昌縣君。

孝文帝漢化改革中，又下詔：

> 以皇子茂年，宜簡令正，前者所納，可為妾媵。將以此年為六弟娉室：……北海王詳可娉吏部郎中滎陽鄭懿女。〔註87〕

北海王元詳家庭中便有妻妾共四人，其中嫡妻鄭氏乃漢人門閥世族女，元配劉氏由於孝文帝賜婚降為妾，他還有早逝的寵妾范氏和後來通過蒸報婚納的妾高氏。在這四人中，元詳似乎更中意范氏，並為之求得了追贈，這也使妾的地位居於嫡妻之上，足以說明北魏的嫡庶的分別尚不完備。

在孝文帝漢化改革後，特別是隨著北魏禮制的不斷完備，家庭內部的嫡庶之別也更加明晰，以致在北魏後期，雖然國家陷入動盪，但由於嫡庶之別已經深入人心，極少出現嫡妻與妾室同時獲封，或是繼室封授在嫡妻之上的現象，這也可視為北魏接受儒家禮教的直接展現。

第三節　女性文化與學識的提升

北魏的女主臨朝直接提升了整個社會女性中女性的社會地位和執政認可度，由於臨朝的女性一般都有著一定的文化修養，這樣也導致整個社會中對女性學識的重視日益提升，進而使女性有了一定程度上受教育的機會和權力，便於她們更好的實現自己的自我價值。

一、女性教育與文化的開展

我國古代社會中，由於男尊女卑思想的影響，女性在未成年時活動範圍一般都侷限於家中，較少從事對外交往，更沒有求學的機會。北魏社會中的女性雖然有著高於其他政權女性的家庭和社會地位，雖然絕大多數的女性仍

〔註87〕《魏書》卷二一《獻文六王列傳上·咸陽王禧傳》，中華書局，1974 年，第535 頁。

然只是男性附庸，但出身高門世族的女性卻仍有機會與男性一樣接受教育。

（一）施教者與受教者身份

我國古代女性受教育者較少，由於受到性別的限制，她們不便外出求學，只有上層女性才有學習的機會，而教授她們知識的也都是她們身邊的親友。《魏故使持節儀同三司車騎大將軍雍秦二州刺史都昌侯元公夫人薛氏墓誌銘》載：

> 夫人諱字伯徽，河東汾陰人，尚書之玄孫，雍秦二州之曾孫，河東府君之孫，尚書三公郎中之長女。……伯祖親西河長公主，以母儀之美，肅雍閨閫，常告子孫；顧吾老矣，而不見此女。視其功容聰曉，足光汝門族。年七歲，持所鍾重，未嘗逭阿傅之訓，已有成人之操。先考授以禮經，一聞記賞，四辨居質，瞥見必妙。及長，於吉凶禮儀，靡不觀綜焉。雖班氏閒通，蔡女多識，詎足比也。既和聲遠聞，實求之者不一，常以相女而授，固未之許。〔註88〕

薛伯徽出身河東薛氏士族家族，從其曾祖、祖父和父親的官職來看，該家族應出自薛安都一脈。她的學識由父親親自傳授，由於其涉獵較廣，並由此獲得了很好的評價。

另據《魏書》卷六二《李彪列傳》載：

> 彪有女，幼而聰令，彪每奇之，教之書學，讀誦經傳。嘗竊謂所親曰：「此當與我家，卿曹容得其力。」彪亡後，世宗聞其名，召為婕妤，以禮迎引。婕妤在宮，常教帝妹書，誦授經史。……始彪奇志及婕妤，特加器愛，公私坐集，必自稱詠，由是為高祖所責。及彪亡後，婕妤果入掖庭，後宮咸師宗之。世宗崩，為比丘尼，通習經義，法座講說，諸僧歎重之。

李彪出身頓丘李氏家族，「少孤貧，有大志，篤學不倦。初受業於長樂監伯陽，伯陽稱美之。」〔註89〕而後他又通過漁陽高悅熟識了高閭。由於高閭「博學高才，家富典籍，彪遂於悅家手抄口誦，不暇寢食。」〔註90〕在這一過程中，李彪也提升了自身的文化素養。

〔註88〕趙超：《漢魏南北朝墓誌彙編》，《魏故使持節儀同三司車騎大將軍雍秦二州刺史都昌侯元公夫人薛氏墓誌銘》，中華書局，2008 年，第 175 頁。

〔註89〕《魏書》卷六二《李彪列傳》，中華書局，1974 年，第 1381 頁。

〔註90〕《魏書》卷六二《李彪列傳》，中華書局，1974 年，第 1381 頁。

　　李彪不僅自身有著較高的學識，而且還注重結交保學名士，自己也著述豐富，其「述《春秋》三《傳》，合成十卷。其所著詩頌賦誄章奏雜筆百餘篇，別有集。」〔註91〕無論是於國家授業，還是對家人的傳授，李彪的學識足以成為最適合的師者。李彪對女兒也很是喜愛和重視，並親自教授她文化，他的目的或是想要將女兒送入宮廷，期待她可以與孝文帝在文化上能夠契合，實現自身家族地位的提升。雖然他在生前並未實現此夙願。李彪死後，順皇后于氏曾為宣武帝擴充後宮，由於李彪在此前已經為女兒打下了良好的口碑，他的女兒也於此時進入北魏後宮為婕妤嬪。李氏進入後宮之後是否得寵雖不得而知，但從當時高夫人寵冠後宮的狀況分析，李婕妤即便曾經得寵，但在由於家族勢力無法與高氏匹敵，最終也無緣提升家族地位。但由於李婕妤有著極高的文化素養，在「男女大防」觀念之下，後宮中教師不能以朝中男性擔任，而宦官和女官的學識不足以成為嬪妃和公主的教師。李婕妤雖然不甚得寵，卻是此時後宮中不可多得的教師人選，於是她便順理成章的成為宣武帝后妃和公主的老師，教授她們文化知識。特別是從她出家後「通習經義，法座講說，諸僧歎重之」〔註92〕分析，她不僅學識廣泛，而且授課水平也較高。

　　《魏故司空勃海郡開國公高猛夫人長樂長公主墓誌銘》載：

> 主諱瑛，高祖孝文皇帝之季女，世宗宣武皇帝之母妹。……雖倪天為妹，生自深宮，至於箕帚制用，醴醽程品，非唯酌言往載，而率用過人。加以披圖問史，好學罔倦，該柱下之妙說，覈七篇之幽旨，馳法輪於金陌，開靈光於寶樹。綃穀風靡，斧藻川流，所著辭誄，有聞於世。〔註93〕

　　元瑛乃宣武帝的同母妹。根據《魏書》卷一三《皇后列傳·孝文昭皇后高氏傳》所載：

> 孝文昭皇后高氏，司徒公肇之妹也。父颺，母蓋氏，凡四男三女，皆生於東裔。高祖初，乃舉室西歸……及至，文明太后親幸北部曹，見后姿貌，奇之，遂入掖庭，時年十三。……遂生世宗。後生廣平王懷，次長樂公主。

〔註91〕《魏書》卷六二《李彪列傳》，中華書局，1974年，第1398頁。
〔註92〕《魏書》卷六二《李彪列傳》，中華書局，1974年，第1399頁。
〔註93〕羅新、葉煒：《新出魏晉南北朝墓主疏證》，《高猛妻元瑛墓誌》，中華書局，第118頁。

《魏書》卷八三《外戚列傳下‧高肇傳附高猛傳》又載：

> 猛，字豹兒。尚長樂公主，即世宗同母妹也。拜駙馬都尉，歷
> 位中書令。

元瑛即長樂公主，她是宣武帝的同母妹，其在後宮時期也是李婕好教授后妃公主文化的時期，她也由此得到了李婕好的教導，加之她本人「披圖問史，好學罔倦」，更提升了她的文化水平。

出身貴族和世族家庭的女性，由於家庭財力豐厚且家族成員中多有文儒，便於她們接受教育，而宮廷中的女性，由於女官設置的需要，國家也會專門派人對其中適宜的人員進行教育。尤其對於任職者文化素養較高的女尚書，便需要從小培養，並由專人進行教育，並從學生中選拔其中的優秀者擔任官職。《魏故宮御作女尚書馮女郎之志》載：

> 女郎時年五歲，隨母配宮。慎言督過，蓋其天姓，窈窕七德，
> 長而彌甚。年十一，蒙簡為宮學生，博達墳典，手不釋卷。聰穎洞
> 鑒，朋中獨異。十五蒙授宮內御作女尚書，干涉王務，貞廉兩存，
> 稱蒞女功，名烈俱備。〔註94〕

《女尚書王氏諱僧男墓誌》載：

> 女尚書王氏諱僧男，安定煙陽人。……唯男與母，伶丁奈蓼，
> 獨入宮焉。時年有六。聰令韶朗，故簡充學生。惠性敏悟，日誦千
> 言，聽受訓詁，一聞持曉。官由行陟，超昇女尚書，秩班品三。能
> 記釋嬪嬙，接進有序，剋當乾心。使彤管揚輝，故錫品二。〔註95〕

馮迎男和王僧男都是年幼入宮，並被選拔為「宮學生」，接受專門的教育。由於她們「博達墳典」、「日誦千言，聽受訓詁」，其文化素養已經達到了任職的要求，進而被選拔為女尚書，成為女官在後宮服務。

關於此時在宮中教授宮女的教師，史書並沒有明確記載。但據《齊故大都督是連公妻邢夫人墓誌銘》所載：

> 制錦刺繡，實出意而成巧；織縑剪綵，詎因教以為工。由是淑
> 德邇聞，和聲遠布，禮有外成，作合君子。出入惟房，能遵師氏之

〔註94〕趙超：《漢魏南北朝墓誌彙編》，《魏故宮御作女尚書馮女郎之志》，天津古籍
　　　　出版社，2008 年，第 123 頁。
〔註95〕趙超：《漢魏南北朝墓誌彙編》，《女尚書王氏諱僧男墓誌》，天津古籍出版社，
　　　　2008 年，第 124 頁。

　　詁；施設俎豆，不違傅母之則。〔註96〕

傅母又稱傅姆，應該是專司宮女教育之職的官員。根據出土墓誌可知，該官職在北魏便已出現，北齊只是沿用而已。只是關於此職的官品，似是由於該職只是臨時設置，無論是北魏還是北齊，都沒有關於該官職官品的明確記載。

　　根據《王遺女墓誌》記載，其歷經馮太后、孝文幽皇后馮氏與宣武皇后高氏三代掌管後宮，由監升為傅母，監為三品女官，傅母的地位應在此之上，而後她便又獲賜二品，正式擁有品級。〔註97〕另據墓誌載：「傅母宮大監杜法真者，黃如人也。年有五十，奉身紫掖，何知遇於先朝，被顧問於今上。性姓寬閑，世有行焉。」〔註98〕據此看來，傅母應該是一類專門的職務，其名稱來源於其設置場所，即傅母宮。《劉華仁墓誌》又載其「同火人內傅母遺女，痛念松年之契，悲悼感結，故刊玄石，述像德音。」〔註99〕劉華仁逝世於正光二年（521年），而另外兩位傅母任職者王遺女、杜法真分別逝世於正光二年（521年）和正光五年（524年），說明胡太后秉政時期該職務正式設立，其專司後庭文化教育，官職在二品。

　　至於這一時期北魏中下層女性，由於受到家庭財力和社會交往的限制，接受教育的難度較大。只有少數家庭由於父親、母親或兄弟有著文化素養，可以承擔起教育的責任，社會中的多數女性基本不能接受到正規或系統的教育。

（二）女性的教育內容

　　北魏對女性的教育一般圍繞著規範品行與提升才學兩個方面。女性的品行教育多關注於女性對對待家庭和長輩的態度，一般以孝悌為先；而學識教育則有助於她們對子女的教育，以基本典籍為主。

　　對於女性品行的教育，一般根據《女誡》、《女戒》等內容要求，從婦言、婦德、婦容和婦功等方面著手規範女性行為。如原州刺史上封縣開國公李賢

〔註96〕趙超：《漢魏南北朝墓誌彙編》，《齊故大都督是連公妻邢夫人墓誌銘》，天津古籍出版社，2008年，第411頁。

〔註97〕趙超：《漢魏南北朝墓誌彙編》，《傅母王遺女墓誌銘》，天津古籍出版社，2008年，第124頁。

〔註98〕趙超：《漢魏南北朝墓誌彙編》，《傅母宮大監杜法真墓誌銘》，天津古籍出版社，2008年，第151頁。

〔註99〕趙超：《漢魏南北朝墓誌彙編》，《劉華仁墓誌銘》，天津古籍出版社，2008年，第122頁。

和妻長城郡君吳氏「世家豪贍，禮教相承，爰自邦鄉，門居顯稱。郡君資性矛靜，立身婉順。少習女功，長成婦德。四行既充，六禮云暨。」〔註100〕再如馮熙作為馮太后的兄長，也是長樂馮氏家族的代表，不僅重視對兒子的培養，也重視對女兒的教育，其三個女兒進入後宮，二位皇后一位左昭儀，其他女兒也都得嫁宗室，其女兒「生道德之家，長禮儀之室」〔註101〕，受到了良好的教育，其中馮令華「幼稟奇姿，長標令譽，三德必脩，四行無爽，該攬圖傳，備閑內則。」〔註102〕馮季華「四行聿脩，五禮閑習」〔註103〕，由於受到家庭的影響，她們「目不睹異物，耳不聞外事。而聰明溫惠，與本性而相符；仁信規矩，乃率行而自合。」〔註104〕出嫁後更以其學到的文化、禮儀指導她的生活，體現出封國太妃的學養和氣度。高揚之女高氏乃孝文昭皇后高氏的妹妹、宣武皇后高氏的姑母，其出身外戚家族，受到了良好的教育，她本人也極其好學，「時有暇日，兼悅書典，女戒及儀，常委膝席，言行自高，物所宗慕。」〔註105〕由於有著較高的文化素養，她還被引入宮中擔任女侍中，為胡太后提供決策諮詢。

輔國將軍長樂馮邕之妻元氏乃北魏宗室，其家庭對她的教育更做到了品行與學識兼顧。《魏直閣將軍輔國將軍長樂馮邕之妻元氏墓誌》載：

> 體備溫恭，聰慧在性，家誡女傳，逐目必持，凡所聞見，入賞無漏。每覽經史，睹靖女之峻節，覿伯姬之謹重，未始不留漣三覆，慕其為人也。令儀令色，風流之盛攸歸，聲曜閨庭，譽聞王

〔註100〕趙超：《漢魏南北朝墓誌彙編》，《魏使持節假鎮北將軍征虜將軍大都督散騎常侍原州刺史上封縣開國公李賢和妻故長城郡君吳氏墓誌銘》，天津古籍出版社，2008年，第384頁。

〔註101〕趙超：《漢魏南北朝墓誌彙編》，《魏上宰侍中司徒公領尚書令太傅領太尉公假黃鉞九錫任城文宣王文淨太妃墓誌銘》，天津古籍出版社，2008年，第374頁。

〔註102〕趙超：《漢魏南北朝墓誌彙編》，《魏故樂安王妃馮氏墓誌銘》，天津古籍出版社，2008年，第149頁。

〔註103〕趙超：《漢魏南北朝墓誌彙編》，《魏上宰侍中司徒公領尚書令太傅領太尉公假黃鉞九錫任城文宣王文淨太妃墓誌銘》，天津古籍出版社，2008年，第374頁。

〔註104〕趙超：《漢魏南北朝墓誌彙編》，《魏上宰侍中司徒公領尚書令太傅領太尉公假黃鉞九錫任城文宣王文淨太妃墓誌銘》，天津古籍出版社，2008年，第374頁。

〔註105〕趙超：《漢魏南北朝墓誌彙編》，《魏故持節征虜將軍營州刺史長岑侯韓使君賄夫人高氏墓銘》，天津古籍出版社，2008年，第153頁。

　　族。……遹言曰：吾少好諷誦，頗說詩書。而詩刺哲婦，書誠牝
　　雞，始知婦人之德，主於貞敏，不在多能。於是都捐庶業，專奉內
　　事，酒醴自躬，組紃由己，飲膳之味，在調必珍，文繡裁縫，遇手
　　則麗。〔註106〕

　　元氏出身宗室貴族家庭，由於家庭條件優越，她不僅熟讀經史、頗說詩書，亦學習了家誡女傳，而且她還將這些內容應用於自己的生活和行為中，使「三徙之流，莫不遵其風教；內外宗婦，於是訪其容儀。」〔註107〕也為自己贏得了極好的社會評價。

　　此外，學識方面的培養由於受到施教者文化素養的限制，一般只有世族家庭或是文儒學者家庭才能做到，其教育內容一般也都以文史知識以及詞賦詩歌等為主。如江陽王元繼的次妃石氏出身官宦之家，其「資性聰哲，學涉九流，則靡淵不測，才關詩筆，觸物能賦。」〔註108〕出身世族家族的女性，更不僅能夠接受家學傳統，更善於筆墨詩詞，如于忠「後妻中山王尼須女，微解《詩書》」〔註109〕，中山王氏屬於普通世族家族，但卻也有著一定的文化傳統，因而使其家族女性接受過《詩》、《書》等傳統教育。宣武帝夫人王氏出身漢人五大門閥家族之一的太原王氏，其父王肅更以文儒得到重用。受到父親的影響，王氏也「五教聿昭，四德孔緒。妙閒草隸，雅好篇什，春登秋泛，每緝辭藻，抽情揮翰，觸韻飛瑛。」〔註110〕她不僅擅長文學辭藻，其書法水平更是其他女性無法企及，她也成為除李婕妤外，宣武帝後宮嬪妃中的又一著名才女。

　　除一般的典籍與詩書外，部分女性還接受了宗教方面的教育，《楊無醜墓誌》載：

　　　　女姓楊，諱無醜，字慧芬，此邑潼鄉習仙里人也，清河太守仲
　　真之曾孫，洛州刺史懿第四子之女。稟靈閒惠，資神獨挺，體兼四

〔註106〕趙超：《漢魏南北朝墓誌彙編》，《魏直閣將軍輔國將軍長樂馮邕之妻元氏墓誌》，天津古籍出版社，2008年，第128頁。

〔註107〕趙超：《漢魏南北朝墓誌彙編》，《魏直閣將軍輔國將軍長樂馮邕之妻元氏墓誌》，天津古籍出版社，2008年，第128頁。

〔註108〕趙超：《漢魏南北朝墓誌彙編》，《魏尚書江陽王次妃石夫人墓誌銘》，天津古籍出版社，2008年，第55頁。

〔註109〕《魏書》卷三一《于栗磾列傳附于忠傳》，中華書局，1974年，第746頁。

〔註110〕趙超：《漢魏南北朝墓誌彙編》，《魏故貴華恭夫人墓誌銘》，天津古籍出版社，2008年，第69頁。

德，智洞三明。該般若之玄旨，遵班氏之祕誠，雅操與孟光俱邈，

淵意與文姬共遠。信逸群之姝哲，絕倫之淑女者也。〔註111〕

根據楊無醜「以熙平三年正月十八日，春秋廿有一，於白馬鄉寢疾而終。」
〔註112〕可推知其出生於孝文帝太和二十二年（498 年），恰逢北魏開始大規
模的推廣佛教和漢化教育之時。加之她又出生於漢族官員家庭，自然也會注
重對她的教育，由墓誌記載其「該般若之玄旨，遵斑（班）氏之祕誠」〔註113〕，
可知其學習的內容不僅包括佛教典籍還有傳統女子教育典籍。

二、女性文藝作品的出現

北魏女性有著較高的社會地位，她們在接受到教育後，不僅會將其轉化
為自身的素質，其中文化水平較高者更將自己的所見、所聞、所感以文藝作
品的形式表達出來，為後世留下了珍貴的文藝素材。

北魏受教育女性對於文學和藝術的追求也比較強烈，而且大都以漢魏時
期的傑出女性為自己的努力方向，如出身弘農楊氏世族家庭的楊無醜「該般
若之玄旨，遵斑氏之祕誠，雅操與孟光俱邈，淵意與文姬共遠。」〔註114〕她
們在仿照先賢才女的思想和行為之下，也使自己成為「信逸群之姝哲，絕倫
之淑女者也。」渤海高氏外戚家族出身的高氏更以自身行為，獲得「班門掩
響於今華，蔡氏何聞於古茂。」之美譽。〔註115〕

北魏女性的文化素養不僅在其日常行為中得以體現，更留下了眾多的作
品。《魏書》卷三五《崔浩列傳》載：

浩母盧氏，諶孫也。浩著《食經敘》曰：「余自少及長，耳目聞
見，諸母諸姑所修婦功，無不蘊習酒食。朝夕養舅姑，四時祭祀。
雖有功力，不任僮使，常手自親焉。……先妣慮久廢忘，後生無知
見，而少不習業書，乃占授為九篇，文辭約舉，婉而成章，聰辯強
記，皆此類也。……故序遺文，垂示來世。」

崔浩的母親出自門閥世族范陽盧氏，乃其家族代表盧諶的孫女。盧諶與清河

〔註111〕羅新、葉煒：《新出魏晉南北朝墓誌疏證》，中華書局，2005 年，第 87 頁。
〔註112〕羅新、葉煒：《新出魏晉南北朝墓誌疏證》，中華書局，2005 年，第 87 頁。
〔註113〕羅新、葉煒：《新出魏晉南北朝墓誌疏證》，中華書局，2005 年，第 87 頁。
〔註114〕趙超：《漢魏南北朝墓誌彙編》，《魏故使持節洛州刺史弘農簡公楊懿第四子
之女墓誌銘》，天津古籍出版社，2008 年，第 216 頁。
〔註115〕趙超：《漢魏南北朝墓誌彙編》，《魏故持節征虜將軍營州刺史長岑侯韓使君
賄夫人高氏墓銘》，天津古籍出版社，2008 年，第 153 頁。

崔氏家族的代表崔悅「並以博藝著名。諲法鍾繇，悅法衛瓘，而俱習索靖
之草，皆盡其妙。諲傳子偘，偘傳子邈；悅傳子潛，潛傳玄伯。世不替業，
故魏初重崔盧之書。」〔註116〕崔浩之母乃崔邈女，受到家學傳統影響，她不
僅擅長書法，更有著很深的文學造詣，崔浩所著《食經敘》乃其母盧氏的遺
作，後由其作序並出版，為後世留下了世家大族的行為禮儀，成為後世行為
之參考。

　　詩歌是北朝女性用於表達情感的最主要渠道，也是受教育女性最主要的
文學作品形式，但由於收到紛亂社會局勢的影響，流傳下來的北朝女性詩歌
作品較少。《洛陽伽藍記》中便記載了部分鮮卑貴族女性以詩歌表達心中所想
的詩句，雖然只是簡單幾句，卻明確表達出自己對於婚姻的預期。

　　王肅出身琅琊王氏門閥世族家族，其家族本在南朝齊中任職，太和十七
年（494 年）〔註117〕，王肅由南朝齊進入北魏，他不僅受到孝文帝的重用，孝
文帝更將自己的妹妹彭成長公主嫁給了他，也使他擁有了皇室宗親的身份。
王肅在南朝齊任職期間已經與同為門閥世族的陳郡謝氏聯姻並生有一子一
女。由於他入魏倉促，並未攜妻子兒女同往，入魏後又尚公主，其嫡妻謝氏後
亦攜子女入魏，想要與王肅共同生活。就其家庭問題，王肅的兩位妻子也以
詩歌往復，表達出自己的訴求。《洛陽伽藍記》卷三《城南》正覺寺條載：

　　　（謝氏）見肅尚主，謝作五言詩以贈之。其詩曰：「本為箔上蠶，
　　今作機上絲。得路逐勝去，頗憶纏綿時。」公主代肅答謝云：「針是
　　貫線物，目中恒任絲。得帛縫新去，何能衲故時。」肅甚〔有〕愧
　　謝之色，遂造正覺寺以憩之。

謝氏作為王肅在南朝的妻子，本為嫡妻，但是由於王肅到北魏後迎娶公主，
謝氏見此情景，遂以詩歌表達自己想要團聚的意願。受過文化教育的北魏彭
城長公主也按照謝氏以絲線為比喻做詩的方式，以王肅的名義，用詩歌表達
出拒絕接納謝氏的態度。

　　北魏臨朝的皇太后都有著一定的文化修養，她們不僅能夠以其文化積澱
處理國家政治事務，而且還能夠自如的創作文藝作品。其中胡太后就「性聰

〔註116〕《魏書》卷二四《崔玄伯列傳》，中華書局，1974 年，第 623 頁。
〔註117〕關於王肅，《洛陽伽藍記》與《魏書》記載略有出入。《洛陽伽藍記》載其字
　　　　公懿，《魏書》則載為恭懿，應為同音之誤。《洛陽伽藍記》記其入魏時間為
　　　　太和十八年（495 年），《魏書》則記為太和十七年（494 年）。

悟，多才藝」〔註118〕，《樂府詩集》也收錄了她做的一首詩歌，名為《楊白花》，其詩曰：

> 陽春二三月，楊柳齊作花。
>
> 春風一夜入閨闥，楊花飄蕩落南家。
>
> 含情出戶腳無力，拾得楊花淚沾臆。
>
> 秋去春還雙燕子，願銜楊花入窠裏。

《楊白花》全名為《楊白花歌辭》是胡太后所做，借花表達對於楊大眼子楊華的愛慕和眷戀之情，期盼他早日回歸。關於該詩歌所提及的楊華，《魏書》卷七三《楊大眼列傳》載：

> 大眼雖不學，恒遣人讀書，坐而聽之，悉皆記識。令作露布，皆口授之，而竟不多識字也。有三子，長甄生，次領軍，次征南，皆潘氏所生，氣幹咸有父風。……取大眼屍，令人馬上抱之，左右扶挾以叛。

《魏書》記載楊大眼諸子中，並無楊華其人，但同一時期的南朝史書中，卻多有提及。《梁書》三九《楊華列傳》載：

> 楊華，武都仇池人也。父大眼，為魏名將。華少有勇力，容貌雄偉，魏胡太后逼通之。華懼及禍，乃率其部曲來降。胡太后追思之不能已，為作《楊白華歌辭》，使宮人晝夜連臂蹋足歌之，辭甚淒惋焉。

《南史》卷六三《王神年列傳》載：

> 時復有楊華者，能作驚軍騎，亦一時妙捷，帝深賞之。華本名白花，武都仇池人，父大眼為魏名將。華少有勇力，容貌瑰偉，魏胡太后逼幸之。華懼禍，及大眼死，擁部曲，載父屍，改名華，來降。胡太后追思不已，為作《楊白華歌辭》，使宮人晝夜連臂蹋蹄歌之，聲甚淒斷。華後位太子左衛率，卒於侯景軍中。

根據《魏書》與《南史》記載的楊大眼子載父屍叛歸南朝梁的行為來看，楊華應該就是楊大眼的長子楊甄生。胡太后臨朝後情感空虛，她喜歡上了俊美勇敢的楊甄生，但楊甄生卻沒接受胡太后的感情，他還為了防止胡太后的迫害而南逃，並改名為楊華。胡太后得知這一情況後，便做了著名的《楊白花歌

〔註118〕《魏書》卷一三《皇后列傳‧宣武靈皇后胡氏傳》，中華書局，1974年，第338頁。

辭》，表達自己的對他的真情實感。

　　馮太后的文化水平和素養更在胡太后之上，她是北燕皇室後裔，雖然以罪臣家屬身份入宮，但卻得到姑母、太武帝左昭儀馮氏「撫養教訓」，加之馮氏本人「性聰達，自入宮掖，粗學書計。」〔註119〕掌握了較高的文化知識和藝術才能。太和十三年（489 年）七月丙寅，馮太后與孝文帝「幸靈泉池，與群臣御龍舟，賦詩而罷。」〔註120〕可惜的是此次馮太后靈泉池賦詩，無論是詩歌名稱，還是詩文內容都沒有流傳下來。另據《魏書》卷一三《皇后列傳・文成文明皇后馮氏傳》載：

　　　　　太后以高祖富於春秋，乃作《勸誡歌》三百餘章，又作《皇誥》
　　十八篇，文多不載。

關於馮太后完成《勸誡歌》和《皇誥》的時間，史書沒有確切記載，但根據前後事件分析，孝文帝在太和八年（484 年）完成了為馮太后在方山之上修建的永固陵；太和九年（485 年）正月，孝文帝與馮太后「大饗群臣於太華殿，班賜皇誥。」〔註121〕那麼，《勸誡歌》和《皇誥》應該完成於永固陵修建後和頒賜群臣前，其完成時間應該是在太和八年（484 年）底之前。但遺憾的是由於史書記載不足，馮太后所做這兩個重要作品，文獻都已經失載。

　　馮太后不僅擅長詩歌、政論，也擅長歌賦。由於北魏有著「樂其所自生，禮不忘其本」〔註122〕的傳統認知，其後宮中常「歌《真人代歌》，上敘祖宗開基所由，下及君臣廢興之跡，凡一百五十章，昏晨歌之，時與絲竹合奏。」〔註123〕自幼生活於後宮的馮太后自然也會受此影響，較早的接觸到了宮廷音樂，加之其自幼在姑母太武帝左昭儀馮氏和文成帝保母常氏的培養下長大，她擁有創作樂曲能力應該也在情理之中，只是在她的早期生活中，政治成為主旋律，未能有施展的空間和機。直至孝文帝登基後，她才最終徹底擺脫了皇帝的掣肘，穩固了政治統治，並開始施展自己的才華。太和五年（481 年），「文明太后、高祖並為歌章，戒勸上下，皆宣之管絃。」〔註124〕這也是馮太

〔註119〕《魏書》卷一三《皇后列傳・文成文明皇后馮氏傳》，中華書局，1974 年，第 328 頁。
〔註120〕《魏書》卷七《孝文帝紀》，中華書局，1974 年，第 165 頁。
〔註121〕《魏書》卷七《孝文帝紀上》，中華書局，1974 年，第 155 頁。
〔註122〕《魏書》卷一〇九《樂志》，中華書局，1974 年，第 2827 頁。
〔註123〕《魏書》卷一〇九《樂志》，中華書局，1974 年，第 2828 頁。
〔註124〕《魏書》卷一〇九《樂志》，中華書局，1974 年，第 2829 頁。

后創作歌賦的最早記錄，也是她所做《勸誡歌》之母本。

《魏書》卷一三《皇后列傳‧文成文明皇后馮氏傳》載：

> 太后曾與高祖幸靈泉池，燕群臣及藩國使人、諸方渠帥，各令為其方舞。高祖帥群臣上壽，太后忻然作歌，帝亦和歌，遂命群臣各言其志，於是和歌者九十人。

根據《魏書‧孝文帝紀》的記載，孝文帝與馮太后曾多次「幸靈泉池」，僅太和十二年（488 年）他們就曾三次赴靈泉池，結合他們宴群臣及藩國使人、諸方渠帥的狀況來看，太和十二年（489 年）二月至四月，分別有高麗國、宕冒國、吐谷渾國等派遣使臣到達北魏，而四月馮太后與孝文帝也幸靈泉池，與他們招待群臣的狀況相符，可知此次靈泉池歌舞當發生於此時。通過這些記載可知，馮太后不僅能夠作曲，而且還善歌，有著極高的藝術天賦，只是由於當時記載條件有限，其內容未能流傳。

北魏臨朝女主不僅有著較高為文學修養和藝術水平，更能夠以其指引自身的言行、豐富自己的生活。在她們的帶動下，北魏女性追求學識的熱情很高，其宮廷中由嬪妃教授公主等貴族女性，而傅姆則成為教授宮女文化的教師，世族、官員家庭中一般都採取親屬教授方式，提升家族女性的文化和修養。

三、女性學識的貢獻

在當時人們的認知中，「禮、樂、書、數、射、御。明前四業，丈夫婦人所同修者。若射、御，唯主男子事，不及女。」〔註125〕由於女性可以與男性享受到了近乎平等的教育機會，造就了當時女性學識的典範和代表。北魏女性的學識和見解不僅可以規範自己的言行，成為家人和子女形成表率，更能夠以其見解為國家提供諮詢和教導子女，並通過這些途徑實現自身的社會價值。

（一）提供諮詢建議

在我國古代社會的認知中，「婦主中饋，惟事酒食衣服之禮耳，國不可使預政，家不可使干蠱」〔註126〕，進而造成了女性專理家庭事務的風氣。在女性有著較高地位的北魏，由於女性接受教育的人數相對較多，進而造成了「鄴下風俗，專以婦持門戶，爭訟曲直，造請逢迎，車乘填街衢，綺羅盈府寺，代

〔註125〕《魏書》卷六七《崔光傳》，中華書局，1974 年，第 1492 頁。
〔註126〕《顏氏家訓》卷一《治家篇》，中華書局，1993 年。

子求官，為夫訴屈。」〔註127〕這些對外活動一方面基於她們較高的家庭和社會地位，另一方面也與其文化教育息息相關。

由於北魏臨朝的女主都有著較高的文化修養，在她們行為影響下，北魏的社會認知中形成了女性「如有聰明才智，識達古今，正當輔佐君子，助其不足，必無牝雞晨鳴，以致禍也。」〔註128〕加之女主臨朝又需要較多的女性官員輔助其管理後宮，有著文化修養的女性便也在此時脫穎而出，實現了自己的政治夙求。

北魏女官中需要任職者有著較高文化修養的職務有女尚書和女侍中，其中女侍中為正二品，女尚書為正三品，雖然其職權不如朝中的侍中、尚書般位高權重，但卻也是北魏女官中為數不多的可以參與國家政治的官職。如前文所述，北魏後宮中專門設有傅母，專司對宮女的文化教育，並將其中的優秀者選拔擔任女尚書。從女尚書的職務權責上看，馮迎男「干涉王務，貞廉兩存，稱蒞女功，名烈俱備。」〔註129〕王僧男「能記釋嬪嬙，接進有序，剋當乾心。」〔註130〕從其職責上看，女尚書似可以輔佐處理朝中適宜，亦可以對參與後宮嬪妃的覲見安排。

女侍中一般選自宗室、外戚或世族之家，由於她們的家庭出身較高，能夠接受良好的文化教育，職責主要是對提供文書或諮詢方面的建議。《魏故持節征虜將軍營州刺史長岑侯韓使君睹夫人高氏墓銘》載：

> 夫人勃海脩人也。左光祿大夫勃海郡開國敬公揚之長女，侍中尚書令司徒大將軍平原郡開國公肇侍中司空澄城郡開國穆公顯之元姊。夫人妹以儀軒作聖，伻女裹月留光，並配乾景，用敷地訓。二后褘褕，亞瓚天極。……時有暇日，兼悅書典，女戒及儀，常委膝席，言行自高，物所宗慕。……至景明三年，宣武皇帝以夫人皇姨之重，兼韻動河月，遂賜湯沐邑，封遼東郡君。又以椒幃任要，宜須翼輔，授內侍中，用委宮披。獻可諫否，節凝圖篆。〔註131〕

〔註127〕《顏氏家訓》卷一《治家篇》。
〔註128〕《顏氏家訓》卷一《治家篇》。
〔註129〕趙超：《漢魏南北朝墓誌彙編》，《魏故官御作女尚書馮（迎男）女郎之志》，天津古籍出版社，2008年，第123頁。
〔註130〕趙超：《漢魏南北朝墓誌彙編》，《女尚書王氏諱僧男墓誌》，天津古籍出版社，2008年，第124頁。
〔註131〕趙超：《漢魏南北朝墓誌彙編》，《魏故持節征虜將軍營州刺史長岑侯韓使君睹夫人高氏墓銘》，天津古籍出版社，2008年，第154頁。

高氏出身渤海高氏世族家族，乃高揚長女、孝文昭皇后的姐姐、宣武皇后的姨母，其本身又對擴充學識繼位熱衷，形成了良好的文化素養，最終被選入後宮擔任女侍中。其於景明三年（502 年）獲得封爵，正光四年（523 年）逝世，中間歷經宣武皇后高氏和宣武靈皇后胡氏掌管後宮兩個時期。在宣武帝逝世後，高太后曾經意圖謀害胡太后，最終被胡太后弊害而死，作為高太后的姑母，她自然不會得到胡太后的任用，因而其任職時間當在宣武皇后高氏掌管後宮時期，主要職責是對其管理後宮等行為提供諮詢建議。

另據《魏書》卷九二《列女傳·漁陽太守陽尼妻高氏傳》記載：

> 漁陽太守陽尼妻高氏，勃海人。學識有文才，高祖敕令入侍後宮。幽後表啟，悉其辭也。

陽尼妻高氏亦出自門閥世族渤海高氏家族，由於她不僅出身世族，而且還也有著較好的學識，也在孝文幽皇后掌管後宮期間擔任女侍中，負責皇后詔令的起草等文書工作。

此外，女性學識最主要的體現在於參與政治，在北魏皇太后臨朝或輔政得傳統的影響下，封國王太妃也有輔政的行為。《魏上宰侍中司徒公領尚書令太傅領太尉公假黃鉞九錫任城文宣王文錚太妃墓誌銘》載：

> 太妃姓馮，諱令華，長樂信都人也。太師昌黎武王之第五女，曾祖東燕昭文帝，祖太宰燕宣王。……輔主君，古今英異，易稱一人，得文詩著，三五在東，以茲樛木之恩，成此螽斯之業。……撫養異宮，恩同己子，故能化自閨閫，聲聞邦國。神龜二年十二月，文宣王薨，朝依典禮，策拜太妃。〔註 132〕

馮季華乃太師馮熙第五女、馮太后的姪女、孝文幽皇后馮氏的妹妹。

另據《魏書》卷一九《景穆十二王列傳·任城王雲傳附澄傳》載：

> 神龜二年薨，年五十三。……第四子彝襲。
>
> 彝，字子倫，繼室馮氏所生，頗有父風。拜通直散騎常侍。

可見，馮季華乃元澄的繼室，或是由於其嫡妻無子，從而使繼室子以嫡子身份襲爵。元澄逝世於神龜二年（519 年），馮氏則逝世於武定四年（546 年），距元澄逝世有 27 年之久，馮氏以其學識和素養，在元澄逝世後輔助兒子元彝

〔註 132〕趙超：《漢魏南北朝墓誌彙編》，《魏上宰侍中司徒公領尚書令太傅領太尉公假黃鉞九錫任城文宣王文錚太妃墓誌銘》，天津古籍出版社，2008 年，第 384 頁。

治理封邑，贏得了很好的社會評價。

　　另據其家族成員《樂安王妃馮氏墓誌銘》所載，馮熙共有女兒八人，墓主馮季華最幼，其「長姊南平王妃。第二第三姊並為孝文皇帝后。第四第五姊並為孝文皇帝昭儀。第六姊安豐王妃。第七姊任城王妃。」〔註133〕目前可知孝文帝曾納馮熙三女，其中二人被冊立為皇后，一人為左昭儀，任城王妃馮季華在家中的排行存疑。

（二）教育子女

　　由於女性的活動範圍多以家庭為主，她們「專奉內事，酒醴自躬，組紃由己，飲膳之味，在調必珍，文繡裁縫，逕手則麗。」〔註134〕家庭的事務事無鉅細皆由女主人操持，加之她們作為母親需要照顧子女，因而與子女接觸的較多，她們的行為習慣和文化素養對子女的影響更大，以致於「三徙之流，莫不遵其風教；內外宗婦，於是訪其容儀。」〔註135〕一些文化素養較高的女性，甚至還能夠在子女幼年承擔起對他們進行文化教育的職責，成為其子女實際意義上的啟蒙教師。《魏書》卷九二《列女傳·房愛親妻崔氏傳》載：

> 清河房愛親妻崔氏者，同郡崔元孫之女。性嚴明高尚，歷覽書傳，多所聞知。子景伯、景先，崔氏親授經義，學行修明，並為當世名士。景伯為清河太守，每有疑獄，常先請焉。

清河崔氏乃北魏門閥世族，其家族中文儒輩出，有著極高的家學素養。崔元孫「劉駿尚書郎。劉彧之僭立也，彧青州刺史沈文秀阻兵叛之。彧使元孫討文秀，為文秀所害。」〔註136〕崔元孫子崔亮由母親房氏攜帶投奔崔亮的叔族冀州刺史崔道固。由此可知房愛親妻崔氏與崔亮乃姊弟，房氏與崔氏兩家自崔亮母親起就締結了姻親，後崔元孫又將女兒嫁入房氏家族。由於出身世族家族，崔氏受到了良好的教育，不僅能夠親自教授兒子經義，更能幫助兒子處理他們為官中出現的具體問題。

　　《隋書》卷七三《循吏列傳·辛公義傳》載：

〔註133〕趙超：《漢魏南北朝墓誌彙編》，《魏故樂安王妃馮氏墓誌銘》，天津古籍出版社，2008年。

〔註134〕趙超：《漢魏南北朝墓誌彙編》，《魏直閣將軍輔國將軍長樂馮邕之妻元氏墓誌》，天津古籍出版社，2008年，第149頁。

〔註135〕趙超：《漢魏南北朝墓誌彙編》，《魏直閣將軍輔國將軍長樂馮邕之妻元氏墓誌》，天津古籍出版社，2008年，第128頁。

〔註136〕《魏書》卷六六《崔亮列傳》，中華書局，1974年，第1476頁。

> 辛公義，隴西狄道人也。祖徽，魏徐州刺史。父季慶，青州刺
> 史。公義早孤，為母氏所養，親授書傳。周天和中，選良家子任太
> 學生，以勤苦著稱。

辛公義乃由北周入隋的官員，其祖辛徽乃北魏官員，父新季慶任職時間應在西魏時期，而後北周取代了西魏，其家族遂在北魏任職，而後又再入隋。辛公義的父親早逝，其母親承擔起對他的啟蒙教育的職責，並取得了很好的效果，使他能夠以此基奠被選為太學生，開始了自己真正的求學生涯。

此外，還有一些女性則通過自身的言行，通過言傳身教的方式影響著子女。并州主簿王憐妻趙氏墓誌記載稱：

> 夫人少稟家風，長垂令範。并州主簿王憐之妻也。琴瑟未幾，
> 便失伉儷，唯有一女，甫就口食。及長，適穎川陳氏。值大齊肇構，
> 陳有力焉。除光州刺史。妻封襄城郡君。而郡君政訓陳門，恩逮眾
> 妾，肅穆閨闈，皆趙夫人慈育之所致也。〔註137〕

王憐和趙氏的女兒嫁入穎川陳氏家族後，憑藉著自身的能力，治家有方，而她的這些言行則都取自其母趙氏，這也從側面反映出女性學識對子女的影響。

女性對子女進行的文化教育一般都發生於子女的幼年階段，其教育內容大都是經義和書傳等基礎知識，主要是引導子女形成良好的學習方法和學習習慣，並擁有一定的知識積澱，可以說這些女性實際成為子女的啟蒙教師，為他們日後的正式學習打下基礎。

〔註137〕趙超：《漢魏南北朝墓誌彙編》,《夫人趙氏墓誌》,天津古籍出版社,2008 年,
第 399 頁。

結　語

　　我國古代的君主專制制度與家天下政治體制，使的皇權體制保持在一家
一姓內部傳承，並最終形成了相應的政治文化和政治法則。但與前代政權不
同的是，鮮卑族最初只是北方地區的游牧民族，在部落聯盟體制下的拓跋部
雖然也實現了最高權力在家族內傳遞，但在權力的傳遞中，卻將「兄終弟及」
與「父死子繼」兩種世襲傳承模式交織進行。行國時代的鮮卑君主繼承人大
都借助強大的母族或妻族勢力進行權力爭奪，而一旦繼位成功，其母族或妻
族自然也會插手國家的治理，並借助特權為自己獲取更多的利益。

　　在這種權力繼承模式下，不僅造就了鮮卑女性有著極高的家庭和社會地
位的傳統得以在新建立的國家中延續，更使鮮卑族母權參政的風氣在北魏中
得到了新的演變和昇華。為了防止母權的過度干政，實現皇位的父子相承，
道武帝在完成了初步的皇權建設後，便參照了漢武帝晚年皇位繼承中「立子
殺母」的做法，制定了「子貴母死」制度，並以該制度在冊立太子的同時，
賜死了太子的生母，進而防止她們在太子繼位後參與國家治理。但他無法預
料的是，這種賜死太子生母的方式卻給了太子的嫡母乃至保母（或乳母）以
母子親情參與國家治理乃至臨朝主政的機會，並使女主臨朝在北魏成為普遍
現象。

　　我國古代王朝建立之初，一般都是通過武力獲取統治權，並通過皇帝的
個人能力，實現權力的平穩過渡和國內的穩定。在王朝初期的權力傳承中，
一般都會維持著選人以賢的原則，但隨著國家的穩定，對於血緣的關注愈加
強烈，對於繼任者的年齡、智力和能力的關注則隨之削弱，甚至很多時候都
會出現稚子繼任的現象，這種狀況尤其是在王朝的中後期出現的就更多。

就北魏而言，道武帝最初選擇的太子拓跋嗣和擬立為太子者拓跋紹都已經成年，他所制定的「子貴母死」制度只是為了防止了太子的生母在兒子繼位後干預朝政。從太武帝時期開始，為了便於對太子的從小培養，冊立太子的年齡也逐漸降低，進而造成太子幼年喪母的情況頻繁出現，照顧他們的保母便充當了母親的角色。

雖然這些幼年便被冊立為太子的皇子受到了很好的執政教育，他們繼位時也大都已經成年，但他們繼位時的年齡卻也遠比道武帝、明元帝小得多。他們繼位後，出於感念照顧他們的乳母或保母而冊封她們為皇太后，進而為她們的干政也創造了條件。但由於這些人缺乏皇室的背景，加之能力和眼界有限，她們對朝政的影響並不很大。她們更大的能量在於對後宮的掌控和布局，最終導致了作為皇帝的嫡妻皇后在後宮中也沒有得到應有的權力和尊重。尤其是在保太后常氏推薦和幫助下登上皇后之位的馮氏，更以其卓越的眼光和皇帝嫡妻的身份，將皇太后的權力運用的淋漓盡致。

獻文帝繼位時年級尚小，文成帝皇后馮氏作為獻文帝的嫡母，其自身也很年輕。由於二人政治經驗都不足，加之他們沒有共同生活的經歷，導致二人間的關係並不密切。在執政後，二人在朝政中的爭奪更是異常嚴峻。或是意識到保太后們雖然出身宮婢但卻通過撫育幼主的登位皇太后，馮氏也在獻文帝子拓跋宏（即孝文帝）出生後親自撫育，並在孝文帝繼位後真正實現了臨朝主政。

馮太后的臨朝是在她自己的精心布局下實現的。孝文帝年幼繼位，無法掌控國家，使國家最高權力出現真空。此時擺在皇室成員面前最棘的手問題就是如何保證皇權不會落入皇室外部人員在之手，自然就需要君側之人迅速承接最高權力。此時的馮太后雖然已經登位太皇太后，但她不僅有著先帝嫡妻的身份，也與新君有著撫育之情，自然會成為皇權社會「家天下」的最適合的守衛者，並且在保證皇權正常運轉方面，她還負有倫理和道義上的責任。此外，皇太后還由於與皇帝血緣上的優勢，最容易獲得整個王朝的認可和接納，並最終成為接管朝權最合適的人選。

尤其是在孝文帝以來，隨著北魏漢化的推進，他們在接受漢族文化的同時也引入了「孝道」觀念，這也在法理層面為皇太后統治的合法性提供了道德文化方面的支撐。

在古代社會中，立足於家庭內部的「孝」和國家內部的「忠」，構成了國

家文化的核心內容。「孝」的踐行需要統治者自身去引領，這也要求統治者無論是對於自己血緣上的母親（即生母），或倫理上的母親（即嫡母），都需要表現出推崇與尊重，從而在客觀上提升了皇太后的地位，也使「孝」成為全社會共同的道德訴求和價值取向，更為北魏後期胡太后以新君生母身份臨朝創造了社會條件。

北魏後期，孝明帝生母胡氏以嬪妃的身份登位皇太后，她雖然沒能擁有皇帝嫡妻的身份，但是卻通過後宮鬥爭的勝利，逼迫宣武帝皇后高氏出家，她也由此成為孝明帝後宮唯一的皇太后，並開始著力仿傚馮太后臨朝主政。

胡太后在臨朝期間處處仿傚馮太后的做法，意圖再現並超越馮太后的政績，但是由於她不僅個人能力與馮太后相差甚遠，其家族成員也並無過多建樹，加之她又不善於處理與皇帝間的關係，最終導致了她臨朝的徹底失敗，並對北魏造成了不可估量的損失。

首先，胡太后不僅仿傚馮太后冊立姪女為皇后和嬪妃，以達到控制和影響皇帝的目的，還仿傚馮太后的做法使自己家族成員與北魏皇室進行聯姻，密切雙方的關係。但不同的是，一方面，馮太后入宮的姪女或是得寵於皇帝，或是獲得宗親朝臣的擁戴。無論是為后，還是嬪妃也都能夠很好的控制後宮；胡太后的姪女卻都無寵，且都沒有能力控制後庭、贏得朝臣的擁戴。另一方面，馮太后與宗室聯姻的姪女大都是其兄馮熙的子女，其聯姻對象也都是北魏宗室貴冑，進而使長樂馮氏家族與宗親間的關係和睦；胡太后家族卻人丁單薄，參與聯姻的大都是其家族遠親，聯姻對象也都是宗室疏屬，這也造成安定胡氏家族與北魏宗親關係疏遠。

其次，馮太后與皇帝間的關係較為密切。在獻文帝在位時期，馮太后雖然與之關係梳理，但卻也沒有爆發過大的衝突，二人間還通過皇太子拓跋宏（即孝文帝）達成了和解；孝文帝更是馮太后一手撫育成人，他與馮太后不僅有著祖孫之名，也有著實際的母子之情，加之馮太后在臨朝中也給予孝文帝足夠的尊重，進而造成二人共同臨朝時期關係和睦。胡太后雖然與孝明帝有著母子之名，但是二人沒有共同生活的經歷，感情不甚深厚，加之臨朝時期胡太后又沒能給孝明帝以足夠的尊重，二人間矛盾不斷爆發，最終導致孝明帝被毒殺，朝政也隨之混亂。

第三，馮太后和胡太后雖然都有豢養內寵和任用宦官。馮太后任用的寵臣和宦官大都能力較強，而且她對待內寵也能採取克制的態度，這些人也成

為她執政的助力，且未能危害朝政、影響其與皇帝的感情；胡太后則過度的對寵臣和內寵給予信賴，不僅對他們的行為不加約束，而且還對他們的計策大都給予採納，即便是對他們提出的毒殺親子孝明帝也給予採納，最終導致了國家的分裂。

北魏有著女主臨朝的傳統，多數的皇太后都有參與政治的行為，但由於此時「子貴母死」制度的實施，造成能夠登位皇太后者大都是皇帝的嫡母或保母，他們由於與皇帝沒有血緣親情，參與政治的範圍和程度也相對較弱，一般處於輔政狀態。只有孝文帝祖母馮太后和孝明帝生母胡太后二人最終實現了臨朝聽證，將女主政治推向了極致。

其中孝文帝祖母馮太后乃文成帝的皇后、獻文帝的嫡母、孝文帝的祖母，她不僅親自撫育了孝文帝，與之形成了親情關係，更在孝文帝繼位後真正的臨朝聽證，並與皇帝並稱「二聖」；胡太后乃孝明帝生母，在孝明帝繼位後，她也開始臨朝聽政。相比馮太后的執政行為，她更進了一步，她「臨朝聽政，猶稱殿下，下令行事。後改令稱詔，群臣上書曰陛下，自稱曰朕。」〔註1〕她雖然沒有正式稱帝，卻也成為我國古代歷史上第一位真正意義上的女性帝王。

將馮太后與胡太后二人間執政的成敗與其他北魏帝王進行對比可以發現，馮太后臨朝時期將北魏推向鼎盛，造就了北魏的盛世時代，其對北魏歷史的貢獻超越了北魏歷史上的任何一位君主。而胡太后則由於執政不利，直接造成了北魏的衰亡。可見，君主執政的成敗與貢獻的大小，與他們的性別沒有直接關係，其最終的決定因素在於執政者的個人能力。

〔註1〕《魏書》卷一三《皇后列傳·宣武靈皇后胡氏傳》，中華書局，1974 年，第337 頁。

參考文獻

一、普通圖書

1. 司馬遷,《史記》〔M〕,北京:中華書局,1982 年。
2. 班固,《漢書》〔M〕,北京:中華書局,1964 年。
3. 范曄,《後漢書》〔M〕,北京:中華書局,1965 年。
4. 陳壽,《三國志》〔M〕,北京:中華書局,1982 年。
5. 房玄齡等,《晉書》〔M〕,北京:中華書局,1974 年。
6. 沈約,《宋書》〔M〕,北京:中華書局,1974 年。
7. 蕭子顯,《南齊書》〔M〕,北京:中華書局,1972 年。
8. 姚思廉,《梁書》〔M〕,北京:中華書局,1973 年。
9. 姚思廉,《陳書》〔M〕,北京:中華書局,1973 年。
10. 李延壽,《南史》〔M〕,北京:中華書局,1975 年。
11. 魏收,《魏書》〔M〕,北京:中華書局,1974 年。
12. 李百藥,《北齊書》〔M〕,北京:中華書局,1972 年。
13. 令狐德棻,《周書》〔M〕,北京:中華書局,1971 年。
14. 李延壽,《北史》〔M〕,北京:中華書局,1974 年。
15. 魏徵等,《隋書》〔M〕,北京:中華書局,1983 年。
16. 歐陽修、宋祁,《新唐書》〔M〕,北京:中華書局,1975 年。
17. 劉昫,《舊唐書》〔M〕,北京:中華書局,1975 年。
18. 司馬光,《資治通鑑》〔M〕,北京:中華書局,1956 年。

19. 李林甫,《唐六典》〔M〕,北京:中華書局,1992 年。

20. 崔鴻,《十六國春秋》〔M〕,北京:商務印書館,1937 年。

21. 楊衒之著,楊勇校箋,《洛陽伽藍記校箋》〔M〕,北京:中華書局,2006 年。

22. 顏之推,《顏氏家訓》〔M〕,王利器集解,北京:中華書局,1993 年。

23. 杜佑,《通典》〔M〕,北京:中華書局,1984 年。

24. 鄭樵,《通志》〔M〕,北京:中華書局,1987 年。

25. 馬端臨,《文獻通考》〔M〕,北京:中華書局,1986 年。

26. 楊伯峻,《春秋左傳注》〔M〕,北京:中華書局,1981 年。

27. 酈道元著,《陳橋驛校證》〔M〕,北京:中華書局,2007 年。

28. 嚴可均,《全上古三代秦漢三國六朝文》〔M〕,北京:中華書局,1958 年。

29. 阮元,《十三經注疏》〔M〕,北京:中華書局,1980 年。

30. 趙翼著,王樹民校證,《廿二史劄記校證》〔M〕,北京:中華書局,1984 年。

31. 朱銘盤,《南朝宋會要》〔M〕,上海:上海古籍出版社,1984 年。

32. 朱銘盤,《南朝齊會要》〔M〕,上海:上海古籍出版社,1984 年。

33. 朱銘盤,《南朝梁會要》〔M〕,上海:上海古籍出版社,1984 年。

34. 朱銘盤,《南朝陳會要》〔M〕,上海:上海古籍出版社,1986 年。

35. 賈誼撰,閻振益、鍾夏校注,《新書校注》〔M〕,北京:中華書局,2000 年。

36. 釋道宣,《大正新修大藏經》〔M〕,臺北:財團法人佛陀教育基金會出版部,1990 年。

37. 釋慧皎,《高僧傳》〔M〕,北京:中華書局,1992 年。

38. 劉熙,《釋名疏證補》〔M〕,北京:中華書局,2008 年。

39. 趙萬里,《漢魏南北朝墓誌集釋》〔M〕,北京:科學出版社,1956 年。

40. 王壯宏、馬成名,《六朝墓誌檢要》〔M〕,上海:上海書畫出版社,1985 年。

41. 北京圖書館金石組,《北京圖書館藏中國歷代石刻拓本彙編》〔M〕,鄭州:中州古籍出版社,1989 年。

42. 趙超，《漢魏南北朝墓誌彙編》〔M〕，天津：天津古籍出版社，2008 年。

43. 羅新、葉煒，《新出魏晉南北朝墓誌疏證》〔M〕，北京：中華書局，2005 年。

44. 余扶危、張劍，《洛陽出土墓誌卒葬地資料彙編》〔M〕，北京：北京圖書館出版社，2002 年。

45. 趙君平，《邙洛碑誌三百種》〔M〕，北京：中華書局，2004 年。

46. 恩格斯，《家庭、私有制和國家起源》〔M〕，北京：人民出版社，1954 年。

47. 陳寅恪，《隋唐制度淵源略論稿》〔M〕，上海：上海古籍出版社，1982 年。

48. 唐長孺，《魏晉南北朝史論拾遺》〔M〕，北京：中華書局，1983 年。

49. 湯用彤，《漢魏兩晉南北朝佛教史》〔M〕，北京：中華書局，1983 年。

50. 張鵬一，《晉令輯存》〔M〕，陝西：三秦出版社，1989 年。

51. 釋永明，《佛教的女性觀》〔M〕，高雄：佛光出版社，1990 年。

52. 徐吉軍、賀雲翔，《中國喪葬禮俗》〔M〕，杭州：浙江人民出版社，1991 年。

53. 丘光明，《中國歷代度量衡考》〔M〕，北京：科學出版社，1992 年。

54. 陳連慶，《中國古代少數民族姓氏研究——秦漢魏晉南北朝少數民族姓氏研究》〔M〕，長春：吉林文史出版社，1993 年。

55. （日）前田正名著，《平城歷史地理學研究》〔M〕，李憑、孫耀、孫蕾譯，北京：書目文獻出版社，1994 年。

56. 呂一飛，《胡族習俗與隋唐風韻》〔M〕，北京：書目文獻出版社，1994 年。

57. 汪受寬，《諡法研究》〔M〕，上海：上海古籍出版社，1995 年。

58. 林幹、再思，《東胡烏桓鮮卑研究與附論》〔M〕，呼和浩特：內蒙古大學出版社，1995 年。

59. 謝寶富，《北朝喪葬禮俗考》〔M〕，北京：首都師範大學出版社，1998 年。

60. 林幹，《中國古代民族通論》〔M〕，呼和浩特：內蒙古人民出版社，1998 年。

61. 陳爽，《世家大族與北朝政治》〔M〕，北京：中國社會科學出版社，1998年。

62. 李憑，《北魏平城時代》〔M〕，北京：社會科學文獻出版社，2000年。

63. 丁凌華，《中國喪葬制度史》〔M〕，上海：上海人民出版社，2000年。

64. 唐長孺，《魏晉南北朝史論叢》〔M〕，石家莊：河北教育出版社，2000年。

65. 楊知勇，《家族主義與中國文化》〔M〕，昆明：雲南大學出版社，2000年。

66. 薛瑞澤，《嬗變中的婚姻——魏晉南北朝婚姻形態研究》〔M〕，西安：三秦出版社，2000年。

67. 鄭雅如，《情感與制度：魏晉時代的母子關係》〔M〕，臺北：臺灣大學出版委員會，2001年。

68. 周建江，《太和十五年——北魏政治文化變革研究》〔M〕，廣州：廣東人民出版社，2001年。

69. 田餘慶，《拓跋史探》〔M〕，北京：三聯書店，2003年。

70. 國家圖書館善本金石組，《先秦秦漢魏晉南北朝石刻文獻全編》〔M〕，北京：北京圖書館出版社，2003年。

71. 張金龍，《北魏政治與制度論稿》〔M〕，蘭州：甘肅教育出版社，2003年。

72. 莊華峰，《中國社會生活史》〔M〕，合肥：合肥工業大學出版社，2003年。

73. 趙學峰，《北朝墓群皇陵陶俑》〔M〕，重慶：重慶出版社，2004年。

74. （日）谷川道雄著，李濟滄譯，《隋唐帝國形成史論》〔M〕，上海：上海古籍出版社，2004年。

75. 柏貴喜，《4～6世紀內遷胡人家族制度研究》〔M〕，北京：民族出版社，2004年。

76. 崔明德，《中國古代和親史》〔M〕，北京：人民出版社，2005年。

77. 閻愛民，《漢晉家族研究》〔M〕，上海：上海人民出版社，2005年。

78. 馬長壽，《烏桓與鮮卑》〔M〕，桂林：廣西師範大學出版社，2006年。

79. 逯耀東，《從平城到洛陽——拓跋魏文化轉變的歷程》〔M〕，北京：中華

書局，2006 年。

80. 朱子彥，《帝國九重天——中國後宮制度變遷》〔M〕，北京：中國人民大學出版社，2006 年。

81. 宋其蕤，《北魏女主論》〔M〕，北京：中國社會科學出版社，2006 年。

82. 余華青，《中國宦官制度史〔M〕：上海：上海人民出版社，2006 年。

83. 姚微元，《北朝胡姓考》〔M〕，北京：中華書局，2007 年。

84. 林幹，《東胡史》〔M〕，呼和浩特：內蒙古人民出版社，2007 年。

85. 林幹，《中國古代北方民族新論》〔M〕，呼和浩特：內蒙古人民出版社，2007 年。

86. 徐連達，《帝國宮廷的深處——解讀中國古代皇帝制度》〔M〕，上海：上海大學出版社，2008 年。

87. 俞鹿年，《北魏職官制度考》〔M〕，北京：社會科學文獻出版社，2008 年。

88. 王守棟，《唐代宦官政治》〔M〕，北京：中國社會科學出版社，2009 年。

89. 逯欽立，《先秦漢晉南北朝詩》〔M〕，北京：中華書局，2017 年。

90. 陳開穎，《性別、信仰、權力——北魏女主政治於佛教》〔M〕，鄭州：鄭州大學出版社，2017 年。

91. 米莉，《帝制中國的女主與政治——關於女性統治的合法性探析》〔M〕，北京：中國社會科學出版社，2019 年。

二、期刊文獻

1. 曾武秀，〈中國歷代尺度概述〉〔J〕，《歷史研究》，1964 年第 3 期，第 164～182 頁。

2. （日）川本方昭，〈從軍制和婚姻看北魏高祖的漢化政策〉〔J〕，吉文譯，《蒙古學信息》，1983 年第 1 期，第 46～51 頁。

3. 陳連慶，〈北魏宦官的出身及其社會地位〉〔J〕，《東北師大學報》，1983 年第 6 期，第 91～98 頁。

4. 吳少瑤，〈試論北魏「河陰之變」〉〔J〕，《史學月刊》，1983 年第 1 期，第 24～27 頁。

5. 唐學凱，〈河北寬城縣出土北魏銅造像〉〔J〕，《文物》，1990 年第 10 期，第 47 頁。

6. 李憑，〈北魏子貴母死故事考述〉〔J〕，《山西大學學報》，1990 年第 1 期，第 69～74 頁。

7. 毛佩琦，〈中國后妃制度述論〉〔J〕，《中國人民大學學報》，1990 年第 6 期，第 82～93 頁。

8. 蔡幸娟，〈北魏立后立嗣故事與制度研究〉〔J〕，《國立臺灣成功大學歷史學報》，1990 年第 3 期，第 257～309 頁。

9. （日）古賀昭岑，〈論北魏部族的解散〉〔J〕，劉世哲譯，《世界民族》，1991 年第 5 期，第 36～44 頁。

10. 高詩敏，〈北魏皇室婚姻的嬗變與影響〉〔J〕，《民族研究》，1992 年第 6 期，第 91～98 頁。

11. 施光明，〈《魏書》所記鮮卑拓跋部婦女婚姻關係研究〉〔J〕，《中央民族學院學報》，1992 年第 3 期，第 39～43 頁。

12. 張金龍，〈高肇專權與北魏宣武帝時期統治集團內部矛盾〉〔J〕，《蘭州大學學報》，1992 年第 20 期，第 113～120 頁。

13. 朱子彥，〈中國封建社會后妃制度初探〉〔J〕，《學術月刊》，1993 年第 11 期，第 69～75 頁。

14. 張金龍，〈靈太后與元叉政變〉〔J〕，《蘭州大學學報》，1993 年第 21 期，第 95～101 頁。

15. （日）窪添慶文，〈關於北魏的贈官〉〔J〕，《文史哲》，1993 年第 3 期，第 81～84 頁。

16. 夏毅輝，〈北朝皇后與佛教〉〔J〕，《學術月刊》，1994 年第 11 期，第 65～73 頁。

17. 朱子彥，〈略論中國封建社會的后妃干政〉〔J〕，《上海大學學報》，1994 年第 1 期，第 60～64 頁。

18. 孔毅，〈北魏外戚述論〉〔J〕，《西南師範大學學報》，1994 年第 4 期，第 114～118 頁。

19. 夏毅輝，〈北朝皇后與佛教〉〔J〕，《學術月刊》，1994 年第 11 期，第 65～73 頁。

20. 王德棟、曹金華，〈北魏乳母干政的歷史考察〉〔J〕，《揚州師院學報》，1995 年第 4 期，第 104～109 頁。

21. 周文英，〈略論中國古代的女官制度〉〔J〕，《遼寧大學學報》，1996 年第 3 期，第 56～60 頁。

22. 孟古托力，〈古代北方民族女性參政的若干問題——兼南北女性參政志對比〉〔J〕，《學習與探索》，1996 年第 6 期，第 128～134 頁。

23. 陳恩虎，〈中國封建社會后妃來源探悉〉〔J〕，《固原師專學報》，1996 年第 4 期，第 35～40 頁。

24. 朱子彥，〈略論中國皇后制度〉〔J〕，《上海大學學報》，1997 年第 4 期，第 101～106 頁。

25. 崔廣彬，〈北魏「立子殺母」制度考證〉〔J〕，《北方文物》，1997 年第 1 期，第 74～80 頁。

26. 檀新林，〈馮太后對北魏封建化的歷史作用〉〔J〕，《歷史教學》，1997 年第 7 期，第 43～45 頁。

27. 謝寶富，〈北朝後庭制度的兩個問題〉〔J〕，《青海社會科學》，1997 年第 5 期，第 74～79 頁。

28. 孟志偉，〈北魏內官制度雜考〉〔J〕，《北方論叢》，1997 年第 2 期，第 52～56 頁。

29. 孫福喜，〈秦漢皇后、皇太后屬吏考〉〔J〕，《文科教學》，1997 年第 1 期，第 45～49 頁。

30. 蔡幸娟，〈北魏內官制度研究〉〔J〕，《臺灣成功大學歷史學報》，1997 年第 22 期，第 275～301 頁。

31. 蘇哲，〈元懌元叉墓誌與北魏孝明帝朝的朋黨政治〉〔J〕，《考古學研究》，1997 年，第 111～115 頁。

32. 王曉衛，〈北魏馮太后的族屬及所受教育〉〔J〕，《歷史教學》，1998 年第 1 期，第 11～15 頁。

33. 蔡幸娟，〈北朝女官制度研究〉〔J〕，《國立臺灣成功大學歷史學報》，1998 年第 12 期，第 175～213 頁。

34. 盧建榮，〈從男性書寫材料看三至七世紀女性的社會形象塑模〉〔J〕，《臺灣師範大學歷史學報》，1998 年第 26 期，第 1～42 頁。

35. 李春燕、李怡，〈秦漢後宮屬吏考〉〔J〕，《人文雜誌》，2000 年第 4 期，第 100～103 頁。

36. 莊華峰，〈兩晉南北朝等級婚姻初探〉〔J〕，《史學月刊》，2000 年第 5 期，第 118～123 頁。

37. 李文才，〈魏晉南北朝時期婦女社會地位研究——以上層社會婦女為中心考察〉〔J〕，《社會科學戰線》，2000 年第 5 期，第 138～146 頁。

38. 陳恩虎，〈簡論中國歷史上的后妃參政〉〔J〕，《淮南工業學院學報》，2001 年第 3 卷第 4 期，第 59～61 頁。

39. 許智銀，〈論北魏女性出家為尼現象〉〔J〕，《許昌師專學報》，2001 年第 6 期，第 42～45 頁。

40. 段塔麗，〈北魏至隋唐時期女性參政的地域分布及其特徵〉〔J〕，《中國歷史地理論叢》，2001 年第 1 期，第 46～52 頁。

41. 段塔麗，〈北朝至隋唐時期女性參政現象透視〉〔J〕，《江海學刊》，2001 年第 5 期，第 111～116 頁。

42. 趙超，〈試談北魏墓誌的等級制度〉〔J〕，《中原文物》，2002 年第 1 期，第 56～63 頁。

43. 陳懷宇，〈中古后妃為尼史事考〉〔J〕，《華林》，2002 年第 2 期，第 133～147 頁。

44. 呂炘，〈簡論北魏皇室「子將為儲貳，其母皆賜死」制度〉〔J〕，《青海民族學院學報》，2003 年第 7 卷第 3 期，第 44～47 頁。

45. 張星久，〈母權與帝制中國的后妃政治〉〔J〕，《武漢大學學報》，2003 年第 1 期，第 41～51 頁。

46. 李憑，〈魏燕戰爭以後的北魏與高麗〉〔J〕，《文史哲》，2004 年第 4 期，第 42～46 頁。

47. 金愛秀，〈北魏喪葬制度初探〉〔J〕，《河南科技大學學報》，2004 年第 12 期，第 15～18 頁。

48. 康清蓮，〈從邊緣到中心——兩漢皇室女性的地位及外戚專政〉〔J〕，《西南民族大學學報》（人文社科版），2004 年第 6 期，第 237～242 頁。

49. 謝斌，〈淺析胡太后從「立子殺母」制度中幸免的原因〉〔J〕，《廣西右江民族師專學報》，2005 年第 5 期，第 61～63 頁。

50. 張承宗，〈北朝宮女考略〉〔J〕，《蘇州大學學報》，2006 年第 3 卷第 2 期，第 107～111 頁。

51. 李憑,〈北魏龍城諸后考實〉〔J〕,《歷史研究》,2007 年第 3 期,第 20～32 頁。

52. 李憑,〈北魏明元帝兩皇后之死與保太后得勢〉〔J〕,《史學月刊》,2007 年第 5 期,第 21～26 頁。

53. 柏貴喜,〈北朝胡人貴族門第婚中的胡漢通婚〉〔J〕,《民族研究》,2007 年第 6 期,第 71～78 頁。

54. 馬望英,〈北魏末年靈太后述論〉〔J〕,《中華女子學院學報》,2007 年第 4 卷第 2 期,第 72～76 頁。

55. 鄭維維,〈略論北朝時期皇后制度的特點〉〔J〕,《安徽師範學院學報》,2008 年第 3 期,第 67～70 頁。

56. 肖成剛,〈淺議北魏前期、中期太后干政〉〔J〕,《懷化學院學報》,2008 年第 1 卷第 1 期,第 66～69 頁。

57. 張雲華,〈論北朝婦女的妒悍風氣〉〔J〕,《史學集刊》,2008 年第 6 期,第 99～104 頁。

58. 邵麗坤、李薇,〈拓跋鮮卑的鑄金人立后制度略探〉〔J〕,《東北史地》,2008 年第 6 期,第 55～56 頁。

59. 高二旺,〈北朝葬禮之「尼禮」探析〉〔J〕,《寧夏社會科學》,2008 年第 5 卷第 3 期,第 98～101 頁。

60. 祝總斌,〈古代皇太后「稱制」制度存在、延續的基本原因〉〔J〕,《北京大學學報》(哲學社會科學版),2008 年第 2 期,第 146～153 頁。

61. 張承宗,〈魏晉南北朝婦女在家庭與社會生活中的地位變化〉〔J〕,《浙江學刊》,2009 年第 5 期,第 34～41 頁。

62. 張雲華,〈北魏異姓貴族婚姻論略〉〔J〕,《史學集刊》,2012 年第 3 期,第 31～37 頁。

63. 魏宏利,〈試論北朝女性之文化養成——以墓誌材料為中心〉〔J〕,《咸陽師範學院學報》,2015 年第 9 期,第 85～88 頁。

64. 王永平,〈十六國北朝士族社會之「女教」與「母教」——從一個側面看中古士族文化之傳承〉〔J〕,《文史哲》,2020 年第 2 期,第 137～150 頁。

65. 柏俊才,〈民族融合於北魏女性作家的文學成就〉〔J〕,《北方論叢》,2019 年第 1 期,第 25～31 頁。

附　錄

北魏后妃表

帝號	后妃	姓氏	籍貫	出身來源	冊立原因	子女	史料來源	備註
神元帝	皇后	竇氏	沒鹿回部	竇賓之女	道武帝追封		《魏書》卷一三《皇后列傳》	為神元皇帝所殺
文帝	皇后	封氏	是賁部		同上	桓帝 穆帝	同上	
	妃	蘭氏	烏洛蘭部		同上	拓跋藍思帝	同上	
桓帝	皇后	祁氏	烏桓		同上	拓跋普根 惠帝 煬帝	同上	平文崩攝國事，謂女國
平文帝	皇后	王氏	烏桓		同上	昭成帝	同上	年十三因事入宮
	妃	賀氏	賀蘭部		不詳	烈帝	《魏書》卷一《序紀·煬帝紀》	
昭成帝	皇后	慕容氏	前燕	慕容晃妹	同上		《魏書》卷一《序紀·昭成帝紀》	鮮卑族
	皇后	慕容氏	同上	慕容晃女	同上	獻明帝 秦王 拓跋闕婆 拓跋壽鳩 拓跋紇根 拓跋地干 拓跋力真 拓跋窟咄	《北史》卷一三《后妃傳（上）》	同上
	妃	慕容氏	同上	慕容暐女	同上		《魏書》卷一《序紀·昭成帝紀》	同上

獻明帝	皇后	賀氏	賀蘭部	東部大人野干女	同上	道武帝衛王秦王	《魏書》卷一三《皇后列傳》	以容儀選入東宮
道武帝	皇后	慕容氏	後燕	慕容寶女	道武帝所封		同上	鮮卑族，鑄金人成功為后
	宣穆皇后	劉氏	獨孤部	劉眷之女	明元帝追封	華陰公主明元帝	同上	死於「子貴母死」制
	夫人	賀氏	賀蘭部	姐為獻明皇后	道武帝所封	清河王	《魏書》卷一六《道武七王列傳》	被明元帝賜死
	夫人	王氏			同上	陽平王	同上	大王夫人
	夫人	王氏			同上	河南王	同上	王夫人
	夫人	段氏			同上	廣平王京兆王	同上	
	夫人	劉氏	獨孤部	劉奴真妹	同上		《魏書》卷二三《劉庫仁傳附劉奴真傳》	獨孤部是烏桓的一支
明元帝	昭哀皇后	姚氏	後秦	姚興之女	明元帝追封		《魏書》卷一三《皇后列傳》	羌族
	密皇后	杜氏	魏郡	陽平王超之妹	太武帝追封	太武帝	同上	以良家子選入太子宮，死於「子貴母死」制
	夫人	慕容氏			明元帝所封	樂平王	《魏書》卷一七《明元六王列傳》	大慕容夫人
	夫人	慕容氏			同上	樂安王	同上	慕容夫人
	夫人	尹氏			同上	永昌王	同上	
	惠太后	竇氏			太武帝所封		《魏書》卷一三《皇后列傳》	世祖保母，以事入宮
太武帝	皇后	赫連氏	大夏	赫連勃勃女	太武帝所立		同上	匈奴族
	敬哀皇后	賀氏	代人		太武帝追封	景穆帝	同上	死於「子貴母死」制
	左昭儀	馮氏	長樂信都	馮朗妹，文明太后馮氏姑	太武帝所封		同上	
	左昭儀	閭氏	蠕蠕	蠕蠕吳提妹	同上	南安王	《魏書》卷一〇三《蠕蠕傳》	蠕蠕族
	右昭儀	沮渠氏	北涼	沮渠蒙遜女，沮渠牧犍妹	同上		《魏書》卷九九《盧水胡沮渠蒙遜傳》	匈奴族，後被賜死

	貴人	赫連氏	大夏	赫連屈丐女，皇后赫連氏妹	同上		《魏書》卷一三《皇后列傳》	匈奴族
	貴人	赫連氏	大夏	同上	同上		同上	同上
	椒房	越氏			同上	晉王	《魏書》卷一八《太武五王列傳》	入宮未定位者為椒房
	椒房	弗氏			同上	臨淮王	同上	
	椒房	伏氏				楚王	同上	
	椒房	舒氏			同上	東平王	同上	
景穆帝	恭皇后	郁久閭氏	河東	河東王毗妹	文成帝追封	文成帝	《魏書》卷一三《皇后列傳》	蠕蠕族，少以選入東宮
	昭儀	斛律氏	高車		不詳		《漢魏南北朝墓誌彙編·魏故比丘尼慈慶墓誌》	高車族
	椒房	袁氏			文成帝所封	陽平王	《魏書》卷一九《景穆十二王列傳》	魏舊太子後庭未有位號，高宗即位，恭宗宮人有子者，並號為椒房。
	椒房	尉氏			同上	京兆王濟陰王	同上	
	椒房	陽氏			同上	汝陰王	同上	
	椒房	孟氏			同上	任城王	同上	
	椒房	劉氏			同上	南安王城陽王	同上	
	椒房	慕容氏			同上	章武王	同上	
	椒房	尉氏			同上	樂陵王	同上	
	椒房	孟氏			同上	安定王	同上	
	昭太后	常氏	遼西人		文成帝所封		《魏書》卷一三《皇后列傳》	帝之乳母，以事入宮
文成帝	文明皇后	馮氏	長樂信都	馮朗之女	文成帝所封		同上	以事入宮
	元皇后	李氏	梁國蒙縣	頓丘王峻之妹	獻文帝追封	獻文帝	同上	死於「子貴母死」制
	夫人	李氏			文成帝所封	安樂王	《魏書》卷二〇《文成五王列傳》	
	夫人	曹氏			同上	廣川王	同上	
	夫人	沮渠氏	北涼	盧水胡沮渠牧犍女	同上	齊郡王	同上	匈奴族
	夫人	乙氏			同上	河間王	同上	
	夫人	悅氏			同上	安豐王	同上	
	夫人	玄氏			同上	韓王	同上	

	夫人	于氏	于闐國	西域于闐國主女	同上		《漢魏南北朝墓誌彙編・魏帝先朝故於夫人墓誌》	于仙姬
	嬪	耿氏	鉅鹿宋子	威遠將軍博陵太守耿樂女	同上		《漢魏南北朝墓誌彙編・大魏高宗文成皇帝嬪耿氏墓誌銘》	
	嬪	耿氏	鉅鹿曲陽	建中將軍魏郡太守耿紹女	同上		《漢魏南北朝墓誌彙編・魏故高宗耿嬪墓誌銘》	耿壽姬
獻文帝	思皇后	李氏	中山安喜	南郡王李惠女	孝文帝追封	孝文帝	《魏書》卷一三《皇后列傳》	以選入東宮，死於「子貴母死」制
	昭儀	封氏			獻文帝所封	咸陽王	《魏書》卷二一《獻文六王列傳》	
	夫人	侯氏	朔州	祖為第一品大酋長俟萬斤	同上		《漢魏南北朝墓誌彙編・顯祖獻文皇帝第一品嬪侯夫人墓誌銘》	本姓侯骨氏
	嬪	成氏	代郡平城		同上		《漢魏南北朝墓誌彙編・大魏顯祖成嬪墓誌》	年十五入嬪於顯祖之宮
	嬪	張氏	上谷沮陽	張白澤女	同上		《魏書》卷二四《張袞傳附張白澤傳》	
	貴人	韓氏			獻文帝所封	趙郡王高陽王	《魏書》卷二一《獻文六王列傳》	
	貴人	潘氏			同上	彭城王	同上	
	椒房	孟氏			同上	廣陵王	同上	
	椒房	高氏			同上	北海王	同上	
孝文帝	貞皇后	林氏	平原	叔父林金閭，父林勝	孝文帝追封	廢太子拓跋恂	《魏書》卷一三《皇后列傳》	死於「子貴母死」制
	廢皇后	馮氏	長樂信都	太師馮熙女，姑文明太后	孝文帝所封		同上	後出家瑤光寺
	幽皇后	馮氏	同上	同上	孝文帝所封		同上	被孝文帝賜死
	昭皇后	高氏	冀州渤海	司徒公高肇之妹	宣武帝追封	宣武帝廣平王長樂公主	同上	高照容，為馮幽皇后所害

	左昭儀	馮氏	長樂信都	太師馮熙女，姑文明太后	孝文帝所封		《魏書》卷八三《外戚傳‧馮熙傳》	
	貴人	袁氏			同上	京兆王	《魏書》卷二二《孝文五王列傳》	
	夫人	羅氏	河南		同上	清河王 汝南王	同上	清河王太妃
	夫人	李氏	隴西	李沖女	同上		《魏書》卷五三《李沖傳》	
	嬪	鄭氏			同上	元恌	《魏書》卷二二《孝文五王列傳》	充華嬪
	嬪	趙氏	南陽白水		同上	義陽長公主	《漢魏南北朝墓誌彙編‧大魏高祖九嬪趙充華墓誌》	充華嬪，九嬪
	嬪	王氏	太原	前軍將軍并州大中正張瓊女	同上		《魏書》卷三八《王慧龍傳附王瓊傳》	
	嬪	韋氏	京兆杜陵	華山太守韋崇之女	同上		《魏書》卷四五《韋閬傳附韋崇傳》	充華嬪
	嬪	盧氏	范陽	祖盧玄，父盧敏	同上		《魏書》卷四七《盧玄傳附盧敏傳》	
	嬪	鄭氏	榮陽	秘書監鄭羲女	同上		《魏書》卷五六《鄭羲傳》	文明太后為高祖納之
	嬪	鄭氏	榮陽	司空長史鄭胤伯女	同上		《魏書》卷五六《鄭羲傳附鄭胤伯傳》	
	嬪	崔氏	博陵	中書侍郎崔挺女	同上		《魏書》卷五七《崔挺傳》	
	嬪	崔氏	清河	尚書主客郎崔休妹	同上		《魏書》卷六九《崔休傳》	
		林氏	平原	叔父林金閭，父林勝			《魏書》卷一三《皇后列傳》	名號、等級不詳，貞皇后姊妹
宣武帝	順皇后	于氏	代郡	太原郡公于勁女	宣武帝所封	皇子昌	《魏書》卷一三《皇后列傳》	暴死
	皇后	高氏	冀州渤海	文昭皇后弟偃女	同上	皇子（名不詳）建德公主	同上	文昭皇后兄女，後出家瑤光寺

	靈皇后	胡氏	安定臨涇	司徒胡國珍之女	孝明帝所封	孝明帝	同上	即崇憲皇后，死於「河陰之變」
	夫人	王氏	徐州琅邪臨沂	太中大夫王道矜女	宣武帝所封		《漢魏南北朝墓誌彙編·魏故貴華恭夫人墓誌銘》	王普賢，貴華夫人
	夫人	司馬氏	河內	州刺史女	同上	同上	《漢魏南北朝墓誌彙編·魏故世宗第一貴嬪夫人司馬氏墓誌銘》	司馬顯姿，第一貴嬪夫人
	嬪	李氏	趙郡	李續寶女	同上		《漢魏南北朝墓誌彙編·魏故世宗宣武皇帝嬪墓誌》	
	婕妤	李氏	頓丘衛國	李彪之女	同上		《魏書》卷六二《李彪傳》	後出家，婕妤品級不詳
孝明帝	皇后	胡氏	安定臨涇	靈太后從兄胡盛女	靈太后所封		《魏書》卷一三《皇后列傳》	後出家
	左昭儀	胡氏	安定臨涇	靈太后從侄	同上		《漢魏南北朝墓誌彙編·魏故胡昭儀墓誌》	胡明相，後出家
	嬪	潘氏			孝明帝所封	皇女（名不詳）	《魏書》卷一三《皇后列傳》	充華嬪，後出家
	嬪	王氏	琅邪臨沂	王紹之女	同上		《魏書》卷六三《王肅傳附王紹傳》	
	嬪	張氏	安定石唐	張慶女，祖張祐	同上		《魏書》卷九四《閹官傳·張祐傳附張慶傳》	
	嬪	尒朱氏	北秀	尒朱榮女	同上		《北史》卷四八《尒朱榮傳》	孝莊帝后，再嫁高歡為彭城太妃
	嬪	盧氏	范陽	盧孝伯女，祖盧淵	同上		《漢魏南北朝墓誌彙編·魏故充華嬪盧氏墓誌銘》	北魏後宮諸嬪之一
	世婦	崔氏	博陵	崔孝芬女	靈太后所封		《魏書》卷一三《皇后列傳》	
	世婦	盧氏	范陽	盧道約女	同上		同上	
	世婦	李氏	隴西	李瓚女	同上		同上	

		韓氏		韓僧真女	同上		《魏書》卷一一二《靈徵志》	韓令姬，等級不詳
孝莊帝	皇后	尒朱氏	北秀	尒朱榮女	孝莊帝所封		《北史》卷一四《后妃傳（下）》	前夫為孝明帝，後嫁高歡
東海王	皇后	尒朱氏	同上	尒朱兆女	建明帝所封		同上	後嫁於齊神武帝高歡
節閔帝	皇后	尒朱氏	同上	尒朱兆女	節閔帝所封		《北史》卷四八《尒朱榮傳附尒朱兆傳》	
孝武帝	皇后	高氏	勃海	齊神武帝高歡女	孝武帝所封		《北史》卷一三《后妃傳（上）》	降為彭城王元韶妃

鮮卑山與大鮮卑山名號與位置考察

　　鮮卑族在我國古代歷史上佔有極其重要的位置，其盛時「南抄緣邊，北拒丁零，東卻夫餘，西擊烏孫，盡據匈奴故地。」〔註1〕魏晉南北朝時代，鮮卑族更廣納草原文化精華，兼採中原王朝制度，先後建立了前燕、後燕、西燕、南燕、西秦、南涼、北魏、北周等八個政權，對我國歷史產生了深遠影響。

一、鮮卑族的源流

　　「鮮卑」又稱犀毗、師比，最初只是飾品名，流行於戰國時期，不僅為當時王室貴族所喜愛，而且還成為當時美女細腰的代稱。至西漢初年，「鮮卑」已傳至中原並為漢朝統治者所知，漢文帝於前元六年（184年）賜匈奴冒頓單于「服繡袷綺衣、長襦、錦袍各一，比疏一，黃金飭具帶一，黃金犀毗一，繡十匹，錦二十匹，赤綈、綠繒各四十匹。」〔註2〕其中的「犀毗」，即鮮卑，也是鮮卑郭洛帶之省稱。東漢初，居住於大鮮卑山的民族因山為號，曰「鮮卑」，鮮卑族自此開始出現於史書記載之中。

　　關於鮮卑族之源，《後漢書·鮮卑傳》載：「鮮卑者，亦東胡之支也，別依鮮卑山，故因號焉。」可見，鮮卑族之先乃東胡。《史記·齊世家》服虔注曰：「山戎，北狄，蓋今鮮卑也。」據此知，鮮卑之先亦為山戎，乃北狄之一。既然，鮮卑之先既為東胡，亦為山戎。山戎、東胡的活動區域都在今西拉木倫

〔註1〕　《後漢書》卷九〇《烏桓鮮卑列傳·鮮卑傳》，中華書局，1965年，第2989頁。
〔註2〕　《漢書》卷九四《匈奴列傳上》，中華書局，1964年，第3758頁。

河、老哈河一帶，而分布於這一地區的夏家店上層文化也正是東胡、山戎文化之所在。那麼，山戎與東胡必然有某些聯繫。

根據史書所載，春秋時期，我國北方地區生活著很多少數民族，中原政權將他們統稱為戎，他們「各分散溪谷，自有君長，往往而聚者百有餘戎，然莫能相壹。」〔註3〕山戎就是其中之一。齊桓公二十三年（前663年），山戎進攻燕國，齊桓公應燕國之請，北伐山戎以救燕，山戎迅速潰敗，齊桓公奪得了山戎所控令支、孤竹二城，燕國則直接控制了原山戎所居地域，自此以後的百餘年，山戎不見於史書記載。及至戰國初期，匈奴逐漸強大，並自稱為「胡」，活動於此區域的山戎分支，由於地處於匈奴之東，故被稱為「東胡」。

至戰國初期，東胡與匈奴不斷滋擾燕國。燕昭王時，燕國「有賢將秦開，為質於胡，胡甚信之。歸而襲破東胡，東胡卻千餘里。」〔註4〕由此，東胡勢力退回至西拉木倫和老哈河一帶，「燕亦築長城，自造陽至襄平。置上谷、漁陽、右北平、遼西、遼東郡以拒胡。」〔註5〕

及至秦末，匈奴、東胡和月氏成為當時北方地區勢力最大的三個民族，其中以東胡勢力最強，匈奴次之，月氏又次之。但匈奴頭曼單于欲廢太子冒頓改立幼子而被冒頓所殺。東胡王藉此機會向匈奴發難，令使者赴匈奴先後索取頭曼單于的寶馬、冒頓單于所鍾愛的閼氏以及東胡、匈奴間千餘里的空地，冒頓單于聞之大怒，隨即帶兵突襲東胡。在東胡沒有任何準備之下，冒頓輕而易舉的擊破東胡，他隨即又「西擊走月氏，南並樓煩、白羊河南王，悉復收秦所使蒙恬所奪匈奴地者」〔註6〕。由此，匈奴成為當時北方勢力最大的一個民族。正是在此次戰爭中，東胡王戰敗被殺，東胡內部兩大部族分別逃亡烏桓山與鮮卑山，遂各自號曰烏桓、鮮卑。

二、鮮卑山與大鮮卑山的地理位置

關於鮮卑族發源地，《後漢書·烏桓鮮卑列傳》載：「鮮卑者，亦東胡之支也，別依鮮卑山，故因號焉。」《三國志·烏桓鮮卑東夷傳》注引魏略《魏書》曰：「鮮卑亦東胡之餘也，別保鮮卑山，因號焉。」據此知，鮮卑族發源

〔註3〕《史記》卷一一〇《匈奴列傳》，中華書局，1963年，第2883頁。
〔註4〕《史記》卷一一〇《匈奴列傳》，中華書局，1963年，第2885～2886頁。
〔註5〕《史記》卷一一〇《匈奴列傳》，中華書局，1963年，第2886頁。
〔註6〕《史記》卷一一〇《匈奴列傳》，中華書局，1963年，第2889頁。

地為鮮卑山。但《魏書・序記》卻稱：「（北魏）國有大鮮卑山，因以為號。」據此又知，鮮卑族的發源地為大鮮卑山。那麼，鮮卑山與大鮮卑山又有何關係？二者是否就是同一座山的不同稱謂？對此，我們可以從相關史書的記載中，找到些許線索。

《通典・州郡典》柳城條注云：「鮮卑山，在縣東南二百里，棘城之東塞外亦有鮮卑山，在遼西之北一百里，未詳孰是。」《太平御覽・地部十》鮮卑山條引崔鴻《十六國春秋》曰：

> 慕容廆先代居遼左，號曰東胡，其後雄昌，與匈奴爭盛。秦漢
> 之際，為匈奴所敗，分保鮮卑山，因復以山為號。棘城之東，塞外
> 又有鮮卑山，在遼西之西北一百里，與此異山而同號。

這說明當時北方地區應有兩座鮮卑山，一在柳城東南二百里，一在遼西西北一百里，亦即《後漢書》、《三國志》所載之「鮮卑山」，與《魏書》所載之「大鮮卑山」。關於此二山的位置與作用，或有探討之必要。

根據《魏書》記載，烏洛侯國曾派使者於太武帝太平真君四年（444 年）朝貢北魏，並「稱其國西北有國家先帝舊墟，石室南北九十步，東西四十步，高七十尺，室有神靈，民多祈請。世祖遣中書侍郎李敞告祭焉，刊祝文於室之壁而還。」〔註7〕日本學者白鳥庫吉經過細緻的考證，認為烏落侯國位於今嫩江流域，既而指出：烏洛侯國西北之石室，亦必在嫩江流域之中，而當在興安嶺之近旁〔註8〕。1980 年米文平先生在大興安嶺北段頂端之東麓的嘎仙洞發現了鮮卑石室，其位置與《魏書・烏洛侯傳》記載大體相符，而嘎仙洞石室內發現石刻銘文，亦與《魏書・禮儀志一》所載之石刻銘文內容一致，藉此可以認定：嘎仙洞即為北魏太武帝拓跋燾於太平真君四年（443 年）派庫六官、李敞、傅免等人所找尋到的鮮卑發源地，他們不僅在此建造祖廟、篆刻祭祖祝文，還進行了相應的祭祀活動。同時，嘎仙洞中出土了大量的骨鏃、石鏃、陶器、打製石器以及野生動物骨骼，說明洞內生活的鮮卑人過著以打獵為生的原始部落生活。據此可以認定，大興安嶺北段嘎仙洞所處之地，應為《魏書》記載之鮮卑發源地「大鮮卑山」。

除嘎仙洞所在的「鮮卑山」（即《魏書》所載之「大鮮卑山」）外，史書

〔註7〕《魏書》卷一〇〇《烏洛侯傳》，中華書局，1974 年，第 2224 頁。

〔註8〕（日）白鳥庫吉著，方壯猷譯：《東胡民族考》，商務印書館，1935 年，第 126～127 頁。

還記載了兩座「鮮卑山」。《通典・州郡典・古冀州上》柳城條注云：「鮮卑山，在縣東南二百里」。《大清一統志》亦載：「今熱河朝陽縣，即漢之柳城」，朝陽縣東南二百里之鮮卑山，疑即今朝陽市松嶺門鄉附近。另據《讀史方輿紀要・直隸九》徒河青山條注曰：「或曰鮮卑山即青山」。《遼史索引・錦州》亦載：「漢遼西徒河縣地。徒河故城在今錦縣西北」。可見，青山即鮮卑山，在錦州市錦縣西北。今朝陽市松嶺門鄉正位於錦州市西北，由此筆者認為，朝陽縣東南二百里之鮮卑山與錦縣西北之鮮卑山是同一座山。

關於此山與鮮卑族的關係，《太平御覽・地部十》鮮卑山條引崔鴻《十六國春秋》曰：「慕容廆先代居遼左，號曰東胡，其後雄昌，與匈奴爭盛。秦漢之際，為匈奴所敗，分保鮮卑山，因復以山為號。棘城之東，塞外又有鮮卑山，在遼西之西北一百里，與此異山而同號。」《通典・邊防典・北狄三》慕容氏條記載：慕容涉歸以全柳城之功，被曹魏封為鮮卑單于，遂遷居遼東。「涉歸有子二人，長曰吐谷渾，西遷河湟之閒；次曰廆，有命世才略。晉太康十年，又遷於徒河之青山。」〔註9〕《通典・州郡典八・古冀州上》柳城郡條又載：「慕容皝以柳城之北，龍山之南，所謂福德之地也，乃營制宮廟，改柳城為龍城，遂遷都龍城」。可見，青山即鮮卑山，該山位於柳城郡邊界。由於柳城郡是前燕都城龍城所在地，足證此鮮卑山乃慕容部的聚居地。

此外，根據史籍記載，敦煌附近亦有鮮卑山。《水經注・河水注》引《釋氏西域記》曰：

> 牢蘭海未伏流龍沙堆，在屯皇東南四百里阿步干鮮卑山，東流至全城為大河。

「屯皇」即「敦煌」，足見，在甘肅敦煌附近亦有一山名曰鮮卑山。根據史書記載，慕容涉歸有二子，庶長子為慕容吐谷渾，次子為慕容廆。慕容涉歸死後，使慕容吐谷渾領一千七百家部民，而部帥之位則傳於次子慕容廆。後由於慕容廆與吐谷渾所部間發生的馬鬥引發了二者的矛盾，吐谷渾遂率部西遷遠走敦煌。「阿干」是「阿步干」的省稱，乃鮮卑語「兄長」之意，而阿干鮮卑山亦即阿步干鮮卑山，乃慕容廆兄吐谷渾率部西遷甘肅後，部落定居之處。他們根據先祖的慣例，將鮮卑部所居之山以族名稱之，遂名曰鮮卑山。由於吐谷渾為慕容廆庶長兄，鮮卑語稱為阿步干（即阿干），為了區別慕容部

〔註9〕 《通典》卷一九六《邊防典・北狄三》慕容氏條注曰：徒河之青山，今柳城郡界。中華書局，1988年，第5372頁。

與吐谷渾部所居之鮮卑山，遂亦稱吐谷渾部所居之鮮卑山為阿步干鮮卑山，即兄長（所居的）鮮卑山。根據《水經注》所載，此鮮卑山在今敦煌東南四百里，或為今之祁連山。

可見，史籍中所記載的五處鮮卑山，實際上是三座山，其中大興安嶺北段乃鮮卑族的發源地「大鮮卑山」，而遼寧朝陽、甘肅敦煌附近的「鮮卑山」則分別是鮮卑慕容部、吐谷渾部最初定居的山脈。

三、鮮卑山與大鮮卑山時代的族群結構

居住於大鮮卑山的鮮卑族人在東漢初南下匈奴故地後，與留居於此的匈奴人融合形成了「胡父鮮卑母」的鮮卑拓跋部。拓跋部建立北魏後，便以自己為鮮卑正統，對鮮卑先祖進行了追封，通過《魏書》中有關拓跋先祖的記載，有助於我們瞭解鮮卑早期歷史。

《魏書》記載鮮卑乃黃帝少子昌意的後代，昌意後裔始均乃定居於大鮮卑山，稱先祖為黃帝後裔，顯然是北魏建立後，鮮卑人為了提升自己的出身，而採取的偽託之詞，不足為信。始均再傳六十七代至拓跋毛時，鮮卑部落實力有所提升，但由於此時鮮卑族自身不斷游牧遷徙，加之「淳樸為俗，簡易為化，不為文字，刻木紀契而已，世事遠近，人相傳授」[註10]，從而造成歷史記載含混不清，也造成始均至拓跋毛之間數十代，連名字都未曾留下，以至於很多學者，認為自拓跋毛到拓跋力微之間的十餘代，史書中僅載姓名及少量事蹟者也都不存在。拓跋力微繼任部帥後，隨著鮮卑部落與中原王朝交往的日益頻繁，鮮卑遂為世人所知，鮮卑族的歷史也自此也為學界所認可。

《晉書·武帝紀》記載，西晉武帝咸寧元年（275 年）六月，鮮卑拓跋力微曾遣子沙漠汗朝貢西晉，其年亦為拓跋力微五十六年。可以推知，力微建國時間當在公元 219 年，亦即東漢獻帝建安二十四年。根據《魏書》記載，神元帝拓跋力微在位 58 年，享年 104 歲，在當時的醫療條件下，很可能僅是個案，不能作執政時間的參照。拓跋力微死後，拓跋悉鹿繼任部帥，自悉鹿傳至拓跋什翼犍三十九年（376 年）代國滅亡，歷 99 年傳 4 代，平均每代 24.75 年，如按每代 25 年計算，則自神元帝建國上推 80 代，則應在公元前 1780 年前後，時值夏商之交，與嘎仙洞石室出土遺物的時代不謀而合。《大正新修大藏經·史撰部一·釋氏稽古略》契丹條載：「鮮卑山之遺種在商。高

〔註10〕《魏書》卷一《序紀》，中華書局，1974 年，第 1 頁。

宗之伐鬼方者是也。」說明《魏書》所記載的鮮卑先祖傳六十七世到拓跋毛之間的世系並無錯誤，或者只是拓跋毛六十七世先祖名字失載，而以始均附會而已。

東漢光武帝建武二十二年（46 年），匈奴分裂，南部匈奴內附，北匈奴西遷，烏桓、鮮卑逐漸佔據了北匈奴所居區域，當地的匈奴「餘種十餘萬落，詣遼東雜處，皆自號鮮卑兵」〔註 11〕，成為鮮卑部落的一部分。及至東漢中期，鮮卑人檀石槐被推選為部落大人，建立起了第一個鮮卑部落大聯盟，其所帥領的鮮卑部落聯盟完全佔據了匈奴故地。而後，他將所控區域分為中東西三大部，其中「右北平以西至上谷為中部，十餘邑，其大人曰柯最、闕居、慕容等，為大帥。」〔註 12〕由此，慕容所率領的鮮卑部落遂以部帥之名為部落名，鮮卑慕容部由此產生。至三國時期，慕容跋由於助司馬懿「伐公孫氏有功，拜率義王，始建國於棘城之北」，而棘城正是當時慕容鮮卑的聚居之地，在「棘城之東，塞外又有鮮卑山，在遼西之西北一百里」〔註 13〕，此山即慕容鮮卑所居的鮮卑山，並非鮮卑發源地大鮮卑山。

慕容跋孫慕容涉歸有二子，庶長子名慕容吐谷渾，少子名為慕容廆。慕容涉歸死前將部落中一千七百家分於慕容吐谷渾。慕容廆繼位後，慕容廆所領部落與慕容吐谷渾部落發生了馬鬥，從而引發了二人的矛盾，慕容吐谷渾乃率部西遷，在「枹罕暨甘松，南界昂城、龍涸，從洮水西南極白蘭數千里」〔註 14〕的廣袤地帶過著逐水草而居的游牧生活。慕容吐谷渾部落定居區域也是氐族、羌族部落的聚居區。此時的氐族部落已經建立起了部落聯盟，最高統治者稱氐王，根據「鮮卑慕容廆庶兄吐谷渾為氐王」〔註 15〕的記載可知，慕容吐谷渾到達隴西後，征服了氐族部落聯盟，使氐族部落加入到慕容鮮卑部落中。此外，這一地區還居住著眾多羌族部落，他們「各有酋豪，北與諸國接，不知其道里廣狹。」〔註 16〕根據慕容吐谷渾「長子吐延，身長七尺八寸，

〔註 11〕 《三國志》卷三〇《烏桓鮮卑東夷傳》注引《魏書》，中華書局，1964 年，第 837 頁。

〔註 12〕 《三國志》卷三〇《烏桓鮮卑東夷傳》注引王沈《魏書》，中華書局，1964 年，第 837 頁。

〔註 13〕 《太平御覽》卷四五《地部十》鮮卑山條引崔鴻《十六國春秋》。

〔註 14〕 《魏書》卷一〇一《吐谷渾傳》，中華書局，1974 年，第 2234 頁。

〔註 15〕 《南齊書》卷五九《河南傳》，中華書局，1972 年，第 1025 頁。

〔註 16〕 《三國志》卷三〇《烏丸鮮卑東夷傳》注引《魏略·西戎傳》，中華書局，1964 年，第 859 頁。

勇力過人，性刻暴，為昂城羌酋姜總所刺。」〔註17〕可知，當地的羌族部落也融入了慕容鮮卑部落中。由此，慕容吐谷渾所率領的部落已經形成了以鮮卑慕容部為主體，兼有烏桓、匈奴及氐、羌部落的部落聯盟。吐谷渾孫葉延繼位後，認為「公孫之子得以王父字為氏，遂以吐谷渾為氏焉。」〔註18〕至此，慕容氏遂改為吐谷渾氏，慕容部也隨之改稱吐谷渾部，並最後演變為了吐谷渾族。

綜上可知，鮮卑人居住的鮮卑山共有三座。最初的鮮卑人居住在大興安嶺北段的山林中，由於此山樹木濃密，牲畜繁盛，附近的游牧民族依靠此山繁衍生息，遂稱此山為「祥瑞山」即「鮮卑山」，而此山附近的居民則自稱為「鮮卑人」。由於這一時期的鮮卑人「不交南夏，是以載籍無聞」〔註19〕。隨著該族逐漸繁衍壯大，一部分鮮卑人首先沿大興安嶺、嫩江流域南下，加入到東胡部落聯盟之中，但隨著匈奴大破東胡，他們向東北地區逃亡，最後在柳城縣東南二百里處的青山躲避過了匈奴的追擊，遂亦認為此山為「祥瑞山」，稱此山為「鮮卑山」，而居住於此鮮卑山的居民已經不是最初的鮮卑族人，而是混有鮮卑、烏桓、匈奴等族的部落聯盟。而後，吐谷渾率部從慕容部分離出來，西遷敦煌，他們亦所居山為鮮卑山。由是造成史書中含混不清的記載了三座鮮卑山。

〔註17〕《魏書》卷一〇一《吐谷渾傳》，中華書局，1974 年，第 2234 頁。
〔註18〕《魏書》卷一〇一《吐谷渾傳》，中華書局，1974 年，第 2234 頁。
〔註19〕《魏書》卷一《帝紀‧序紀》，中華書局，1974 年，第 1 頁。

鮮卑族神話背後的歷史真相

　　鮮卑是發源於我國東北地區的古代少數民族，該民族南下後不斷壯大，並在原始社會基礎上建立起了封建政權，並一度形成與南朝諸政權的南北對峙之勢，對我國歷史進程有著深遠的影響。通過翻閱記載鮮卑族歷史的史籍不難發現，鮮卑族歷史中有著眾多神話傳說存在，但歷來學界對這些神話關注較少，筆者不揣淺薄，試通過對這些神話的研究，探尋神話背後的歷史真實。

一、鮮卑神話的出現

　　神話普遍存在於各種文明的初始階段，因而時常被認為是原始文化的代表而被排除於信史之外，針對這一狀況，日本學者白鳥庫吉指出：神話傳說是「用事實與虛構結合而成，其形成之經過，卻依然傳出事實真相」[註1]，應該把神話傳說視為歷史的一部分。以顧頡剛為代表的「古史辨」派提出應根據神話傳說的演化去審視和判斷史實，從而把歷史從神話中剝離出來。本文基於以上的觀念，試通過對鮮卑神話進行研究和考察，揭示神話背後的歷史真相。

　　翻查史書不難發現，很多史籍中都有神話故事存在，特別是在記載古代少數民族歷史的書籍中，神話更被普遍採用。這主要由於少數民族政權大都建立於武力征伐之上，其政權建立之初，國家文化相對落後，並不重視國史的編修。以北魏為例。北魏是鮮卑族拓跋部建立的政權，國家建立之初對史

〔註 1〕白鳥庫吉：《中國古傳說之研究》，收於《日本學者研究中國史論著選譯》（第一卷），中華書局，1992 年，第 2 頁。

官沒有過多關注，及至北魏第三任皇帝太武帝拓跋燾時，隨著從南方逃往北方的漢族士人逐漸增多並開始擔任史官，記述國家歷史也逐漸受到重視。

　　崔浩出自清河崔氏家族，他自北魏開國皇帝道武帝拓跋珪時期便已入仕。明元帝繼位後，更任命他為博士祭酒，賜爵武城子，令他負責教授自己經書，崔浩由此開始參與軍國大政。太武帝繼位後，崔浩更受到重用，參與了太武帝破大夏、征柔然、滅北涼，統一北方的軍事行動。此外，他還在平定蓋吳叛亂、征討吐谷渾以及南下伐宋等戰爭中也建有功勳，這也使他也逐漸成為北魏太武帝時期的第一寵臣。

　　隨著北魏國力的不斷增強、領土的日益擴大，為了彰顯祖輩功勳，太武帝開始著手編寫「注集前功，以成一代之典」〔註2〕的國史。太延五年（439年）十二月，太武帝任命崔浩以司徒監秘書事，中書侍郎高允、散騎侍郎張偉參著作事，負責編修國史，並要求他們據實以錄，「至於損益褒貶，折衷潤色，浩所總焉。」〔註3〕崔浩等人按照太武帝的要求，編寫完成了北魏的第一部國史。但是在《國書》修畢後，崔浩未經太武帝允許，便將新編寫的《國書》及其所注釋的《五經》刊刻在路旁的石碑上，以彰顯直筆、誇耀才學。由於崔浩在編著中《國書》秉筆直書，盡述拓跋氏的歷史，詳備而無所避諱，其中直書了拓跋氏一些不願人知的早期歷史，其中最嚴重的便是對北魏開國皇帝道武帝拓跋珪早年經歷的記載。

　　拓跋珪本是遺腹子，他的父親拓跋寔在他出生前就為了保護爺爺而被叛亂者殺死。拓跋寔死後，他的爺爺拓跋什翼犍收繼了他的母親賀氏，拓跋什翼犍與拓跋珪之間的關係也就由祖孫變為了父子。〔註4〕東晉孝武帝太元元年（376年），前秦出兵代國，代王什翼犍戰敗，拓跋珪「縛父請降」，代國滅亡。此後，苻堅先將拓跋珪遷往長安，後又以他「執父不孝，遷之於蜀。」〔註5〕

　　事實上，在我國古代北方游牧民族中，「蒸報婚」極為普遍。所謂蒸報婚，又叫做收繼婚，就是在父親或兄弟死後，將除母親外的其他妻子連同財產一起繼承的婚姻形式，目的是為了保證財產不外流。這一游牧民族特殊的

<hr>

〔註2〕《魏書》卷三五《崔浩列傳》，中華書局，1974年，第823頁。
〔註3〕《魏書》卷三五《崔浩列傳》，中華書局，1974年，第823頁。
〔註4〕周一良：《魏晉南北朝史劄記》崔浩國史之獄條，中華書局，1985年，第347頁。
〔註5〕《晉書》卷一一三《苻堅載記上》，中華書局，1974年，第2899頁。

婚姻制度，一度成為漢人嘲笑他們的亂倫的依據，隨著這些游牧民族政權的建立以及漢化的推進，他們自身也不願意去提及自己民族的這一婚姻方式。北魏開國皇帝拓跋珪便是這一婚制的直接產物。此外，雖然「縛父請降」的操作者是拓跋珪的母親賀氏，但拓跋珪卻代母受過，承擔著為漢人不齒的不孝之名。〔註6〕

在北魏建國後，這些事件成為了拓跋貴族不願再度提及的傷疤，但由於石碑樹立在路旁，引得往來行人關注議論，無疑揭開了鮮卑宗室的傷疤。鮮卑貴族看到後，無不怒不可遏，他們紛紛到太武帝前告狀，指控崔浩有意暴揚國惡。太武帝命令收捕崔浩及秘書郎史，審查罪狀。太平真君十一年（450年），太武帝誅殺崔浩，連同清河崔氏及其姻親范陽盧氏、太原郭氏、河東柳氏等眾多家族都被連坐族滅，他更銷毀了他寫的史書以及相關資料。

此後接任的歷史學家或由於缺乏相關資料而只能以神話記述早期歷史，或是由於受到「國史之獄」的影響而不敢再過多提及鮮卑族隱私，至於其中不得不提的地方便只能以神話帶過，從而造成鮮卑早期歷史記述中神話較多，為後人研究鮮卑歷史，展現其特殊的社會狀況帶來了不便。

二、鮮卑神話背後的歷史真象

雖然鮮卑族流傳下來的神話很多，但是能夠完整記述一個事件的神話卻為數不多，通過將這些神話與當時歷史狀況相結合，輔之以相關史料或出土資料，可以考證出神話背後的歷史真相。

（一）吞電產子

檀石槐是鮮卑族歷史上的第一位英雄。他不僅統一了鮮卑部落，還建立起了鮮卑歷史上第一個部落軍事大聯盟。關於他的身世，《三國志》卷三〇《烏桓鮮卑東夷列傳・鮮卑傳》注引《魏書》記載：

> 投鹿侯從匈奴軍三年，其妻在家，有子。投鹿侯歸，怪欲殺之。
> 妻言：「嘗晝行聞雷震，仰天視而電入其口，因吞之，遂妊身，十月
> 而產，此子必有奇異，且長之。」投鹿侯固不信。妻乃語家，令收
> 養焉，號檀石槐，長大勇健，智略絕眾。

東胡部落聯盟解散後，烏桓和鮮卑從東胡中分離出來，匈奴成為北方地

〔註6〕李憑：《北魏平城時代》，上海古籍出版社，2014年，第24頁。

區勢力最強的一個民族，鮮卑則「人眾孤弱，為匈奴臣服，常歲輸牛馬羊，過時不具，輒虜其妻子。」〔註7〕他們不僅要定時向匈奴繳納貢賦，還要隨同匈奴對外作戰，檀石槐的父親投鹿侯便是被迫隨同匈奴作戰的鮮卑人。投鹿侯跟隨匈奴對外作戰長達三年之久，在他走前妻子並未懷孕，但當他回來時妻子其妻已經產下了兒子，也就是說，檀石槐實際上是他的母親與人私通所生下的私生子。當投鹿侯回家後，見到這個突然出現的兒子，大怒，並欲殺死這個私生子，檀石槐的母親自然不肯，於是她便編造了自己「晝行聞雷震，仰天視而電入其口，因吞之，遂妊身，十月而產」〔註8〕的神話，意圖以此蒙混過關。

以神話形式記述始祖的出身在上古時期屢見不鮮，其中因吞物而產子者亦為數不少，其中最具代表的便是殷商始時期帝嚳次妃簡狄「見玄鳥墮其卵，簡狄取吞之，因孕生契。」〔註9〕秦國始祖大業為顓頊後裔女修見「玄鳥隕卵，女修吞之，生子大業。」〔註10〕這些神話的出現主要是由於時間久遠，始祖出身已經無法考證，加之當時人們已經有了初步的生理知識，知道生命是由女性腹中的胚胎孕育而成，於是便有了以直接進入腹中之物作為胚胎的代替品懷孕產子的記載。但時至東漢，以吞物產子來掩蓋私通行為，並為私生子的出現找到合理解釋，已經不能使人信服。

投鹿侯雖然不能接受妻子的解釋，但長久以來鮮卑部落實行的是部落外婚制，造成他們雖然勇猛彪悍、性格暴躁，「怒則殺父兄，而終不害其母」〔註11〕由於本部落的女性都來自外部部落，如果遭到殺害，必然會引起其母家部落的復仇，最終演變為部落戰爭，甚至有時還會造成部落被吞併的嚴重後果。受到這種思想的影響，投鹿侯歸來後也只是想要殺死這個私生子，而不是與人私通的妻子。無奈之下，投鹿侯的妻子只得將兒子送往母家的部落，讓他們代為收養兒子，並起名曰檀石槐。

作為私生子，檀石槐在部落的地位自然很低，但他本人卻十分勇敢和機

〔註7〕 《三國志》卷三〇《烏桓鮮卑東夷列傳‧烏桓傳》注引《魏書》，中華書局，1964年，第833頁。
〔註8〕 《三國志》卷三〇《烏桓鮮卑東夷列傳‧烏桓傳》注引《魏書》，中華書局，1964年，第837頁。
〔註9〕 《史記》卷三《殷本紀》，中華書局，1959年，第91頁。
〔註10〕 《史記》卷五《秦本紀》，中華書局，1959年，第173頁。
〔註11〕 《三國志》卷三〇《烏桓鮮卑東夷列傳‧烏桓傳》注引《魏書》，中華書局，1964年，第832頁。

敏，他在十四五歲時便能單騎隻身追擊抄掠外祖家的異部大人，且全部追回了被掠奪的財物，從而得到了崇尚武力與智慧的鮮卑部民的認可和器重。長大後的檀石槐更由於勇敢，且善於施法禁、平曲直，得到部民的擁護，並被推選為部落大人。在他的掌管下，其所部兵強馬壯、實力迅速增長，周邊各部大人都主動歸附於他，於是他在距高柳（今山西省陽高縣）北三百餘里的彈汗山歠仇水上建立了庭帳，建立起了鮮卑歷史上第一部落軍事大聯盟。此時，北至西伯利亞，西至甘肅，東達黑龍江的廣大區域，都有鮮卑部落活動，鮮卑族自此開始興盛。為了便於對統治區域內鮮卑部落的管理，檀石槐所轄部落分為東、中、西三大部，每部設部落大人三到四人，並命他們率部遷往指定區域，於是，我國北部地區的民族大遷徙就此拉開了序幕。

（二）天女送子

東漢末年，檀石槐逝世，其所建立的鮮卑部落大聯盟隨之解散，檀石槐分封的西部部落之一的拓跋部脫穎而出，不僅建立起了部落聯盟，還在此基礎上建立起了封建政權，其中對拓跋部興盛有著至關重要影響的部帥拓跋力微，也是有著神話出身的英雄。

拓跋力微是拓跋部部帥拓跋詰汾（即聖武帝）的幼子，力微還有異母兄名拓跋匹孤。在早期鮮卑部落中，部落居民推舉「勇健能理決鬥訟者，推為大人，無世業相繼。」〔註12〕但自檀石槐之後，部帥傳承轉為世襲，或為兄終弟及，或為父死子繼。在部帥傳承中，繼承者自身的能力及其母族或妻族的勢力成為他們繼位與否的決定性因素。

在沒有嫡庶觀念的部落時代，拓跋匹孤、拓跋力微都有繼承部落的意願，但最終拓跋詰汾死前卻將部帥之位交由幼子力微繼承，沒有得到部帥權力的長子拓跋匹孤從拓跋部中分離出來，率眾西遷至河西雕、涼二州之間（今陝西省中部及甘肅省一帶），並開始與漢、羌等族雜居共處。

至於拓跋詰汾為何沒有將部帥之位傳給長子匹孤，而是傳給了幼子力微，史書並沒有給出任何解釋，但根據當時部帥傳承規律來看，拓跋詰汾的這一選擇必然與二人的背後支持勢力息息相關。

關於匹孤母族史書中沒有任何記載，但卻記載了匹孤長子壽闐之母（即匹孤妻）為胡掖氏。根據《晉書‧北狄列傳》所載：匈奴貴族中有呼延部（即

〔註12〕《後漢書》卷九〇《烏桓鮮卑東夷列傳‧烏桓傳》，中華書局，1965 年，第2979 頁。

胡掖部），是單于子弟之外地位最高的部落。檀石槐部落聯盟建立後，盡據匈奴故地後，留居於此的匈奴部落皆自號鮮卑，並開始與鮮卑人通婚。匹孤作為拓跋部部帥之子，與匈奴部落聯姻也在情理之中。由是筆者以為「胡掖」應是「呼延」的音譯，乃匈奴呼延部人。

根據力微統部 58 年而亡，享年 104 歲，可以推知其繼任部帥之時已經42 歲，他應該已經成婚，甚至有可能已經育有子嗣。關於力微的妻子，史書沒有任何提及，極有可能並沒有強大的部落背景，那麼能夠支持他成為部帥的就只剩下他的母族。關於拓跋力微之母，《魏書》卷一《序紀·神元帝紀》載：

> 初，聖武帝嘗率數萬騎田於山澤，欻見輜軿自天而下。既至，見美婦人，侍衛甚盛。帝異而問之，對曰：「我，天女也，受命相偶。」遂同寢宿。旦，請還，曰：「明年周時，復會此處。」言終而別，去如風雨。及期，帝至先所田處，果復相見。天女以所生男授帝曰：「此君之子也，善養視之，子孫相承，當世為帝王。」語訖而去。子，即始祖也。故時人諺曰：「詰汾皇帝無婦家，力微皇帝無舅家。」

根據力微之母乘「輜軿自天而下」、「侍衛甚盛」來看，她應該是有一定背景的女性，其在與拓跋詰汾同寢宿後，生下了拓跋力微，因而出現了「詰汾皇帝無婦家，力微皇帝無舅家」之說。既然拓跋力微在歷史上確有其人，他自然不可能是天女之子，那麼造成「詰汾皇帝無婦家，力微皇帝無舅家」的原因便值得探究。

根據《魏書·神元帝紀》的記載可知：拓跋力微於曹魏文帝黃初元年（220 年）繼任部帥。同年，拓跋部便由於西部部落的內侵造成了國民離散，拓跋力微乃率部依附沒鹿回部帥竇賓，而拓跋匹孤則率部踏上了西遷之路。這些「西部部落」便是檀石槐時期與拓跋部同被劃為西部鮮卑的部落。根據《三國志·烏桓鮮卑東夷列傳》的記載，檀石槐西部大人共有三位，他們分別是推演、闕落羅和宴荔遊。其中推演即推寅，亦即拓跋力微的祖父拓跋鄰。闕落羅，史載不詳。至於燕荔陽，（亦即「宴荔遊」），他在東漢安帝永初中（109～111 年）曾朝貢東漢，漢桓帝永壽年間（155～158 年）加入檀石槐部落聯盟，從他朝貢東漢至曹魏黃初元年（220 年）拓跋部離散時，中間間隔近百年，在當時的醫療條件下他根本不可能仍在人世，其後人情況也無從可

考。按照當時鮮卑部落發展規律來看，或是由於他的逝世而又缺乏有能力的繼承者，從而造成部落衰落乃至覆滅。至於其他的西部部落，即便存在，實力也必不可與此三部同日而語，僅一個西部部落必然不可能對拓跋部造成如此重創。那麼，只有一種可能，那就是在西部部落進攻拓跋部落聯盟之時，拓跋部內部也必然發生了史書所未載的重大事件，這一事件極有可能是力微的母族與匹孤的妻族為幫助各自支持者而發生的戰爭，而同處西部的其他部落乘虛而入，不僅消滅了已經兩敗俱傷的力微、匹孤二人的支持勢力，更給拓跋部以重創，拓跋部勢力由是急劇衰落，並最終分裂。匹孤由是率部西遷河西，力微則率領剩餘部眾依附於沒鹿回部。

（三）神童擋路

東漢末年，檀石槐建立起了第一個軍事大聯盟，並對所統區域內的鮮卑部落進行了重新的調配，如弗、出連、叱盧等三部也在此時按照檀石槐的軍事部署開始了遷徙。至西晉武帝時期，他們已經遷徙到「夏緣」（即中原邊境），隨即又西遷進入今寧夏自治區，並遇到了定於於此的乞伏部。關於乞伏部的起源，《晉書》卷一二五《乞伏國仁載紀》載：

> 在昔有如弗斯、出連、叱盧三部，自漠北南出大陰山，遇一巨蟲於路，狀若神龜，大如陵阜，乃殺馬而祭之，祝曰：「若善神也，便開路；惡神也，遂塞不通。」俄而不見，乃有一小兒在焉。時又有乞伏部有老父無子者，請養為子，眾咸許之。老父欣然自以有所依憑，字之曰紇干。

根據神話記載，如弗斯、出連、叱盧三部原居於漠北，後南遷至大陰山，在遷徙過程中，他們遇到了巨蟲，既而又變為一神童，並被乞伏部老人所收養，名曰紇干，此即乞伏部始祖。這個孩子長大後驍勇善戰，「四部服其雄武，推為統主，號之曰乞伏可汗託鐸莫何。」[註13] 乞伏部部落聯盟由是產生。

對此，《魏書》卻有著不同的記載。《魏書・乞伏國仁列傳》記載稱「鮮卑乞伏國仁，出於隴西，其先如弗自漠北南出。五代祖祐鄰併兼諸部，部眾漸盛。」將《晉書》與《魏書》的記載相對照，可以發現乞伏部的先祖或出自乞伏部，或出自如弗（斯）部。如果不是其中一部史書記載有誤，那麼就是乞伏

〔註13〕《晉書》卷一二五《乞伏國仁載記》，中華書局，1974 年，第 3113 頁。

部中至少有部分人是出自如弗部的。至於如弗部與乞伏部有何關係？他們是什麼時間、因何原因合併的？史書沒有確切記載。

　　但根據鮮卑族神話的通常做法，他們多會將一個部落的先祖記為神的後代，將兩個部落同時記為某一神化對象的後代則從未出現過，更令人疑惑的是此後的文獻中雖然有著較多關於出連、叱盧以及乞伏部後人的記載，但卻獨獨不見如弗部的存在。那麼只有一種可能，即如弗斯、出連、叱盧三部按照檀石槐的軍事部署，從漠北遷徙而來，在進入寧夏后遇到了乞伏部，當時的乞伏部正好擋住三部的去路。

　　關於乞伏部的居地雖然史書沒有明確記載，但根據《元和郡縣圖志》所載，在保靜縣西九十三里有賀蘭山，賀蘭山東北「抵河之處亦名乞伏山，在黃河西，從首至尾，有像月形，南北約長五百餘里」。由於鮮卑族有以山名族與以族名山的傳統，如原居於大鮮卑山的民族因山名族，即為鮮卑族；南下後的鮮卑部落又以族名山，將各自定居的山都命名為鮮卑山，如慕容部遷居青山後便將青山命名為鮮卑山，從慕容部分離出來的吐谷渾率領所部遷居於祁連山附近，亦將所居之山名為鮮卑山（即阿干鮮卑山）。據此可以推知，乞伏部應該是居於乞伏山的部落，後乃以山名部，是為乞伏部，其地在今寧夏回族自治區銀川市附近。

　　從三部認為乞伏部是「巨蟲」，並進行「殺馬而祭」，且進行祝禱的行為來看，乞伏部的勢力或與三部相當，甚至會略大於三部。三部於是與乞伏部進行聯絡，甚至進行過朝貢，請求從乞伏部領地穿行。乞伏部或是拒絕了三部的請求，三部由是與乞伏部發生了軍事衝突，如弗部應在此時被乞伏部所吞併。此戰也使乞伏部意識到不能完全消滅三部勢力，於是接受了三部的請求，不僅允許他們通過自己的領地，還與他們一同遷徙。從而出現了神話中的巨蟲變為孩童並成為四部首領的現象，乞伏部落聯盟由是產生。

三、鮮卑神話產生的原因

　　記載鮮卑歷史的史籍中有如此多的神話出現，既不會是史學家一時興起的無聊之舉，亦不可能是史書增加可讀性而畫蛇添足的行為，定有著其特定的歷史原因。

（一）解釋久遠歷史中含混不清之處

　　史學著述中在介紹皇室先祖或者一些特定民族的起源時，多會以神話作

為開端，這不僅是為了提升皇室成員和統治民族的出身，更主要的原因在於，由於追述年代久遠，其中一些人物或史實已經涉及商周時期乃至更早的歷史，由於當時文字記載的缺乏，很多歷史事件都是通過口口相傳留下來的，中間不免錯漏，但歷史記述需要嚴謹和科學，史學家只得在特定歷史背景下，結合口口相傳的事件，發揮想像而創造出神話故事，以免後人會對這段歷史真象進行誤讀。

（二）避免宣揚國恥而造成對自己及親族的傷害

史學家雖然有著忠於自己職責的使命感，但作為一個社會個體，他們不可能離開親族而獨立存在。特別是他們所記載的事件中有很多都涉及皇族的隱私，一不小心便會造成自己生命危險，甚至危及家人乃至親族的安全。其中最具代表性的便是北魏史學家崔浩的「國史之獄」。這一事件不僅震撼了整個朝野，造成了崔浩本人被殺，清河崔氏家族以及與清河崔氏的姻親家族范陽盧氏、河東柳氏等被族滅，與清河崔氏關係密切的渤海封氏等家族則受到了打壓，相關史書和資料也遭到焚毀。此後的一些史學家，為了自己和家人的安全，或是不再提及這些皇族隱秘，或以神話形式加以記載，作為後人瞭解真象的線索。

（三）為了迎合皇帝或權臣的需要

一些出身較低的權臣或者有著特殊經歷的皇帝，有時一方面為了保護皇族隱私而不得不將一些歷史真象隱藏，一方面還要為他們破格褒獎或者越級提拔一些人找到合適的藉口，神話也就隨之成為這種載體，如北魏宣武帝的生母孝文昭皇后高氏本是孝文帝的嬪妃，後又在後宮爭鬥中被殺。宣武帝繼位後，為了彰顯母親的最貴而將她追封為皇后。在宣武帝之前，孝文帝已經冊封過一個被馮太后寄予厚望的皇太子〔註14〕，他作為孝文帝冊立的第二個太子，為了提升自己的地位，宣武帝便通過其母親高氏曾夢見龍附體而的懷孕的神話而為自己是真正的真龍天子正身。

綜上可見，史書中的神話雖只是歷史記述中的補充內容，但其也有深刻的歷史事實蘊含其中。通過對比可以發現，鮮卑族神話多是對鮮卑族領袖（部帥）出身進行記述。由於鮮卑族本是游牧民族，後在部落制基礎上建立的政權，因而在神話中不僅對部帥「天子」身份進行細緻的描述，更對他們

〔註14〕即廢太子元恂。

降世後幼年的武功進行誇耀。雖然神話中有很多荒誕不羈的成分，但通過將神話與這些部帥生活時代相聯繫，可以發現神話背後所隱藏的不為人知的歷史真象，其中有的是對部帥私生子身份或曾有過不利於發展行為的掩飾，也有對早期部落戰爭的美化。通過對鮮卑神話的考察，有利於我們全面瞭解鮮卑族的歷史。

北魏道武帝末年皇位繼承戰性質分析

　　道武帝拓跋珪是北魏的建立者，他在位期間致力改變鮮卑族長期以來的「兄終弟及」與「父死子繼」相交織的權力繼承模式，實現皇位的父子相承和平穩過渡，並為此採取了相應的措施，但其晚年卻仍出現了長子拓跋嗣和次子拓跋紹之間的戰爭。關於道武帝晚年皇位爭奪戰，以往學者大都將其與「離散部落」、「子貴母死」制度相聯繫〔註1〕，但若細緻分析可以發現，該戰爭與鮮卑舊俗也有著極其密切的關係。

一、皇位繼承戰爆發的原因

　　鮮卑族是興起和發展於我國北方地區的古老民族，該民族最初的社會結構為部落——邑落二級制，由全體部民「推募勇健能理決鬥訟相侵者為大人，邑落各有小帥，不世繼也。」〔註2〕部落聯盟建立後，不僅鮮卑族的社會結構變為了部落聯盟——部落——邑落三級制，部帥的選舉範圍也被限制在部帥家族內部，並最終形成「兄終弟及」與「父死子繼」共存的世襲傳承模式。由於這一時期鮮卑部帥的妻妾「惟以次第為稱」〔註3〕，部帥諸子也並無嫡庶之分，在任部帥的兄弟和子侄都擁有著同等的繼承權，母族勢力的強弱就成為他們繼任與否的決定性因素，如拓跋沙漠汗有二位妻子封氏與蘭氏。其中封氏出自鮮卑是賁部〔註4〕，乃拓跋猗㐌、拓跋猗盧二人之母；蘭氏出自

〔註1〕　田餘慶：《拓跋史探》，生活・讀書・新知三聯書店，2003年，第48頁。
〔註2〕　《三國志》卷三〇《烏桓鮮卑東夷列傳》，中華書局，1964年，第832頁。
〔註3〕　《魏書》卷一三《皇后列傳》，中華書局，1974年，第321頁。
〔註4〕　《魏書》卷一一三《官氏志》，中華書局，1974年，第3007頁。

匈奴蘭部〔註5〕，為拓跋弗之母。當沙漠汗三個兒子與叔父們進行部落帥爭奪之時，封氏已死，拓跋猗㐌、拓跋猗盧兄弟就此失去了母族部落的支持，而此時蘭氏尚存，匈奴蘭部就成為拓跋弗參與部帥爭奪的主要依靠。在蘭部的幫助下，拓跋弗在拓跋綽死後，順利取得了部帥之權。在幫助繼任者取得部帥之位後，部帥的母親和母族也會憑藉功績影響或控制部落權力，有時甚至會出現部帥母親直接控制部落的局面，如拓跋猗㐌妻祁氏借助母家廣寧烏桓勢力先後扶植自己的三個兒子拓跋普根、拓跋賀傉和拓跋紇那先後繼任部帥，並造成他們「未親政事，太后臨朝」〔註6〕，一度使部落聯盟有了「女國」之稱。

東晉十六國時期，鮮卑拓跋部建立起了部落聯盟，後又在部落聯盟基礎上建立了代國政權。但不久代國就在十六國的混戰中為前秦所滅，代王拓跋什翼犍的長孫拓跋珪收集拓跋部殘餘勢力，在其母親賀氏和賀蘭部的幫助和支持下繼任部帥，後又於登國元年（公元 386 年）稱代王，恢復代國政權。皇始元年（公元 398 年）拓跋珪稱帝，改國號為魏，世稱北魏。

拓跋珪建國後著力於穩固內外政局。為了鞏固與原部落聯盟中部落的關係，他與這些部落締結了聯姻關係，這些來自加盟部落的女子與道武帝所生的兒子就成為皇位的有力競爭者。在道武帝十個兒子中，母族背景清晰者共有六位，包括「宣穆劉皇后生明元皇帝，賀夫人生清河王紹，大王夫人生陽平王熙，王夫人生河南王曜……段夫人生廣平王連、京兆王黎。」〔註7〕其中宣穆皇后劉氏來自獨孤部、賀夫人來自賀蘭部、大王夫人和王夫人均來自烏桓王氏家族、而段夫人則出自鮮卑段部，這四個部落或家族就成為道武帝子爭奪皇位的依靠，有如此多的兒子可以繼任，道武帝自然想要通過「父死子繼」的方式實現皇位傳承。

鮮卑族權力傳承中，「兄終弟及」與「父死子繼」兩種方式並行，這兩種方式比較來說，「兄終弟及」的權力傳承模式更為鮮卑貴族所接受。拓跋珪建國過程中，其母賀氏及賀蘭部是他的主要支持者，代國建立後，賀氏利用自己的影響力左右著朝政。為了在道武帝退位後繼續維繫她本人及賀蘭部的特權，賀氏想要效法部落聯盟時代部帥拓跋猗㐌妻祁氏那樣，使自己的其他兒

〔註5〕　《後漢書》卷八九《南匈奴列傳》，中華書局，1965 年，第 2945 頁。
〔註6〕　《魏書》卷一《序記·惠帝紀》，中華書局，1974 年，第 10 頁。
〔註7〕　《魏書》卷一六《道武七王列傳》，中華書局，1974 年，第 389 頁。

子繼任，繼續維持太后臨朝、母族掌權的政治格局。

其時，鮮卑族中烝報婚盛行。道武帝父拓跋寔乃拓跋什翼犍長子和繼承人，但他卻在政變中為救父親而被殺，賀氏帶著拓跋寔的遺腹子為跋什翼犍所收繼，並與之生下少子拓跋觚。〔註8〕因而，拓跋觚若按母系言為道武帝之弟，按父系言則為道武從父〔註9〕，加之他又極受賀氏寵愛，這也使他成為皇位的有力競爭者。

隨著道武帝諸子的先後出生，就皇位繼承問題，道武帝母子間的關係變得更為緊張。道武帝致力於擺脫母親及母族的掣肘，意圖以長子拓跋嗣繼位，將「父死子繼」的權力傳承模式加以固定，而獻明皇后賀氏則意欲使他傳位於幼弟秦王拓跋觚，繼續維持鮮卑傳統的「兄終弟及」的權力傳承模式，由自己實際控制朝政。北魏皇權傳承模式間的糾葛，直接表現為道武帝拓跋珪和其生母獻明皇后賀氏間的矛盾。

賀氏在北魏朝中的勢力，使道武帝意識到無法徹底抑制母親對皇權傳承的干涉，為了避免皇權傳承過程中發生戰爭，他只能先從繼位者身上著手解決這一問題。於是他派「后少子秦王觚使於燕，慕容垂止之。后以觚不返，憂念寢疾，皇始元年崩」〔註10〕。道武帝借後燕之手，迫害了幼弟拓跋觚，解除了他對皇權的威脅，並使母親賀氏抑鬱而終。同年，道武帝改國號為魏，徹底宣告擺脫母權控制的新政權的誕生。

排除了母權對皇位傳承的掣肘，道武帝便著手為將皇位順利傳遞給兒子做準備。在選擇繼承者中，道武帝借鑒了中原政權「嫡長子繼承制」的傳承方式，以「明睿寬毅，非禮不動」〔註11〕的長子拓跋嗣作為繼任者的首選。天興六年（403年），道武帝冊封長子拓跋嗣為齊王、相國並加封車騎大將軍，使他逐步接觸國家的軍政事務，拓跋嗣也由此成為北魏實際意義上的第一位皇儲〔註12〕，為順利實現權力過渡做著準備。

〔註8〕 李憑先生認為，賀氏帶著拓跋珪先嫁給了拓跋什翼犍，代國滅亡後，她都帶著拓跋珪再嫁拓跋寔的弟弟拓跋翰，並先後生下拓跋儀、拓跋烈和拓跋觚三子。李憑：《北魏平城時代》，上海古籍出版社，2014年。

〔註9〕 田餘慶：《拓跋史探》，生活·讀書·新知三聯書店，2003年，第48頁。

〔註10〕《魏書》卷一三《皇后列傳》，中華書局，1974年，第324頁。

〔註11〕《魏書》卷三《明元帝紀》，中華書局，1974年，第49頁。

〔註12〕此時北魏尚無皇太子制度，拓跋嗣雖然沒有皇太子之名，卻實際上行使者皇太子的權力。他繼位後，才最終確立了皇太子制度，太武帝拓跋燾也由此成為北魏歷史上第一位皇太子。

二、皇位繼承戰的經過

　　道武帝晚年的權力傳承中著力要解決兩個問題：一是母族對皇權的干涉，實現皇權的父子相承接；二是防止兄弟間為爭奪繼承權而進行的戰爭。鮮卑族長期以來一直有著「母強子立」的權力傳承傳統，母族的實力和背景更成為繼任者能否繼任的重要決定因素，如拓跋力微死後，其孫拓跋弗首先繼位，而後部帥之位又轉入拓跋力微子拓跋祿官，復再由拓跋沙漠汗的另外兩個兒子拓跋猗㐌、拓跋猗盧所取得。若按照世系輩分來看，應該是拓跋力微子首先繼位，但是拓跋力微孫拓跋弗卻打破了這一繼位次序，先於叔父繼任，這必然與他們背後的支持力量有關。根據史書記載，拓跋弗乃拓跋力微繼承人拓跋沙漠汗之子，拓跋沙漠汗雖然有「國太子」的地位，但卻沒有真正繼任便被殺害。拓跋弗的母族蘭氏乃匈奴「國中名族，常與單于婚姻。」〔註13〕「主斷獄聽訟，當決輕重」〔註14〕，有著極高的社會地位和政治影響力。鮮卑佔據匈奴故地後，留居於此的匈奴部落均自號鮮卑，並與鮮卑部落通婚，蘭部作為匈奴貴族與鮮卑部帥家族聯姻也在情理之中，而作為拓跋弗母族的匈奴蘭部更在他與諸叔伯的部帥繼承戰中發揮了重要的作用，成為他繼任部帥的重要依靠。

　　部帥爭奪戰不僅會造成部落民眾的傷害，削弱部落的戰鬥力，有時甚至還會造成部落聯盟的徹底瓦解，如拓跋匹孤與拓跋力微兄弟就曾為爭奪部帥分別率妻族和母族進行了戰爭，並直接導致了部落聯盟的解散。鮮卑部帥對於部落權力爭奪戰的危害早已有所認知，道武帝為了消弭兄弟間為皇權進行戰爭的可能性，實現部落權力的平穩過渡，首先就要瓦解作為他們依靠的母族勢力，改變鮮卑族中長期存在的「母強子立」的傳承模式以及這種模式所帶來的「母權干政」的結果，達到「不令婦人后與國政，使外家為亂。」〔註15〕的目的。

　　於是道武帝制定了「後宮產子將為儲貳，其母皆賜死。」〔註16〕（即「子貴母死」），並以此賜死了長子拓跋嗣的生母、獨孤部部帥女劉氏，但拓跋嗣

〔註13〕《後漢書》卷八九《南匈奴列傳》，中華書局，1965 年，第 2944～2945 頁。
〔註14〕《後漢書》卷八九《南匈奴列傳》，中華書局，1965 年，第 2945 頁。
〔註15〕《魏書》卷三《明元帝紀》，中華書局，1974 年，第 49 頁。
〔註16〕《魏書》卷一三《皇后列傳・道武宣穆皇后劉氏傳》，中華書局，1974 年，第
　　　　321 頁。

「素純孝，哀泣不能自勝。……日夜號泣。」〔註17〕他的這一行為又引起道武帝的不滿，加之道武帝晚年「暴虐好殺」，〔註18〕拓跋嗣擔心道武帝的懲罰，「乃遊行逃於外。」〔註19〕於是，道武帝便將目光投向了次子拓跋紹，更意圖再度使用「子貴母死」處置拓跋紹的母親賀氏。

拓跋紹的母親賀氏不僅是賀蘭部部帥之女，更是「獻明皇后妹也，美而麗。……太祖密令人殺其夫而納之」〔註20〕。道武帝對賀氏極為寵愛，在實施「子貴母死」制的時候也有所猶豫和不忍，他首先將賀氏「幽之於宮，將殺之，會日暮，未決。」〔註21〕道武帝的心理鬥爭給了賀氏母子以聯絡的時間和機會，賀氏利用這一難得的時機向兒子拓跋紹求救。拓跋紹則聯絡了道武帝身邊的宮人，「夜與帳下及宦者數人，逾宮犯禁。」〔註22〕殺害了道武帝，意欲自己繼任帝位。逃亡在外的道武帝長子拓跋嗣「聞變乃還，潛於山中，使人夜告北新侯安同，眾皆響應。」〔註23〕在北新侯安同的幫助下，拓跋嗣順利控制了朝局面，並殺死了拓跋紹母子以及參與謀逆閹官、宮人十餘人，順利平定了朝局，實現了皇權的承接。

作為「子貴母死」制度的直接受害者，失去母親的感受讓明元帝拓跋嗣萬分悲痛，他在繼位後不僅追封生母為皇后、為她追加諡號，更將「後宮人為帝母，皆正位配饗焉。」〔註24〕的做法作為「子貴母死」制度的補充。

這一時期北魏國內的部落雖然都被道武帝所離散，但部民卻仍然聚居，部落體制的影響在短時間內不能徹底消除。特別是有鑒於清河王叛亂很大一部分原因在於母子親情，明元帝較道武帝更進了一步，即在皇子出生時就交由保母照看，以削弱母子親情，切斷外家對后妃和皇子的支持，為「子貴母

〔註17〕《魏書》卷三《明元帝紀》，中華書局，1974年，第49頁。
〔註18〕《宋書》卷九五《索虜列傳》，中華書局，1974年，第2322頁。
〔註19〕《魏書》卷三《明元帝紀》，中華書局，1974年，第49頁。
〔註20〕《魏書》卷一六《道武七王列傳·清河王紹傳》，中華書局，1974年，第390頁。
〔註21〕《魏書》卷一六《道武七王列傳·清河王紹傳》，中華書局，1974年，第390頁。
〔註22〕《魏書》卷一六《道武七王列傳·清河王紹傳》，中華書局，1974年，第390頁。
〔註23〕《魏書》卷一六《道武七王列傳·清河王紹傳》，中華書局，1974年，第390頁。
〔註24〕《魏書》卷一三《皇后列傳·道武宣穆皇后劉氏傳》，中華書局，1974年，第325頁。

死」繼續實施降低感情阻礙。同時，他還將道武帝未能徹底推行的皇太子制度加以執行。自此，在「子貴母死」制度在北魏實施的數十年間，再無皇子為救母而弒父的情況發生，皇子間的權力爭奪也隨著「皇太子」制度的執行而消失，北魏皇權的傳遞得以順利過渡。

三、皇位繼承戰的實質

　　道武帝晚年爆發的叛亂，最終引發了拓跋嗣、拓跋紹間的皇位爭奪戰，這些戰爭表面上看都是由「子貴母死」制度的推行所引發的，但通過細緻分析可以發現，即便沒有「子貴母死」制度，拓跋嗣與拓跋紹之間的戰爭也依然會發生，戰爭的根源在於北魏國內部落勢力的存在。

　　鮮卑族有著「俗從婦人計，至戰鬥時，乃自決之。」〔註25〕的傳統，加之這一時期鮮卑族中大都實行部落外婚，部落內的成年女性大都是通過婚姻方式嫁入到本部落，女性的傷亡自然會引發其母家部落的報復，於是鮮卑族約法規定：「其自殺父兄則無罪」〔註26〕，這也直接導致了鮮卑族民「其性悍驁，怒則殺父兄，而終不害其母，」〔註27〕的獨特民族性格。受此影響，鮮卑族中女性有著極高的社會地位和極強的參政、持家意識，其中的上層女性也會利用自身的家族背景，通過幫助兒子繼位而實現自己的政治需求。

　　道武帝從鞏固帝國、鞏固君權考慮，認為扼制外家部落必須與扼制母后本人同步進行，這樣就出現了道武帝死前所行的子貴母死措施〔註28〕。道武帝時期的北魏尚處於國家初建階段，「離散部落」也只是削弱了部帥對部民的控制力，部落體制和影響卻也依然存在。道武帝本人是通過鮮卑族早期的「母強子立」的方式繼任部帥，並最終建立政權，這也使他更深切的意識到這種權力傳承模式的弊端。在北魏的建國過程中，為了穩固與諸部落間的聯盟，道武帝大都與他們進行聯姻，進而造成他的諸子都有母族可以依靠，其中母族勢力較大的便是長子拓跋嗣和次子拓跋紹。

　　道武帝長子拓跋嗣母族為匈奴獨孤部，次子拓跋紹的母族則是鮮卑賀蘭

〔註25〕《三國志》卷三〇《烏桓鮮卑東夷列傳·烏桓傳》注引《魏書》，中華書局，1959 年，第 832 頁。

〔註26〕《後漢書》卷九〇《烏桓鮮卑列傳·烏桓傳》，中華書局，1965 年，第 2979 頁。

〔註27〕《三國志》卷三〇《烏桓鮮卑東夷列傳·烏桓傳》注引《魏書》，中華書局，1959 年，第 832 頁。

〔註28〕田餘慶：《拓跋史探》，生活·讀書·新知三聯書店，2003 年，第 46 頁。

部。賀蘭部和獨孤部是原拓跋部落聯盟中勢力較大的部落，其中賀蘭部「四方附國者數十部。祖紇，始有勳於國，尚平文女。父野干，尚昭成女遼西公主。」〔註29〕此外，鮮卑部帥拓跋郁律以及拓跋什翼犍的部帥繼承者拓跋寔也都曾娶該部女子為妻，雙方也由於婚姻關係而變得密不可分。道武帝在恢復代國過程中，賀蘭部是他主要的支持力量。獨孤部也是拓跋部的重要盟友，在拓跋什翼犍逝世後，賀氏曾帶拓跋珪依附此部，足見其與拓跋部關係之密切，但獨孤部卻在道武帝繼位過程中有過「恃部眾之強，每謀為逆，」〔註30〕的行為。道武帝繼位後，對該部進行過討伐，直接削弱了該部的勢力。有鑒於這兩個部落的強大，拓跋珪一邊與他們進行聯姻，另一方面則通過「離散諸部，分土定居，不聽遷徙，其君長大人皆同編戶。」〔註31〕意圖將部落體制完全消化與皇權控制之下。雖然「離散部落」使北魏境內的部落勢力較以往有所削弱，但由於部民仍居族而居，部落體制仍對部民有著較大的影響力。

按照前代「母強子立」的權力繼承模式，道武帝次子拓跋紹的母族賀蘭部也是道武帝的母族，由於在北魏建國中的功勳以及與道武帝的血親關係，使該部落成為拓跋部外勢力最大的部落。拓跋紹本應該是繼位的最佳人選，但由於他本人「兇狠險悖，不遵教訓。」〔註32〕並不是繼任的最適合人選。於是道武帝選擇由「明睿寬毅，非禮不動，」〔註33〕的長子拓跋嗣繼任部帥。同時，為了防止在兒子拓跋嗣繼位後，其母劉氏依靠母子親情影響朝政，甚至還會有復興獨孤部的行為，於是他以「子貴母死」制殺死了拓跋嗣的生母，進而完全結束了獨孤部復興的可能。但令道武帝始料未及的是，由於劉氏被賜死，導致了拓跋嗣的外逃，於是他只能以拓跋紹繼任。

此時賀蘭部的勢力仍然十分強大，特別是道武帝違反了母親賀氏意圖傳位幼子的做法，直接觸及了賀蘭部的利益，也引起他們的不滿。加之他對賀氏的寵愛而猶豫，也給拓跋紹以叛亂以時間，最終造成了他自身被殺，而拓跋嗣也在此後率部回歸，殺死拓跋紹母子而繼任帝位。

〔註29〕《魏書》卷八三《外戚列傳・賀訥傳》，中華書局，1974年，第1812頁。

〔註30〕《魏書》卷八三《外戚列傳・劉羅辰傳》，中華書局，1974年，第1814頁。

〔註31〕《魏書》卷八三《外戚列傳・賀訥傳》，中華書局，1974年，第1812頁。

〔註32〕《魏書》卷一六《道武七王列傳・清河王紹傳》，中華書局，1974年，第390頁。

〔註33〕《魏書》卷三《明元帝紀》，中華書局，1974年，第49頁。

　　拓跋嗣與拓跋紹兄弟間的這場戰爭看似是由「子貴母死」制度所導致的，但由於有著相似母族勢力的繼任者間以戰爭的方式爭奪繼承權在鮮卑部落中經常發生的情況。而道武帝將拓跋嗣作為皇位繼承者，給予他實際意義上的太子地位和權限，使他雖然母族勢力不足，卻獲得了道武帝近臣的支持，擁有了遠遠高於其他皇子的支持勢力。另一方面，拓跋紹的支持者「肥如侯賀護舉烽於安陽城北，故賀蘭部人皆往赴之，其餘舊部亦率子弟招集族人，往往相聚。」〔註 34〕這樣，最終兄弟二人間的權力爭奪也依然爆發於賀蘭部和獨孤部之間。所以說，「子貴母死」並不是道武帝晚年繼位戰爭的直接誘因，這場戰爭本就是鮮卑舊俗與皇權體制的一次對抗，是一場無可避免的戰爭。

　　如若沒有實行「子貴母死」制度，拓跋嗣與拓跋紹兄弟間的戰爭應該會發生於道武帝逝世後。而「子貴母死」的實施，使「自殺父兄則無罪」〔註 35〕的心理在拓跋紹身上得到彰顯，他也實際上將鮮卑「怒則殺父兄，而終不害其母，」〔註 36〕的民族性格表現出來，並通過弒父救母的方式取得了皇位。他的這些行為正是母子親情凌駕於父子關係之上的鮮卑傳統的直接體現。但在鮮卑政權建立後，特別是北魏建國後，隨著與漢族政權接觸的增多，鮮卑社會中的父子血統關係地位得到了極大的提升，以致在叛亂發生後，拓跋嗣「執清河王，對之號哭，曰：『人生所重者父，云何反逆？』逼令自殺。」〔註 37〕這也直接體現出了鮮卑貴族對待父系血統觀念的重大轉變。

　　可以說「子貴母死」制的制定和實施雖然是道武帝為了防止母權專政而採取的措施，這一制度不僅直接造成了明元帝拓跋嗣的外逃，更造成了清河王拓跋紹的弒父，拓跋嗣最終率部平定拓跋紹的政變而繼位，但卻不能藉此認定，道武帝晚年發生於拓跋嗣與拓跋紹兄弟間的戰爭完全由「子貴母死」制度所導致。

　　綜上所述，拓跋嗣與拓跋紹兄弟間的戰爭本就無可避免，這場戰爭是有

〔註 34〕《魏書》卷一六《道武七王列傳‧清河王紹傳》，中華書局，1974 年，第 390 頁。

〔註 35〕《後漢書》卷九〇《烏桓鮮卑列傳‧烏桓傳》，中華書局，1965 年，第 2979 頁。

〔註 36〕《三國志》卷三〇《烏桓鮮卑東夷列傳‧烏桓傳》注引《魏書》，中華書局，1959 年，第 832 頁。

〔註 37〕《宋書》卷九五《索虜列傳》，中華書局，1974 年，第 2322 頁。

著部落背景支持的繼任者間的權力繼承戰。只是「子貴母死」制度的實施，不僅造成了在任皇帝道武帝被弒，更將兄弟間戰爭時間有所提前。戰爭的性質也由兄弟間的皇位繼承戰，變為平叛戰爭。因而，從戰爭的本質上分析，該戰爭是鮮卑傳統的「母強子立」權力傳承模式對皇權體制下的「長子繼承制」的反抗。

後　記

　　雖然對於大多數人而言，北魏政權的歷史並沒有漢唐那樣讓人癡迷，後宮女性及相關問題更是冷門中的冷門，但是對於我而言，這一選題卻有著異常的興趣。我已經關注和研究這一選題十餘年，對於多數人而言可能已經厭倦，但是我卻總能無意中發現其中自己以往研究中遺漏的內容。自博士畢業的十年來，我零星的發表了其中的部分內容，但遺憾於未能真正有大塊的時間，釐清自己的思路，並對以往沒有注意的內容在重新進行思考。

　　庚子年疫情的爆發，終究讓人難忘，除了每天關注疫情變化，期盼疫情早日能夠結束，更多的時間也開始著手對以往沒釐清的問題進行思考。近半年的全封閉管理和線上教學使我有時間可以著手設計書稿，並開始進行寫作。或許是喚醒了久違了的對女性問題研究的熱情，在此後近一年的時間，我完全沉浸於對其中部分問題的思考、研究和寫作之中，最終並於辛丑年農曆新年之前完成了全部書稿。

　　本書撰寫的初衷是對十餘年來自己關注的北魏女主問題及其相關內容進行的一次總結。本書以北魏後宮女性中的代表，即皇太后和皇后為主要研究對象，分析了她們的家庭出身和登位的過程，並對她們身邊的近臣、家人、執政功過等內容也進行了探討。在對女主政治進行研究時，首先將著眼點放在了北魏皇后在登位前後與其他嬪妃競爭的過程和登位方式等內容上。即便後宮女性已經成為了皇后，但由於「子貴母死」制度的存在，這些人還要面臨與皇太子生母或保母的競爭，最終的勝利者才能成為皇太后。在成為皇太后之後，她們不僅有著參與政治的權力，也能夠為家族獲取更大的利益。為了保持家族的長盛不衰，北魏的皇太后都十分熱衷於將家族女性引入後宮，

成為新君的嬪妃乃至皇后，期待她們也能夠仿傚自己，繼續維繫家族的榮耀。但這卻也導致了嚴重的後果，即一方面終整個北魏，在皇太后的壓制下，皇后的地位沒能得到彰顯；另一方面，外戚家族卻在皇太后的扶植下不斷壯大。需要注意的是，與其他朝代皇帝與皇后的「帝后一體」有所不同，北魏的「帝后一體」乃至根植於「母強子立」之下的皇帝與皇太后的「母子一體」，他們共同臨朝時也最早有了「二聖」之稱。在唐朝建立後，除將發端於北魏的各項制度進行完善，還將「二聖」之名用於皇帝與皇后，最終確立了「夫妻一體」的執政模式。「二聖」身份的變化及其蘊含的政治、文化等因素，也是筆者進行下一步研究的中心內容。

關於北魏內庭制度的研究，自 2006 年我讀碩士時期就已經開始，我的博士論文也圍繞這一選題展開，並於 2013 年在花木蘭出版集團的幫助下出版，因此本書完稿之時，我最理想的出版社仍然是花木蘭，這也可能是本人對於後宮選題和花木蘭文化出版社的一個情結所在。感謝花木蘭文化事業有限公司對於學仁的關愛和無私幫助，本書才能在這麼短的時間內得以出版，更感謝楊嘉樂編輯對本書給予了協調和溝通，解決了很多出版中的實際問題。由於本人見識淺薄、能力有限，文中不免有所錯誤和疏漏，煩請學界同仁予以指正，不勝感謝。